JLPT 콕콕 찍어주마 N1 청해 4th EDITION

지은이 송현종
감　수 박성길, 도로이 마이코
펴낸이 정규도
펴낸곳 (주)다락원

초판 1쇄 발행 2003년 10월 13일
개정2판 1쇄 발행 2010년 5월 27일
개정3판 1쇄 발행 2017년 12월 11일
개정3판 5쇄 발행 2025년 7월 4일

책임편집 송화록, 이경숙
디자인 이선주, 하태호(표지)

다락원 경기도 파주시 문발로 211
내용문의: (02)736-2031 내선 460~465
구입문의: (02)736-2031 내선 250~252
Fax: (02)732-2037
출판등록 1977년 9월 16일 제406-2008-000007호

Copyright © 2017, 송현종

저자 및 출판사의 허락 없이 이 책의 일부 또는 전부를 무단 복제·전재·발췌할 수 없습니다. 구입 후 철회는 회사 내규에 부합하는 경우에 가능하므로 구입문의처에 문의하시기 바랍니다. 분실·파손 등에 따른 소비자 피해에 대해서는 공정거래위원회에서 고시한 소비자 분쟁 해결 기준에 따라 보상 가능합니다. 잘못된 책은 바꿔 드립니다.

ISBN 978-89-277-1173-5 18730
　　　978-89-277-1168-1 (set)

http://www.darakwon.co.kr

- 다락원 홈페이지를 방문하시면 상세한 출판정보와 함께 동영상강좌, MP3자료 등 다양한 어학 정보를 얻으실 수 있습니다.
- 파이널 테스트 문제의 스크립트와 해석은 다락원 홈페이지 학습자료실에서 다운로드 받으시거나 교재 안의 **QR코드**를 통해 바로 확인하실수 있습니다.

머리말

본서는 2010년부터 새롭게 실시된 일본어 능력시험의 유형에 맞춰 발간된 『청해 콕콕 찍어주마 시리즈』의 개정판입니다. 본 개정판을 집필하면서 2010년부터 최근까지 출제된 시험 문제를 철저히 분석하여 보다 다양한 시험 유형과 일본어 어휘를 접할 수 있도록 전력을 다하였음을 자부합니다.

본서의 특징은 크게 세 가지가 있습니다.

첫째, 개정판에서는 문제 선택지의 난이도를 좀 더 높인 새로운 문제를 추가하였고, 일본의 문화, 사회, 경제, 과학, 교육, 날씨 등의 여러 분야에서 다양한 어휘를 접할 수 있도록 하여 수험생들의 고득점 취득에 도움이 되도록 하였습니다.

둘째, 최근 시험에 자주 등장하는 문제 동향을 꼼꼼하게 재분석하여 만든 파이널 테스트 1회분을 추가하였습니다. 기존의 파이널 테스트에 비하여 난이도가 높고, 시험에 자주 출제되는 학교, 회사에서의 상황을 설정한 문제가 조금 더 추가되었습니다.

셋째, 실전문제 해설 파트에 친절한 해답풀이와 함께 상세한 문법 설명을 덧붙여 혼자서 공부하는 수험생들의 든든한 길잡이가 되도록 하였습니다.

일본어 능력시험의 출제 내용은 실생활에서 자주 접할 수 있는 실전에 가까운 과제 해결 능력을 평가하는 문제 형태를 다루고 있습니다. 따라서 높은 수준의 어휘가 나와서 당황하거나, 경험하지 못한 상황 설정 때문에 선택지 선택이 까다로워 시간을 낭비할 수 있으니, 본서를 통해 다양한 분야의 어휘와 다양한 형태의 문제를 접하고 실력을 키워서 일본어 능력시험에 합격하시기를 진심으로 바랍니다.

끝으로 이 책의 출판에 도움을 주신 (주)다락원 정규도 사장님과 일본어출판부 직원 여러분에게 이 자리를 빌어 감사드립니다.

저자 송현종 드림

JLPT 일본어 능력시험에 대하여

1. **목적 및 주최** | JLPT 일본어 능력시험은 원칙적으로 일본 국내외에서 일본어를 모국어로 하지 않는 사람을 대상으로 한다. 일본어를 공부하거나 사용하는 사람들의 일본어 능력을 측정하고 인정하는 것을 목적으로 한다. 일본 정부가 세계적으로 공인하는 유일한 일본어 시험으로 국제교류기금과 재단법인 일본국제교육지원협회가 주최한다.

2. **실시 횟수** | 매년 7월과 12월 첫째 주 일요일에 연 2회 실시한다. 하지만 주관 부서의 사정에 따라 변경될 수도 있으니 http://www.jlpt.or.kr/ 에서 확인하기 바란다.

3. **레벨** | 시험은 N1, N2, N3, N4, N5로 나뉘어져 있어 수험자가 자신에게 맞는 레벨을 선택하면 된다. 각 레벨에 따라 N1~N2는 언어지식(문자·어휘·문법)·독해, 청해의 두 섹션으로, N3~N5는 언어지식(문자·어휘), 언어지식(문법)·독해, 청해의 세 섹션으로 나뉘어져 있다.

4. **시험결과 통지와 합격 여부** | JLPT 일본어 능력시험은 다음 예와 같이 각 과목의 ①구분별 득점과 구분별 득점을 합계한 ②총점을 통지하며, 이 두 가지 기준에 따라 합격 여부를 판정한다. 즉, 총점이 합격점 이상이고, 각 구분별 득점(과목별 점수)이 기준점 이상이어야 합격이 된다.

〈 일반 수험자 합격 기준점 〉

2016. 12월 시험 기준

레벨	합격점/만점	기준점		
		언어지식	독해	청해
N1	100점 / 180점	19점 / 60점	19점 / 60점	19점 / 60점

* 2016년 12월 시험에서는 총점으로는 100점, 기준점으로는 각각 19점이 모두 넘어야 합격이 되었다. 만약 한 과목이라도 19점을 넘기지 못하면 총점이 100점을 넘더라도 불합격이 된다. 이 점수는 매년 달라진다.

A씨의 성적표

① 구분별 득점			② 총점
언어지식	독해	청해	
60 / 60	30 / 60	15 / 60	105 / 180

* 총점은 105점으로 합격점은 충족하지만, 청해가 15점으로 기준점 19점을 넘지 못했다. 따라서 A씨는 불합격이다.

B씨의 성적표

① 구분별 득점			② 총점
언어지식	독해	청해	
40 / 60	30 / 60	35 / 60	105 / 180

* 총점은 105점으로 합격점을 충족하며, 구분별 득점도 모두 19점 이상이므로 B씨는 합격이다.

5. 시험 내용 | 각 레벨의 인정 기준을 【읽기】, 【듣기】라는 언어행동으로 나타낸다. 각 레벨에는 이 언어행동을 실현하기 위한 언어지식이 필요하다.

레벨	구성 (항목 / 시간)		인정 기준
N1	언어지식 (문자·어휘·문법) 독해	110분	폭넓은 장면에서 사용되는 일본어를 이해할 수 있다. 【읽기】 • 폭넓은 화제에 대해 쓰여진 신문의 논설, 논평 등 논리적으로 약간 복잡한 문장이나 추상도가 높은 문장 등을 읽고, 문장의 구성이나 내용을 이해할 수 있다. • 다양한 화제의 내용에 깊이 있는 내용을 읽고, 이야기의 흐름이나 상세한 표현 의도를 이해할 수 있다. 【듣기】 • 폭넓은 장면에 있어 자연스러운 속도의 정리된 회화나 뉴스, 강의를 듣고 이야기의 흐름이나 내용, 등장인물의 관계나 내용의 논리구성 등을 상세하게 이해하거나 요지를 파악할 수 있다.
	청해	60분	
	계	170분	
N2	언어지식 (문자·어휘·문법) 독해	105분	일상적인 장면에서 사용되는 일본어의 이해에 더해, 보다 폭넓은 장면에서 사용되는 일본어를 어느 정도 이해할 수 있다. 【읽기】 • 폭넓은 화제에 대해 쓰여진 신문이나 잡지의 기사·해설, 평이한 논평 등 요지가 명쾌한 문장을 읽고 문장의 내용을 이해할 수 있다. • 일반적인 화제에 관한 내용을 읽고, 이야기의 흐름이나 표현 의도를 이해할 수 있다. 【듣기】 • 일상적인 장면에 더해 폭넓은 장면에서, 비교적 자연스러운 속도의 정리된 회화나 뉴스를 듣고 이야기의 흐름이나 내용, 등장인물의 관계를 이해하거나 요지를 파악할 수 있다.
	청해	50분	
	계	155분	
N3	언어지식(문자·어휘)	30분	일상적인 장면에서 사용되는 일본어를 어느 정도 이해할 수 있다. 【읽기】 • 일상적인 화제에 대해 쓰여진 구체적인 내용을 나타내는 문장을 읽고 이해할 수 있다. • 신문의 표제어 등에서 정보의 개요를 캐치할 수 있다. • 일상적인 장면에서 눈으로 보는 범위의 난이도가 약간 높은 문장은 대체표현이 주어지면 요지를 이해할 수 있다. 【듣기】 • 일상적인 장면에서 비교적 자연스러운 속도의 정리된 회화를 듣고 이야기의 구체적인 내용을 등장인물의 관계 등과 맞춰서 거의 이해할 수 있다.
	언어지식(문법)·독해	70분	
	청해	40분	
	계	140분	
N4	언어지식(문자·어휘)	30분	기본적인 일본어를 이해할 수 있다. 【읽기】 • 기본적인 어휘나 한자로 쓰여진, 일상생활 중에서도 우리 주변의 화제의 문장을 읽고 이해할 수 있다. 【듣기】 • 일상적인 장면에서 약간 천천히 이야기하는 대화라면 내용을 거의 이해할 수 있다.
	언어지식(문법)·독해	60분	
	청해	35분	
	계	125분	
N5	언어지식(문자·어휘)	25분	기본적인 일본어를 어느 정도 이해할 수 있다. 【읽기】 • 히라가나나 가타카나, 일상생활에서 사용되는 기본적인 한자로 쓰여진 정형적 어구나 글, 문장을 읽고 이해할 수 있다. 【듣기】 • 교실이나 신변적인 일상생활 중에서도 자주 접하는 장면으로, 천천히 이야기하는 짧은 대화라면 필요한 정보를 캐치할 수 있다.
	언어지식(문법)·독해	50분	
	청해	30분	
	계	105분	

6. 결과 발표 | 합격자에 한해 교부되는 급수별 「일본어 능력 인정서」와 함께 응시자 전원에게 합격·불합격의 결과를 알려주는 통지서, 인정 결과 및 성적에 관한 증명서를 교부한다.

이 책의 구성 및 활용

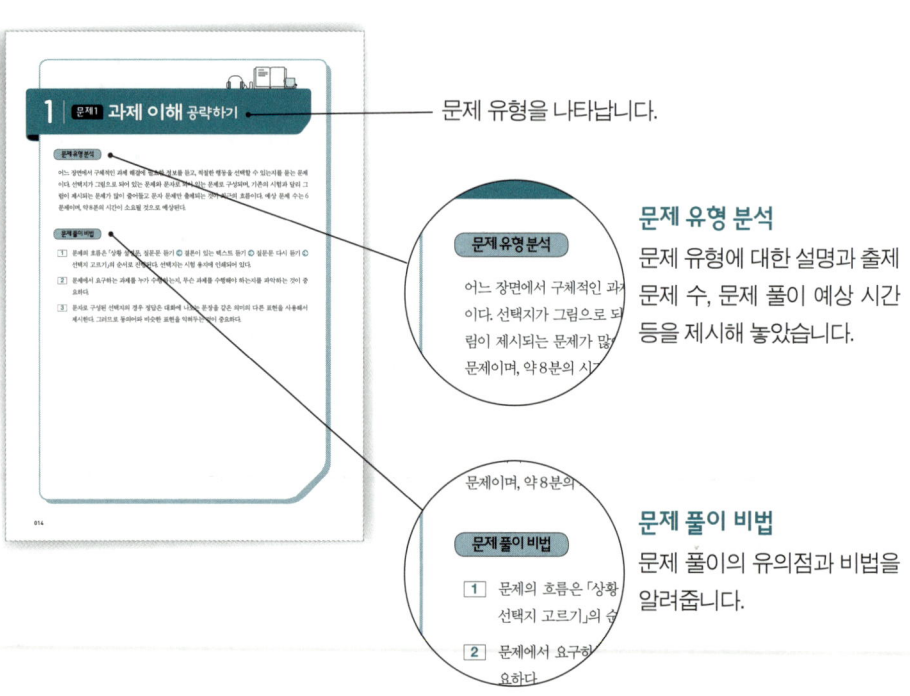

문제 유형 분석
문제 유형에 대한 설명과 출제 문제 수, 문제 풀이 예상 시간 등을 제시해 놓았습니다.

문제 풀이 비법
문제 풀이의 유의점과 비법을 알려줍니다.

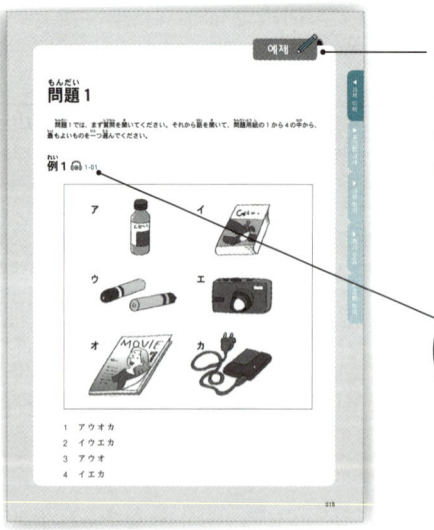

실전문제 예
각 유형별 문제의 예제입니다. 실전에 앞서 각 문제의 유형에 익숙해지도록 연습문제를 배치해 두었습니다.

문제 풀기
문제와 선택지가 나와 있습니다. 문제 유형에 따라 선택지가 제시된 경우도 있고 그렇지 않은 경우도 있습니다.

실전문제
문제 유형별 실전문제입니다. 실전과 같은 자세로 집중하여 문제를 풀어 봅시다.

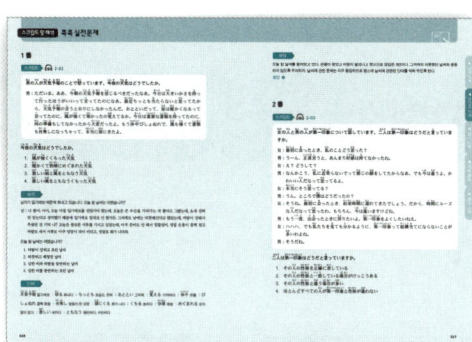

실전문제 스크립트와 해설
스크립트에 대한 해석, 단어, 문제 해설이 정리되어 있습니다. 해당 TRACK 번호로 간편하게 음성 파일을 찾아서 들을 수 있습니다.

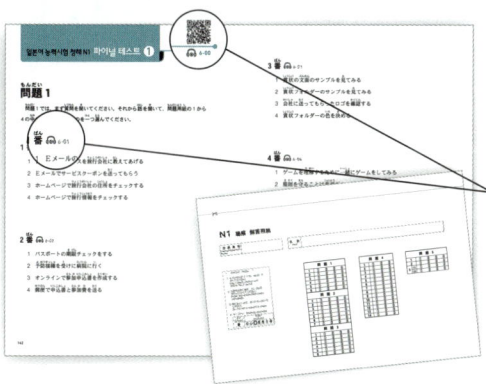

파이널 테스트 및 해답용지
청해 파이널 테스트 3회분이 실려 있습니다.
MP3 파일은 파이널 테스트 회차당 전체 파일과 문제당 개별 파일 두 가지 버전으로 제공되며, 곰플레이어 등 재생플레이어로 자신에 맞게 속도를 조절해 가며 듣기 연습해 보세요.
시험에 사용되는 해답용지도 활용해 보세요.

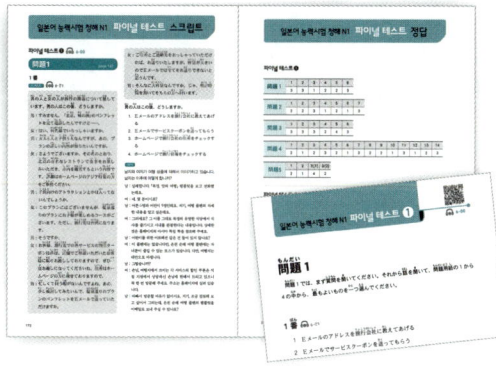

파이널 테스트 스크립트 및 정답
청해 파이널 테스트의 스크립트와 해석, 정답이 실려 있습니다. 파이널 테스트 문제 상단의 QR코드를 통해서도 바로 확인할 수 있습니다.

차례

머리말   003
JLPT 일본어 능력시험에 대하여   004
이 책의 구성 및 활용   006

Part 1   N1 청해 문제 유형 분석하기

N1 청해 문제 유형 분석   010

Part 2   N1 청해 문제 유형별 공략하기

1. 문제1 **과제 이해** 공략하기   014
2. 문제2 **포인트 이해** 공략하기   040
3. 문제3 **개요 이해** 공략하기   062
4. 문제4 **즉시 응답** 공략하기   080
5. 문제5 **종합 이해** 공략하기   106

Part 3   N1 청해 실전 공략하기

1. 파이널 테스트   142
2. 파이널 테스트 스크립트   172
3. 파이널 테스트 정답   244
4. 해답용지   246

Part 1

N1 청해
문제 유형 분석하기

N1 청해 문제 유형 분석

점수를 UP시키는 N1 청해

일본어 능력시험 N1 청해의 문제 유형은 총 다섯 가지이며, 기존 시험보다 시험에서 차지하는 청해의 비중이 늘었다. 시험 시간은 60분이고, 배점은 60점 만점이다. 시험의 내용은 폭넓은 장면에서 사용되는 일본어를 이해할 수 있는지를 묻는다. 폭넓은 장면에서 자연스러운 속도의 결론이 있는 회화나 뉴스, 강의를 듣고 이야기의 흐름이나 내용, 등장인물의 관계나 내용의 논리 구성 등을 상세하게 이해하거나 요지를 파악할 수 있어야 한다.

문제 유형

1. **問題 1** (과제 이해)

   ❶ 예상 문제 수는 6문제이며, 약 12분의 시간이 소요될 것으로 예상합니다.

   ❷ 과제 이해 유형은 어느 장면에서 구체적인 과제 해결에 필요한 정보를 듣고, 적절한 행동을 선택할 수 있는지를 묻는 문제입니다. 지시나 조언을 하고 있는 회화를 듣고, 그것을 받아들인 다음의 행동으로서 어울리는 것을 고릅니다. 선택지는 문자나 그림으로 제시되며, 그림은 될 수 있는 한 실제 장면에서 볼 수 있는 형태로 나타내며, 현실의 커뮤니케이션 장면에 가까운 형태입니다. 과제를 명확하게 하기 위해서 문제의 텍스트를 듣기 전에 상황 설명과 질문이 음성으로 제시됩니다.

   > **문제의 흐름**
   > 1. 상황 설명문과 질문문을 듣는다.
   > 2. 결론이 있는 텍스트를 듣는다.
   > 3. 질문문을 다시 듣는다.
   > 4. 선택지에서 정답을 고른다. (선택지는 인쇄되어 있음.)

2. 問題 2 (포인트 이해)

❶ 예상 문제 수는 7문제이며, 약 17분의 시간이 소요될 것으로 예상합니다.

❷ 포인트 이해 유형은 내용의 포인트를 좁혀서 들을 수 있는가를 묻는 문제입니다. 현실의 커뮤니케이션에서 듣는 사람은 말하는 사람의 발화(發話)에서 듣는 사람 자신이 알고 싶은 것과 흥미가 있는 것을 들으려고 합니다. 시험에서는 수험자가 어떤 부분에 중점을 두고 들어야 하는지를 미리 의식할 수 있도록 문제의 텍스트를 듣기 전에 상황 설명과 질문을 음성으로 나타내고, 또 문제 책자에 인쇄되어 있는 선택지를 읽는 시간이 주어집니다. N1, N2, N3 레벨에서는 화자의 심정이나 사건의 이유 등을 이해할 수 있는가, N4, N5 레벨에서는 일정, 장소 등의 구체적인 정보를 이해할 수 있는가를 주로 묻습니다.

> **문제의 흐름**
> 1. 상황 설명문과 질문문을 듣는다.
> 2. 포즈(포즈 사이에 선택지를 읽는다.)
> 3. 결론이 있는 텍스트를 듣는다.
> 4. 질문문을 다시 듣는다.
> 5. 선택지에서 정답을 고른다. (선택지는 인쇄되어 있음.)

3. 問題 3 (개요 이해)

❶ 예상 문제 수는 6문제이며, 약 13분의 시간이 소요될 것으로 예상합니다.

❷ 개요 이해 유형은 텍스트 전체에서 화자의 의도나 주장 등을 이해할 수 있는가를 묻는 문제입니다. 일부 단어나 발화(發話)를 이해할 수 있을 뿐 아니라 발화 전체의 메시지가 무엇인지를 이해하는 것은 현실 장면에서도 요구되는 듣기 방법입니다. 이와 같은 문제는 발화의 일부 이해를 묻는 문제와 비교해서 보다 고도의 능력을 요구합니다. 전체를 이해하는 듣기 방법을 묻는 문제이므로 질문과 선택지는 사전에 제시되지 않습니다.

> **문제의 흐름**
> 1. 상황 설명문을 듣는다.
> 2. 결론이 있는 텍스트를 듣는다.
> 3. 질문문을 듣는다.
> 4. 음성 선택지를 듣고 정답을 고른다. (선택지는 음성으로만 들려줌.)

4. 問題 4 (즉시 응답)

❶ 예상 문제 수는 14문제이며, 약 9분의 시간이 소요될 것으로 예상합니다.

❷ 즉시 응답 유형은 상대방의 발화(發話)에 어떠한 응답을 하는 것이 어울리는지를 즉시 판단할 수 있는가를 묻는 문제로 모든 레벨에서 출제됩니다. 짧은 발화로 그것에 대한 응답(선택지)은 음성으로 제시됩니다.

> **문제의 흐름**
> 1. 짧은 문장을 듣는다.
> 2. 음성 선택지를 듣고 정답을 고른다. (선택지는 음성으로만 들려줌.)
>   ※ 1과 2는 일대일 회화입니다.

5. 問題 5 (종합 이해)

❶ 예상 문제 수는 3문제이며, 9분의 시간이 소요될 것으로 예상합니다.

❷ 종합 이해 유형은 내용이 보다 복잡하고 정보량이 많은 텍스트에 대해서 내용 이해를 묻는 질문입니다. 예를 들면 발화자(發話者)가 3명인 회화나 2종류의 음성 텍스트(예: 어떤 뉴스와 그것에 대해서 서로 이야기하고 있는 양쪽을 듣는 문제) 등이 포함됩니다. 이것들의 텍스트를 이해하기에는 복수의 정보를 종합할 (비교하거나 관련시키거나) 필요가 있어 고도의 능력을 요구합니다.

> **문제의 흐름**
> 1번, 2번
> 1. 상황 설명문을 듣는다.
> 2. 긴 텍스트를 듣는다.
> 3. 질문문을 듣는다.
> 4. 음성 선택지를 듣고 정답을 고른다. (선택지는 음성으로만 들려줌.)
>
> 3번
> 1. 상황 설명문을 듣는다.
> 2. 긴 텍스트를 듣는다.
> 3. 질문1 의 질문문을 듣는다.
> 4. 선택지에서 정답을 고른다. (선택지는 인쇄되어 있음.)
> 5. 질문2 의 질문문을 듣는다.
> 6. 선택지에서 정답을 고른다. (선택지는 인쇄되어 있음.)

점수를 UP시키는
N1 청해

Part 2

N1 청해 문제 유형별 공략하기

1. 문제1 과제 이해 공략하기
2. 문제2 포인트 이해 공략하기
3. 문제3 개요 이해 공략하기
4. 문제4 즉시 응답 공략하기
5. 문제5 종합 이해 공략하기

1 | 문제1 과제 이해 공략하기

> 문제 유형 분석

어느 장면에서 구체적인 과제 해결에 필요한 정보를 듣고, 적절한 행동을 선택할 수 있는지를 묻는 문제이다. 선택지가 그림으로 되어 있는 문제와 문자로 되어 있는 문제로 구성되며, 기존의 시험과 달리 그림이 제시되는 문제가 많이 줄어들고 문자 문제만 출제되는 것이 최근의 흐름이다. 예상 문제 수는 6문제이며, 약 12분의 시간이 소요될 것으로 예상된다.

> 문제 풀이 비법

1. 문제의 흐름은 「상황 설명문, 질문문 듣기 ➡ 결론이 있는 텍스트 듣기 ➡ 질문문 다시 듣기 ➡ 선택지 고르기」의 순서로 진행된다. 선택지는 시험 용지에 인쇄되어 있다.

2. 문제에서 요구하는 과제를 누가 수행하는지, 무슨 과제를 수행해야 하는지를 파악하는 것이 중요하다.

3. 문자로 구성된 선택지의 경우 정답은 대화에 나오는 문장을 같은 의미의 다른 표현을 사용해서 제시한다. 그러므로 동의어와 비슷한 표현을 익혀두는 것이 중요하다.

예제

もんだい
問題 1

問題 1 では、まず質問を聞いてください。それから話を聞いて、問題用紙の 1 から 4 の中から、最もよいものを一つ選んでください。

例 1 🎧 1-01

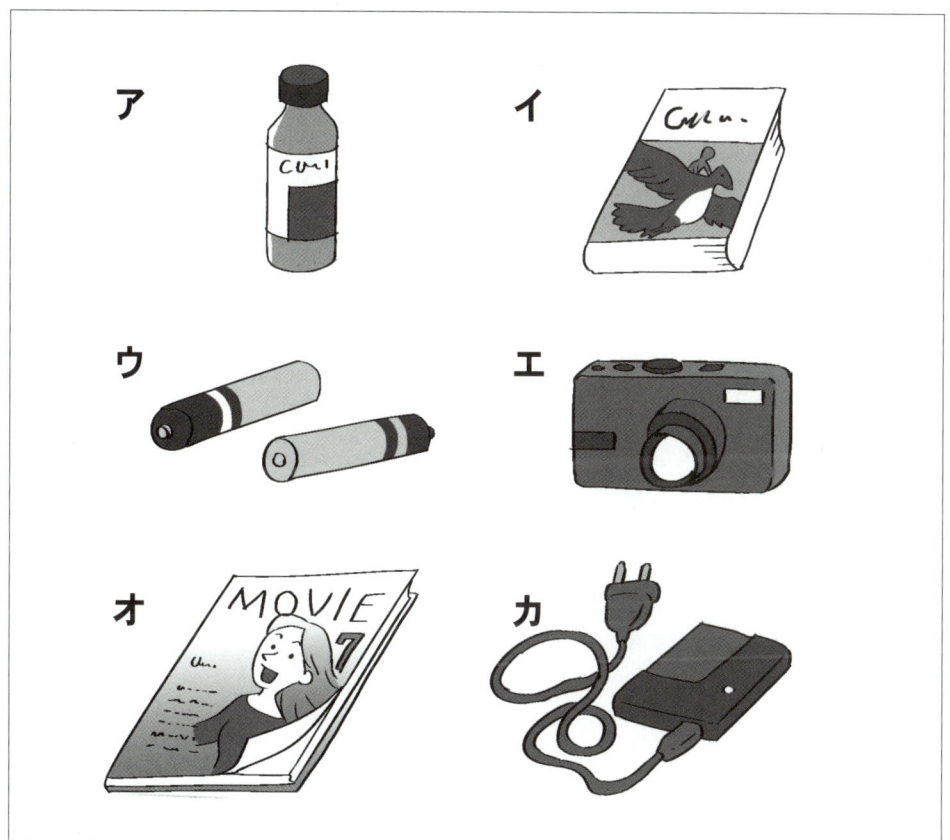

1　アウオカ

2　イウエカ

3　アウオ

4　イエカ

예제

例2 🎧 1-02

1　自転車でベジタリアンピザを取りに行く
2　飲み物を買いにコンビニに行く
3　出前アプリをダウンロードする
4　女の人のクーポンを使ってピザを注文する

스크립트 및 해석 예제

例1

스크립트 🎧 1-01

男の人と女の人が、旅行に備えてチェックリストを見ながら話しています。男の人は何を買いますか。

女：今回はクルーズ旅行だから、船酔い止めの薬、用意しないと。
男：確か救急箱にこの前買っておいたのがあるはずなんだけど。
女：そうだったわね。でも、もしもの場合に備えてもう一箱買っておいてね。
男：わかったよ。カメラも忘れずにな。
女：もちろんよ。充電器もかばんに入れておいたわ。
男：乾電池も用意しておこうか。
女：充電器で十分間に合うと思うけど、何個か買ってきて。
男：時間つぶし用の本を何冊か持って行くといいよ。
女：私は読みかけの小説でも持っていくわ。
男：買い物の帰りに映画雑誌も買ってくるよ。じゃあ、行ってくるから。

男の人は何を買いますか。

해석

남자와 여자가 여행에 대비해서 체크 리스트를 보면서 이야기하고 있습니다. 남자는 무엇을 삽니까?

여 : 이번에는 크루즈 여행이니까 배멀미약을 준비해야겠네.
남 : 아마 구급상자에 요전에 사 둔 것이 있을 텐데.
여 : 그랬지 참. 하지만 만약의 경우에 대비해서 한 상자 더 사 둬요.
남 : 알았어. 카메라도 잊지 마.
여 : 물론이죠. 충전기도 가방에 넣어 놨어요.
남 : 건전지도 준비해 둘까?
여 : 충전기로 충분히 될 것 같지만, 몇 개만 사 와요.
남 : 시간 보내기용 책을 몇 권 가져가면 좋아.
여 : 나는 읽다 만 소설이라도 가져가야겠어요.
남 : 물건 사고 오는 길에 영화 잡지도 사 올게. 그럼, 다녀올게.

남자는 무엇을 삽니까?

정답 ❸

| 스크립트 및 해석 | 예제 |

例2

스크립트 🎧 1-02

男の人と女の人が夜食を注文しようとしています。男の人はこの後、何をしますか。

女：あ、お腹すいた。この間食べたベジタリアンピザ、また注文しようか。

男：お、いいんじゃない。僕も、ちょうどお腹が空いていたところだよ。

女：でも、11時過ぎに注文すると、テイクアウトしかできないって言ってたよ。

男：え？デリバリーできないの？歩いていける距離じゃないだろ。他のメニューにしたら？タコスとかブリートとかのメキシカン料理はどう？

女：ごめん。ピザが食べたいの。自転車で取りに行ってくれないかな。ドリンクの無料券もあるのよ。

男：でも、冷めてしまうよ。あ、そうだ。昨日、スーパー行ったときに冷凍ピザ買ったじゃないか。オーブンで焼いて食べよう。飲み物はコンビニでセール中の買ってくるよ。

女：オーブンがちょうど今、壊れちゃってるの。デリバリーしてくれるピザ屋さんを探せばいいわよ。スマートフォンの出前のアプリケーションで条件検索してみれば遅くまで営業してるお店、すぐ見つかるわよ。それとね、出前のアプリをダウンロードすると割引クーポンもらえるからサイドメニューも注文できるのよ。私のは、もう使用済みだから、注文お願いするわね。

男：へえ。知らなかった。じゃあ、飲み物は注文してから買ってくるね。

女：ええ。よろしくね。注文する時、クーポンのコード入力忘れないでね。

男の人はこの後、何をしますか。

1. 自転車でベジタリアンピザを取りに行く
2. 飲み物を買いにコンビニに行く
3. 出前アプリをダウンロードする
4. 女の人のクーポンを使ってピザを注文する

> **해석**

남자와 여자가 야식을 주문하려고 하고 있습니다. 남자는 이후에 무엇을 합니까?

여 : 아, 배고파. 요전에 먹은 채식주의자 피자, 또 주문할까?
남 : 오, 괜찮겠다. 나도 마침 살짝 배가 고팠는데.
여 : 그런데 11시 넘어서 주문하면 테이크아웃만 된다고 했어.
남 : 뭐? 배달이 안 되는 거야? 걸어서 갈 수 있는 거리가 아니잖아. 다른 메뉴로 하는 건 어때? 타코스나 브리또 같은 멕시코 요리는 어때?
여 : 미안. 피자가 먹고 싶어. 자전거로 가지러 가 줄 수 없을까? 무료 음료권도 있는데.
남 : 하지만 식어 버릴 거야. 아, 맞다. 어제 슈퍼에 갔을 때 냉동 피자 사 오지 않았어? 오븐에 구워서 먹자. 음료수는 편의점에서 할인하는 거 사 올게.
여 : 오븐이 마침 지금 고장났어. 배달해 주는 피자집을 찾으면 되겠네. 스마트폰 배달 앱으로 조건 검색해 보면 늦게까지 영업하고 있는 가게 금방 찾을 거야. 그리고 있지, 배달 앱을 다운로드하면 할인 쿠폰 받을 수 있으니까 사이드 메뉴도 주문할 수 있어. 내 것은 이미 사용했으니까 주문 좀 해 줘.
남 : 허. 몰랐어. 그럼 음료는 주문하고 나서 사 올게.
여 : 응. 부탁해. 주문할 때 쿠폰 코드 입력하는 거 잊지 말고.

남자는 이후에 무엇을 합니까?
1. 자전거로 채식주의자 피자를 가지러 간다.
2. 음료를 사러 편의점에 간다.
3. 배달 앱을 다운로드한다.
4. 여자의 쿠폰을 사용해서 피자를 주문한다.

정답 ❸

콕콕 실전문제　　　　　　　　　　　　　　　　　　　　　　　　　　　/ 9

問題1

　問題1では、まず質問を聞いてください。それから話を聞いて、問題用紙の1から4の中から、最もよいものを一つ選んでください。

1番　🎧 1-03

2番 🎧 1-04

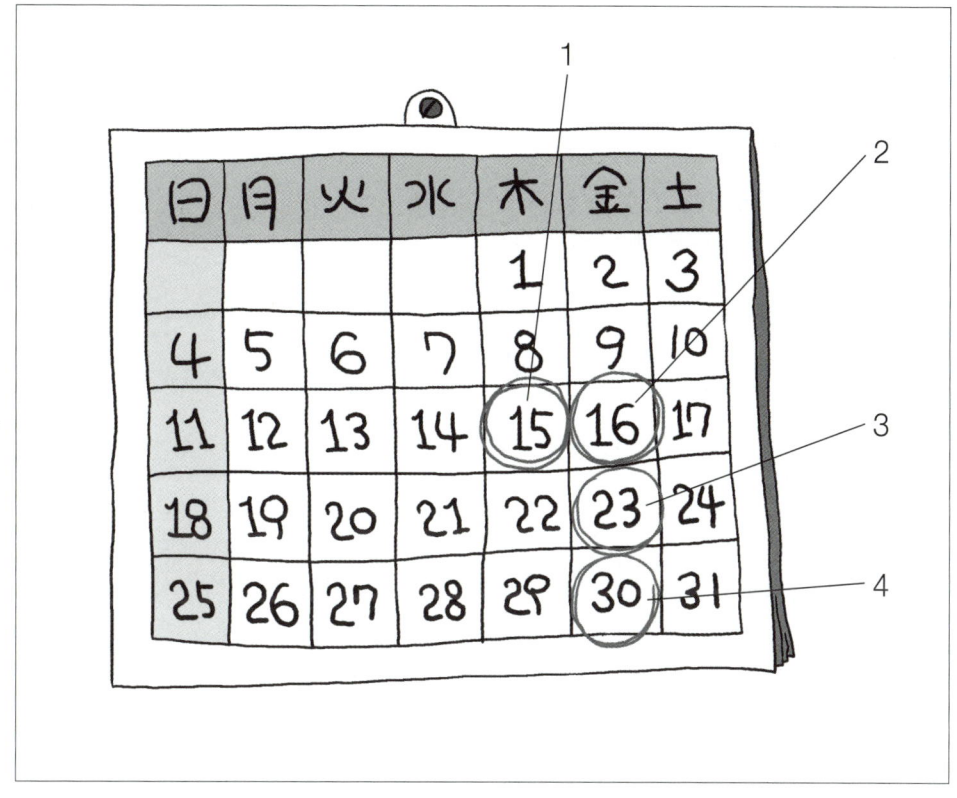

3番 🎧 1-05

1 音響エンジニアにスピーカーの話をする
2 事務室に行って新しいプロジェクターを持ってくる
3 マイクの音質をチェックする
4 事務室に行ってマイクをもらってくる

4番 🎧 1-06

1 体をゆるやかに動かすようにする
2 体にいい食事をするようにする
3 健康補助食品を摂取する
4 食事の環境を改善するようにする

5番 🎧 1-07

1 携帯電話をかばんに入れておくことにする
2 レジで袋をもらうことにする
3 出かける時、自分の袋を持っていくことにする
4 ビニール袋を使わないことにする

6番 🎧 1-08

1 慰めの言葉を述べ贈り物を手渡す
2 会社で損害に値する弁償金を支払えるように処理する
3 次からもう少し気をつけるよう約束する
4 同じような形の椅子を探してみる

7番 🎧 1-09

1 福袋のインターネット予約注文を確認する
2 福袋の整理券配布の確認に弟を行かせる
3 デパートに電話して福袋情報を確認する
4 デパートに福袋を買いに行く

8番 🎧 1-10

1 ベッド＆ブレックファーストのサイトでホテルの予約をする
2 ホテルに電話して予約キャンセルを要請する
3 親戚の人に国際電話をかける
4 国内旅行の計画を立て直す

9番 🎧 1-11

1 池袋店へ椅子を修理に出す
2 本店で椅子を交換しに出かける
3 ホームページで返品商品の登録をする
4 段ボール箱を取りにゴミ捨て場に行く

| 스크립트 및 해석 | 콕콕 실전문제

1番

스크립트  1-03

女の人と男の人が野球のユニフォームについて話しています。女の人はどのようなユニフォームを作らなければなりませんか。

男 : チームのユニフォームを変えたいんですけど。
女 : 何かお望みのデザインでもおありでしょうか。
男 : デザインは、シンプルなほうがいいです。それからうちは社会人チームだから、すっきりしたホワイトのユニフォームにしてください。
女 : 会社のロゴはどうしましょうか。
男 : 左胸に大きくアルファベットの「H」を入れてください。それと、右側のそでに数字を入れるのも珍しいからぜひお願いします。
女 : わかりました。高校野球のユニフォームのような伝統的な感じに仕上がると思いますけど、いいですか。
男 : ええ、かまいません。

女の人はどのようなユニフォームを作らなければなりませんか。

해석

여자와 남자가 야구 유니폼에 대해서 이야기하고 있습니다. 여자는 어떤 유니폼을 만들지 않으면 안 됩니까?

남 : 팀의 유니폼을 바꾸고 싶은데요.
여 : 뭔가 원하시는 디자인이라도 있으세요?
남 : 디자인은 단순한 게 좋아요. 게다가 우리는 사회인 팀이라서 산뜻한 흰색 유니폼으로 해 주세요.
여 : 회사 로고는 어떻게 할까요?
남 : 왼쪽 가슴에 크게 알파벳 'H'를 넣어 주세요. 또 오른쪽 소매에 숫자를 넣는 것도 흔하지 않으니 꼭 부탁합니다.
여 : 알겠습니다. 고교 야구 유니폼 같은 전통적인 느낌으로 완성될 것 같은데 괜찮습니까?
남 : 네, 상관없습니다.

여자는 어떤 유니폼을 만들지 않으면 안 됩니까?

단어

望み 소망, 희망 | シンプル 단순함 | すっきり 말쑥한 모양, 산뜻한 모양 | ロゴ 로고 | アルファベット 알파벳 | そで 소매 | 数字 숫자 | 伝統的 전통적임 | 感じ 느낌 | 仕上がる 완성되다

| 스크립트 및 해석 | 콕콕 실전문제

해설

남자가 주문한 야구 유니폼은 흰색이며, 알파벳 「H」가 왼쪽 가슴에 들어가야 한다. 또한 오른쪽 소매에는 숫자를 넣어 달라고 요구하고 있다. 따라서 이 세 가지 조건이 충족된 4번이 정답이다.

정답 ④

2番

| 스크립트 |  1-04

水泳の先生と学生が話しています。学生の母親のピアノのコンサートはいつですか。

男：来月、全国大会も開かれるし、今週から毎日特訓に入るぞ。みんな、気を引き締めて行こう。
女：先生、実は今月、母のピアノコンサートが開かれる予定なんです。だから、その日だけ練習抜けてもいいですか。
男：うーん。原則的にはいけないんだけどな。まあ、しょうがないか。それで、いつなんだ。
女：確か、今月の第三金曜日だって言ってたから15日です。
男：あれ？15日は木曜日だぞ。
女：あ、そうですか。じゃあ、その次の週の金曜日かな。
男：その日は身体検査がある日だけど……。
女：あ、そうだった。実は正確な日程を聞いてないんです。母が身体検査の日の一週間後だと言っていたのは覚えています。
男：そうか。じゃ、この日だな。ちゃんと確認してみなさい。

学生の母親のピアノのコンサートはいつですか。

해석

수영 선생님과 학생이 이야기하고 있습니다. 학생 엄마의 피아노 콘서트는 언제입니까?

남：다음 달에 전국대회 열리고 하니 이번 주부터 매일 특별 훈련에 들어간다. 모두 마음을 다잡고 나아가자.
여：선생님, 실은 이번 달에 엄마의 피아노 콘서트가 열릴 예정이에요. 그래서 그날만 연습을 빠져도 될까요?
남：음. 원칙적으로는 안 되지만. 뭐 어쩔 수 없지. 그래서 언제인데?
여：아마도 이번 달 셋째 주 금요일이라고 했으니까 15일이에요.
남：어라? 15일은 목요일인데.
여：아, 그래요? 그럼 그 다음 주 금요일인가?
남：그날은 신체검사가 있는 날인데……….
여：앗, 그랬지 참. 실은 정확한 일정을 못 들었거든요. 엄마가 신체검사 날의 일주일 후라고 말했던 것은 기억이 나요.

남: 그렇구나. 그럼, 이날이네. 확실히 확인해 보렴.

학생 엄마의 피아노 콘서트는 언제입니까?

단어

特訓(とっくん) 특별 훈련 | 気(き)を引(ひ)き締(し)める 마음을 다잡다 | 練習(れんしゅう) 연습 | 抜(ぬ)ける 빠지다 | 原則的(げんそくてき) 원칙적 | 身体検査(しんたいけんさ) 신체검사 | 正確(せいかく) 정확함 | 日程(にってい) 일정 | 確認(かくにん) 확인

해설

학생은 엄마의 콘서트가 셋째 주 금요일인 15일이라고 생각했는데 15일은 목요일이다. 그래서 그 다음 주 금요일이라고 생각했지만 그날은 신체검사가 있는 날이다. 학생은 엄마의 콘서트가 신체검사의 일주일 후라고 했으므로 23일의 일주일 뒤인 30일이 정답이다. 날짜는 처음에 15일만 나오므로 달력을 보면서 대화의 흐름을 놓치지 않는 것이 중요하다.

정답 ❹

3番

 1-05

大学で先生とアシスタントが会場で論文発表の準備をしています。アシスタントはこれから何をしますか。

女：杉本君。舞台の方と客席の後ろの方のスピーカーの状態、ちょっとおかしいんじゃないかな。どう思う？効果音がポイントなのに、音質悪いと、がっかりだわ。

男：あ、今、舞台裏で音響エンジニアがスピーカーのチェックしてるところなんです。もう一度、僕が行ってちゃんと話しておきましょうか。

女：ううん。マイクテストする時に言うわ。杉本君は発表で使うプロジェクターの誤作動が直らないって、急いで事務室の人、呼んで来てくれるかな。もしかしたら新しいのに取り替えた方がいいかもしれないわ。マイクも、もう一つ必要だから、ついでにもらってきてね。

男：マイクは司会者の机に置いてあります。先ほど、もらってきました。

女：本当？じゃあ、さっそくマイクテストしてみないと。司会者の立ち位置に立ってみて。ほら、早く。

男：でも事務室に行くほうが先なんじゃ。

女：マイクも故障だったら、変えてもらわないとね。用心に越したことはないから。

男：あ、そうですね。

스크립트 및 해석 콕콕 실전문제

アシスタントはこれから何をしますか。

1. 音響エンジニアにスピーカーの話をする
2. 事務室に行って新しいプロジェクターを持ってくる
3. マイクの音質をチェックする
4. 事務室に行ってマイクをもらってくる

해석

대학에서 교수와 조교가 행사장에서 논문 발표 준비를 하고 있습니다. 조교는 이제부터 무엇을 합니까?

여 : 스기모토 군. 무대 쪽과 객석 뒤쪽의 스피커 상태, 좀 이상하지 않아? 어떻게 생각해? 효과음이 포인트인데 음질이 나쁘면 맥 빠져.

남 : 아, 지금 무대 뒤에서 음향 엔지니어가 스피커 체크하고 있는 중이에요. 한 번 더 제가 가서 제대로 이야기 해 둘까요?

여 : 아냐. 마이크 테스트할 때 말할게. 스기모토 군은 발표 때 쓸 프로젝터 오작동이 안 고쳐진다고 서둘러 사무실 직원 좀 불러 줄래? 어쩌면 새걸로 교체하는 게 나을지도 모르겠어. 마이크도 하나 더 필요하니까 간 김에 받아 와.

남 : 마이크는 사회자 책상에 놔 뒀어요. 아까 받아 왔습니다.

여 : 정말? 그럼 바로 마이크 테스트부터 해야겠다. 사회자가 서는 위치에 서 봐. 자, 얼른.

남 : 하지만 사무실에 가는 게 먼저 아니에요?

여 : 마이크도 고장이면 바꿔야 하니까. 조심해서 나쁠 건 없으니까.

남 : 아, 그렇네요.

조교는 이제부터 무엇을 합니까?

1. 음향 엔지니어에게 스피커에 관한 이야기를 한다.
2. 사무실에 가서 새 프로젝터를 가져온다.
3. 마이크 음질을 체크한다.
4. 사무실에 가서 마이크를 받아 온다.

단어

アシスタント 조수 | スピーカー 스피커 | おかしい 이상하다 | 音質 음질 | がっかりだ 실망이다, 맥이 빠지다 | 舞台裏 무대 뒤 | 音響 음향 | エンジニア 엔지니어 | プロジェクター 프로젝터 | 誤作動 오작동 | 治る 낫다 | 取り替える 교체하다 | ~ついでに ~하는 김에 | 立ち位置 서는 위치 | 用心 조심, 주의, 경계 | ~に越したことはない ~보다 더 좋은 것은 없다

해설

대학 교수와 조교가 무대에서 논문 발표 준비를 하고 있으며, 무대 뒤에서 음향 엔지니어가 스피커 음향 체크를 하고 있는 상황이다. 교수가 프로젝터와 마이크 때문에 조교를 사무실로 보내려고 하는데, 조교가 마이크는 이미 받아 놓았다고 말한다. 그러자 교수는 조교에게 사무실에 가기 전에 마이크 테스트를 하자고 말한다. 따라서 조교가 지금 해야 할 일은 3번이다.

정답 ❸

4番

스크립트  1-06

> 女の人と男の人が疲労回復の方法について話しています。男の人はこれからどうしますか。
>
> 男：最近疲れがたまってどうしようもないんだ。何をしても意欲が湧かなくて……。
> 女：それは大変ね。仕事のストレスが解消されてないからじゃないの？
> 男：そうかもしれないなあ。睡眠不足でもあるしなあ。どうすればストレスから解放されるかな。
> 女：まあ、なによりも効果的なのは体を動かすことだと思うけどね。運動する時間、あるのかしら？
> 男：うーん。あるとは言えないね。毎日残業だし、週末は子供たちと遊んでやらなきゃならないし。
> 女：疲労がたまりつづけると病気になる可能性もあるそうよ。なんとかしなきゃ。
> 男：あ、そうだ。健康食品を摂取するのはどうだろう。ビタミンやカルシウムが入っているのがいいなあ。
> 女：いい考えだけど、それなら食生活の見直しをした方が早いんじゃないの？
> 男：そう言われてみればそうだな。おかげで悩みが解決されそうだよ。

男の人はこれからどうしますか。

1. 体をゆるやかに動かすようにする
2. 体にいい食事をするようにする
3. 健康補助食品を摂取する
4. 食事の環境を改善するようにする

해석

여자와 남자가 피로 회복 방법에 대해서 이야기하고 있습니다. 남자는 이제부터 어떻게 합니까?

남：요즘 피로가 쌓여서 어쩔 수가 없다니까. 무엇을 해도 의욕이 안 생겨서….
여：그것 참 큰일이네. 업무 스트레스가 해소 안 돼서 그런 것 아닌가?
남：그럴지도 모르지. 수면 부족이기도 하고. 어떻게 하면 스트레스에서 해방될까.
여：글쎄, 무엇보다도 효과적인 것은 몸을 움직이는 거라고 생각하는데. 운동할 시간 있을까?
남：음~. 있다고는 할 수 없지. 매일 잔업이 있고, 주말에는 아이들과 놀아 주지 않으면 안 되니까.
여：피로가 계속 쌓이면 병에 걸릴 가능성도 있다고 하던데. 어떻게든 하지 않으면 안 되겠어.
남：앗, 그래. 건강식품을 섭취하는 것은 어떨까? 비타민이나 칼슘이 들어 있는 것이 좋겠어.
여：좋은 생각이지만 그럴 거면 식생활을 다시 돌아보는 편이 빠르지 않을까?
남：그런 말을 듣고 보니 그러네. 덕분에 고민이 해결될 것 같아.

스크립트 및 해석 콕콕 실전문제

남자는 이제부터 어떻게 합니까?
1. 몸을 부드럽게 움직이도록 한다.
2. 몸에 좋은 식사를 하도록 한다.
3. 건강보조식품을 섭취한다.
4. 식사 환경을 개선하도록 한다.

단어

疲労回復 피로 회복 | 疲れ 피로 | たまる 쌓이다 | どうしようもない 어쩔 도리가 없다, 속수무책이다 | 意欲 의욕 | 湧く 나타나다, 생겨나다 | 解消 해소 | 睡眠 수면 | 解放 해방 | なによりも 무엇보다도 | ～とは言えない ～라고는 할 수 없다 | 摂取 섭취 | カルシウム 칼슘 | 見直し 다시 봄, 재검토 | ゆるやか 느릿함, 느긋함 | 補助 보조 | 改善 개선

해설

여자가 가장 효과적이라고 생각하는 피로 회복 방법은 운동이지만, 남자는 운동할 시간이 없다고 한다. 남자는 건강식품 섭취를 하려고 하지만 여자는 식생활 개선을 권하고 있으며 이에 남자도 동조했다. 따라서 정답은 2번이다. 선택지 4번의 식사 환경을 개선하는 것과 식생활을 개선하는 것은 다르다는 점에 유의하도록 한다.

정답 ❷

5番

스크립트 1-07

女の人と男の人がレジ袋について話しています。女の人は次回からどうすると言っていますか。

女：この間、近所のスーパーでいやな思いをしたのよ。
男：どんなことだい？
女：友達の家でゼミの打ち上げをすることになって、私が久しぶりに料理の腕を披露することになったの。それで、色々と食材を買ったのよ。
男：うん。それで？
女：現金がなかったから、カード払いにしたんだけど……そこの店主がね、レジ袋は現金じゃないとだめだってきかないの。その時たまたま、現金が一円もなくて……後で払うって言っても信じないし、結局友達に電話してわざわざ来てもらったわ。

男：それはひどい目にあったね。そういう時に備えて、僕はいつも携帯用のマイバッグかビニール袋をかばんに入れているんだ。
女：なるほど。私も今度からはそうすることにするわ。

女の人は次回からどうすると言っていますか。
1. 携帯電話をかばんに入れておくことにする
2. レジで袋をもらうことにする
3. 出かける時、自分の袋を持っていくことにする
4. ビニール袋を使わないことにする

해석

여자와 남자가 비닐봉지에 대해서 이야기하고 있습니다. 여자는 다음부터 어떻게 하겠다고 말하고 있습니까?

여 : 요전에 동네 슈퍼마켓에서 안 좋은 일이 있었어.
남 : 어떤 일인데?
여 : 친구 집에서 세미나 뒷풀이를 하게 되어서 내가 오랜만에 요리 솜씨를 뽐내게 되었거든. 그래서 이것저것 요리 재료를 샀어.
남 : 음. 그래서?
여 : 현금이 없어서 카드로 지불했는데…그 가게 주인이, 비닐봉지는 현금으로 내지 않으면 안 된다고 듣질 않는 거야. 그 때 마침 현금이 하나도 없어서…나중에 낸다고 말해도 믿지도 않고, 결국 친구한테 전화해서 일부러 와 달라고 했어.
남 : 그것 참 심한 일을 당했구나. 그럴 때를 대비해서 나는 항상 휴대용 장바구니나 비닐봉지를 가방에 넣고 다닌다니까.
여 : 그렇구나. 나도 다음부터는 그렇게 해야겠네.

여자는 다음부터 어떻게 하겠다고 말하고 있습니까?
1. 휴대전화를 가방에 넣어 두기로 한다.
2. 계산대에서 봉지를 받기로 한다.
3. 외출 시 자기 봉지를 가지고 다니도록 한다.
4. 비닐봉지를 사용하지 않기로 한다.

단어

レジ袋 슈퍼마켓 등의 소매점 계산대에서 주는 비닐봉지 | 次回 다음, 다음 번 | 近所 근처 | ～思いをする ~한 마음이 되다, ~한 심정이다 | ゼミ 세미나 =セミナー | 打ち上げ 사업이나 공사 등을 마침. 또는 그것을 축하하는 잔치 | 腕 솜씨 | 披露 공개함 | 食材 요리 재료 | 店主 가게 주인 | たまたま 마침 | ひどい目にあう 심한 꼴을 당하다 | 備える 대비하다 | マイバッグ 장바구니 | 出かける 나가다, 외출하다

스크립트 및 해석 | 콕콕 실전문제

해설

「レジ袋」란 슈퍼마켓이나 편의점에서 주는 비닐봉지를 말한다. 친환경 정책의 일환으로 일본에서도 비닐봉지의 사용을 자제하고「マイバッグ(내 가방)」즉, 장바구니를 가지고 다닐 것을 권장하고 있다. 여자가 슈퍼마켓에서 현금이 없어서 어떤 일이 있었는지 이야기하고 있지만 질문은 여자의 앞으로의 행동에 대해서 묻고 있다. 마지막 대화에서 여자는 남자가 휴대용 장바구니나 비닐봉지를 가지고 다닌다는 말에 동조하고 있으므로 정답은 3번이다.

정답 ❸

6番

スクリプト 🎧 1-08

引っ越しの途中、壊れた家具について女の人と男の人が話しています。男の人はこの後、何をしなければなりませんか。

男：奥様、誠に申し訳ございません。運搬の途中で椅子の足にひびが入ってしまいまして……。

女：ええっ！その椅子は結構、高価な品物なんですよ。もう少し気をつけてくだされば良かったのに……。

男：本当にすみません。こんなことは私どもも初めてでして……。

女：私も、もっと気をつけるように言っておけばよかったんですけどね。

男：いえいえ。あの、もし良かったら、知り合いが高級家具屋をやっているんですが、ご紹介いたしますよ。老舗の家具屋ですので、奥様のお椅子と似たようなブランドが揃ってるはずです。当社で責任を取らせていただきますので、値段はお気になさらず、お選びください。

女：正直言うと、値段の問題じゃないんですよ。これはこの世に二つとない大切な宝物なんです。もうがっかりですよ。

男：我々がもっと気をつけるべきでした。お慰めにならないとは思いますが、当社の方から出来る限りの弁償金をお支払いいたします。

男の人はこの後、何をしなければなりませんか。

1. 慰めの言葉を述べ贈り物を手渡す
2. 会社で損害に値する弁償金を支払えるように処理する
3. 次からもう少し気をつけるよう約束する
4. 同じような形の椅子を探してみる

> 해석

이사 도중에 파손된 가구에 대해서 여자와 남자가 이야기하고 있습니다. 남자는 이후에 무엇을 해야 합니까?

남 : 사모님, 정말 죄송합니다. 운반 도중에 의자 다리에 금이 가서….

여 : 네? 그 의자는 꽤 비싼 물건이에요. 좀 더 조심해 주셨으면 좋았을 텐데….

남 : 정말 죄송합니다. 이런 경우는 저희도 처음이라서요.

여 : 저도 좀 더 조심하시라고 이야기해 둘걸 그랬네요.

남 : 아닙니다. 저, 혹시 괜찮으시다면 지인이 고급 가구점을 하고 있는데요, 소개해 드릴게요. 오래된 가구점이니 사모님 의자와 비슷한 브랜드가 갖춰져 있을 겁니다. 당사에서 책임을 지도록 할 테니 가격은 신경 쓰지 마시고 고르세요.

여 : 솔직히 말하면 가격 문제가 아니거든요. 이건 이 세상에 둘도 없는 소중한 보물이랍니다. 정말 맥이 빠지네요.

남 : 저희가 좀 더 조심했어야 했습니다. 위로가 되시지는 않겠지만 당사에서 최대한 배상금을 지불하겠습니다.

남자는 이후에 무엇을 해야 합니까?
1. 위로의 말을 하고 선물을 건넨다.
2. 회사에서 손해에 상당하는 배상금을 지불할 수 있도록 처리한다.
3. 다음부터 좀 더 조심하기로 약속한다.
4. 같은 모양의 의자를 찾아본다.

> 단어

引っ越し 이사 | 途中 도중 | 壊れる 부서지다, 파괴되다 | 誠に 정말로, 참으로 | 申し訳ございません 죄송합니다 | 運搬 운반 | ひびが入る 금이 가다 | 知り合い 지인 | 家具屋 가구점 | 老舗 대대로 내려온 오래된 가게 | 揃う 갖추다 | 責任を取る 책임을 지다 | 気になる 걱정하다, 신경 쓰다 | 正直言うと 솔직히 말하면 | この世 이 세상 | 二つとない 둘도 없는 | 宝物 보물 | 慰め 위로, 위안 | 弁償金 변상금 | 贈り物 선물 | 手渡す 건네다 | 値する 가치가 있다, 상당하다

> 해설

이삿짐 센터 직원이 이사 도중 의자를 망가뜨렸다. 직원이 손님에게 하고 있는 이야기는 지인의 가구점을 소개시켜 준다는 것과 회사가 사죄의 뜻으로 배상금을 내도록 배려하겠다는 것, 이 두 가지이다. 따라서 정답은 2번이다.

정답 ❷

스크립트 및 해석 콕콕 실전문제

7番

スクリプト 🎧 1-09

男の人と女の人が会社で福袋の話をしています。女の人はこの後、何をしますか。

女：今年の福袋は期待通りのいいものが入ってました。去年は不運にも中身が要らないものばっかりでがっかりしましたが。

男：そうでしたか。実は明日販売の福袋の整理券が二枚あるんですが、一つ差し上げましょうか。メリーデパートなら外れのない福袋で有名ですから心配ないですよ。

女：あ、本当ですか。でも弟の分も頼まれているから整理券がもう一枚必要なんです。今日も配ってたらいいなあ。

男：たしかじゃないけど、今日までだといっていた気がします。あ、そうだ。通販サイトで予約するのもいい方法ですよ。会員登録する煩わしさがありますけど。福袋の中身を公開しているところもありますし。

女：サイトの会員登録はしてありますよ。インターネットでの予約って、予約注文が始まった瞬間にアクセスが殺到して予約できなくなる場合もあるからちょっと心配ですね。念のために、弟に整理券を取りに行かせます。

男：無駄足を踏ませないように配ってるかどうか確認した方がいいですよ。それと注文を急がないと。クレジットカードの登録も忘れずにね。

女：そうですね。デパートに問い合わせてからにします。色々ありがとう。

女の人はこの後、何をしますか。
1. 福袋のインターネット予約注文を確認する
2. 福袋の整理券配布の確認に弟を行かせる
3. デパートに電話して福袋情報を確認する
4. デパートに福袋を買いに行く

해석

남자와 여자가 회사에서 복주머니에 대해서 이야기하고 있습니다. 여자는 이후에 무엇을 합니까?

여 : 올해 복주머니는 기대한 대로 좋은 물건이 들어 있었어요. 작년에는 운 나쁘게 내용물이 필요 없는 것뿐이어서 실망했지만요.

남 : 그러셨어요? 실은 내일 판매될 복주머니의 순번표가 두 장 있는데요, 한 장 드릴까요? 메리백화점이라면 꽝이 없는 복주머니로 유명하니까 걱정 없어요.

여 : 아, 정말요? 하지만 남동생 것도 부탁받아서 순번표가 한 장 더 필요하거든요. 오늘도 나눠 주고 있으면 좋을 텐데.

남 : 확실한 건 아니지만 오늘까지라고 했던 것 같아요. 아, 맞다. 통신 판매 사이트에서 예약하는 것도 좋은 방법이에요. 회원 등록하는 번거로움이 있지만요. 복주머니 내용물을 공개하고 있는 곳도 있고요.

여 : 사이트의 회원 등록은 되어 있어요. 인터넷상의 예약이란 게 예약 주문이 개시된 순간에 접속이 쇄도해서 예약할 수 없게 되는 경우도 있어서 좀 걱정이네요. 만일을 위해서 순번표를 받으러 남동생을 보내야겠어요.

남 : 헛걸음치지 않도록 (순번표를) 나눠 주고 있는지 확인하는 게 좋겠어요. 그리고 주문을 서둘러야 해요. 신용카드 등록하는 것도 잊지 말고요.

여 : 그렇군요. 백화점에 문의하고 나서 할게요. 여러 가지로 감사합니다.

여자는 이후에 무엇을 합니까?
1. 복주머니의 인터넷 예약 주문을 확인한다.
2. 복주머니의 순번표 배포를 확인하러 남동생을 보낸다.
3. 백화점에 전화해서 복주머니 정보를 확인한다.
4. 백화점에 복주머니를 사러 간다.

단어

福袋 복주머니 | 中身 내용, 알맹이 | 要る 필요하다 | ~ばっかり ~만 | 整理券 순번표, 대기표 | 差し上げる 드리다, 바치다 | 外れ 맞지 않음, 벗어남, 어긋남 | 分 몫 | 頼む 부탁하다 | 配る 나눠주다, 배포하다 | たしか 확실함, 분명함 | 気がする 생각이 들다 | 通販 통신 판매 | 煩わしさ 번거로움 | インターネット 인터넷 | アクセス 접속 | 殺到する 쇄도하다, 몰리다 | 念のために 만일을 위해서 | 無駄足を踏む 헛걸음치다 | クレジットカード 신용카드 | 登録 등록 | 問い合わせる 문의하다 | 配布 배포

해설

남자가 내일 백화점에서 판매하는 복주머니의 순번표를 한 장 주겠다고 하자 여자는 남동생 것도 필요하기 때문에 오늘 순번표를 하나 더 받으러 가겠다고 한다. 이에 남자는 인터넷상에서 복주머니를 예약 구매하는 방법도 있다는 것을 알려 준다. 여자는 사람이 몰려 인터넷 예약이 안 될 경우를 대비해 처음 계획대로 순번표를 받으러 남동생을 백화점으로 보내기로 한다. 마지막 대화에서 남자가 순번표를 나눠 주고 있는지 확인하고, 인터넷 주문을 위해 미리 신용카드를 등록하라고 조언하는데, 여자는 백화점에 문의하고 나서 인터넷 주문을 한다고 했으므로 정답은 3번이다.

정답 ❸

스크립트 및 해석 — 콕콕 실전문제

8番

스크립트 🎧 1-10

男の人と女の人が話しています。女の人はこの後、何をしますか。

男：マイレージで飛行機の予約成功したぞ。今年のゴールデンウィークは国内脱出だー。
女：本当？今年は行事が多くて予算不足だから国内旅行で済ませるのかと思ってた。急いで旅行のスケジュールを立て直さなきゃ。
男：そうだな。日光のホテルの予約はキャンセルしたほうがいいな。予約サイトでキャンセルできるよね。それと、宿泊費は全額返金してもらえるかどうかホテル側に聞いてみてよ。
女：わかった。両方とも電話で確認してみる。ねえ、チケットはなんとか確保できたとしても宿泊はどうするの？ホテルで泊まるには予算きついんじゃないの？
男：親戚の家に何泊かお世話になるっていう方法があるけど、どうだろう。
女：そうね。一応連絡はしてみるけど、向こうにも色々と事情があるだろうからあまり期待しない方がいいかも。
男：そりゃわかってるよ。時差があるから明日電話した方がいいな。
女：うん。そうね。ベッド＆ブレックファーストのサイトも利用してみましょうよ。隅々まで探してみるといい条件で泊まれるところがあるかもね。
男：うん。それは僕がやろうか。
女：ううん。私が電話してからするね。

女の人はこの後、何をしますか。

1. ベッド＆ブレックファーストのサイトでホテルの予約をする
2. ホテルに電話して予約キャンセルを要請する
3. 親戚の人に国際電話をかける
4. 国内旅行の計画を立て直す

해석

남자와 여자가 이야기하고 있습니다. 여자는 이후에 무엇을 합니까?

남：마일리지로 비행기 예약 성공했어. 올 황금연휴는 국내 탈출이다~.
여：정말? 올해는 행사가 많아서 예산이 부족하니까 국내 여행으로 끝낼 거라고 생각했는데. 서둘러 여행 스케줄을 다시 세워야겠네.
남：그렇구나. 닛코의 호텔 예약은 취소하는 게 좋겠다. 예약 사이트에서 취소할 수 있지? 그리고 숙박비는 전액 환불되는지 어떤지 호텔 측에 물어봐 봐.

여 : 알았어. 양쪽 다 전화로 확인해 볼게. 있지, 티켓은 어떻게든 확보했다고 해도 숙박은 어떻게 할 거야? 호텔에서 묵기에는 예산이 빠듯하지 않아?
남 : 친척 집에 몇 박 정도 신세를 지는 방법이 있는데, 어떨까?
여 : 글쎄. 일단 연락은 해 보겠지만 저쪽에도 이런저런 사정이 있을 테니까 그다지 기대하지 않는 게 좋을지도 몰라.
남 : 그건 알고 있어. 시차가 있으니까 내일 전화하는 게 좋겠다.
여 : 응. 그렇네. 베드 앤 브렉퍼스트(BED&BREAKFAST) 사이트도 이용해 보자. 구석구석까지 찾아보면 좋은 조건으로 묵을 수 있는 곳이 있을지도 몰라.
남 : 응. 그건 내가 할까?
여 : 아니. 내가 전화하고 나서 할게.

여자는 이후에 무엇을 합니까?
1. 베드 앤 브렉퍼스트 사이트에서 호텔 예약을 한다.
2. 호텔에 전화해서 예약 취소를 요청한다.
3. 친척에게 국제전화를 건다.
4. 국내 여행 계획을 다시 세운다.

단어

マイレージ 마일리지 | ゴールデンウィーク 황금연휴 | 脱出(だっしゅつ) 탈출 | 行事(ぎょうじ) 행사 | 予算不足(よさんぶそく) 예산 부족 | 済(す)ます 끝내다, 마치다, 완료하다 | スケジュール 스케줄 | 立(た)て直(なお)す 다시 세우다 | キャンセル 캔슬, 취소 | 宿泊費(しゅくはくひ) 숙박비 | 全額(ぜんがく) 전액 | 返金(へんきん) 돈을 돌려줌, 변제함 | 確保(かくほ) 확보 | 泊(と)まる 묵다 | きつい 엄하다, 빠듯하다 | お世話(せわ)になる 신세 지다 | 向(む)こう 저쪽, 맞은편 | 時差(じさ) 시차 | 隅々(すみずみ) 구석구석, 모든 곳 | 要請(ようせい)する 요청하다

해설

남자가 마일리지로 비행기 예약을 했다는 말을 듣고 여자는 이미 세워 놨던 국내 여행 계획을 취소하려고 한다. 여자는 예약한 호텔을 취소하고 숙박비 환불이 가능한지 전화로 물어보기로 했고, 숙박 문제에 대해 남자에게 어떻게 할 것인지 묻는다. 이에 남자는 해외에 거주하고 있는 친척에게 신세를 지자고 하며 여자에게 시차가 있으니 내일 전화로 물어보라고 말한다. 여자가 베드 앤 브렉퍼스트(BED&BREAKFAST) 사이트를 이용하는 것도 괜찮다고 하자, 남자가 검색을 해 보겠다고 말한다. 하지만 여자가 호텔에 전화하고 나서 자기가 하겠다고 말하므로 정답은 2번이다. 4번이 답이 아닌 이유는 국내 여행 계획을 다시 세운다고 써 있기 때문이다. 닛코의 호텔 예약을 취소한다고 말하고 있으므로 계획을 다시 세우는 것은 해외여행이라는 것을 알 수 있다.

정답 ❷

스크립트 및 해석 | 콕콕 실전문제

9番

스크립트 1-11

男の人と女の人が電話で話しています。男の人はこの後、まず何をしなければなりませんか。

女：はい、家具屋のロアーのカスタマーサービスセンターです。
男：あの、すみません。今日届いた回転椅子のネジが緩くて取れそうなんです。子供が使用するので危ないと思うんですけど、新しいのに交換できますよね？
女：そうでしたか。商品の不良や破損の状態で届いた場合、交換が可能でございます。お手数ですが、椅子の商品番号をおっしゃっていただけますか。
男：えーと。あ、これですね。TS1760です。
女：お待たせいたしました。お客様、このタイプでしたら、池袋店に在庫が残っているとのことで新品との交換が可能です。配送業者がご指定の住所へ引き取りに伺いますので商品の包装をお願い致します。
男：包装し直すんですか。椅子の段ボール箱、もうゴミ捨て場に捨ててしまったんですが。なくなってしまう前に早く取りに行かなくちゃ。あ、そうだ。池袋だと近所だから直接交換しに行ってもいいですか。
女：申し訳ございませんが、返品商品の交換は全部、本店の方で取り扱っております。支店の方では修理のみいたしております。
男：じゃあ、仕方ないですね。
女：それから、電話で返品商品の事前登録もお願い致します。
男：え、そんなこともするんですか。それって返品してからしてもいいですよね。
女：申し訳ございません。遅くても配送業者が伺う前までにはお願い致します。
男：わかりました。色々面倒ですね。

男の人はこの後、まず何をしなければなりませんか。
1. 池袋店へ椅子を修理に出す
2. 本店で椅子を交換しに出かける
3. ホームページで返品商品の登録をする
4. 段ボール箱を取りにゴミ捨て場に行く

해석

남자와 여자가 전화로 이야기하고 있습니다. 남자는 이후에 우선 무엇을 해야 합니까?

여：네, 가구점 로아 고객 서비스 센터입니다.

남 : 저, 죄송합니다. 오늘 도착한 회전의자의 나사가 헐거워서 빠질 것 같거든요. 아이들이 사용하기 때문에 위험할 것 같은데요, 새것으로 교환할 수 있지요?

여 : 그러셨습니까? 상품이 불량이나 파손된 상태로 배달됐을 경우, 교환이 가능하십니다. 번거로우시겠지만 의자의 상품번호를 말씀해 주시겠어요?

남 : 어디 보자. 아, 이거군요. TS1760입니다.

여 : 오래 기다리셨습니다. 고객님, 이 타입이라면 이케부쿠로점에 재고가 남아 있어서 신품과의 교환이 가능합니다. 배송업자가 지정하신 주소로 회수하러 방문할 테니 상품 포장을 부탁드립니다.

남 : 포장 다시 해야 하나요? 의자 포장 박스, 벌써 쓰레기장에 버렸는데요. 없어지기 전에 빨리 가지러 가야겠다. 아, 참. 이케부쿠로면 근처니까 직접 교환하러 가도 되나요?

여 : 죄송합니다만, 반품 상품의 교환은 전부 본점에서 취급하고 있습니다. 지점에서는 수리만 하고 있습니다.

남 : 그럼 어쩔 수 없네요.

여 : 그리고 전화로 반품하실 상품의 사전등록도 부탁드립니다.

남 : 네? 그런 것도 합니까? 그건 반품하고 나서 해도 되죠?

여 : 죄송합니다. 늦어도 배송업자가 방문하기 전까지는 부탁드립니다.

남 : 알겠습니다. 여러 가지로 번거롭네요.

남자는 이후에 우선 무엇을 해야 합니까?

1. 이케부쿠로점에 의자를 수리 보낸다.
2. 본점에 의자를 교환하러 간다.
3. 홈페이지에서 반품 상품을 등록한다.
4. 포장 박스를 가지러 쓰레기장에 간다.

단어

家具屋 가구점 | カスタマーサービスセンター 고객 서비스 센터 | 届く 도착하다 | 回転椅子 회전의자 | ネジ 나사 | 緩い 느슨하다 | 取れる 떨어지다, 빠지다 | 使用する 사용하다 | 危ない 위험하다 | 不良 불량 | 破損 파손 | 手数 수고, 폐 | おっしゃる 말씀하시다 | 在庫 재고 | 残る 남다 | 新品 새 상품 | 配送業者 배송업자 | 指定 지정 | 引き取り 인수, 떠맡음 | 伺う 방문하다 | 包装 포장 | 〜直す 다시 〜하다 | 段ボール箱 골판지 상자 | ゴミ捨て場 쓰레기장 | 捨てる 버리다 | 取りに行く 가지러 가다 | 近所 근처 | 返品 반품 | 本店 본점 | 取り扱う 취급하다, 다루다 | 支店 지점 | 修理 수리 | 仕方ない 어쩔 수 없다 | 事前登録 사전등록 | 面倒 성가심, 귀찮음

해설

남자가 회사 고객 센터에 전화해 배달 받은 의자가 불량인 것 같으니 교환해 달라고 요청한다. 여자가 관련 정보를 확인하고 지점에 재고품이 있으므로 배송업자를 보낼 테니 의자를 다시 포장해 놓으라고 말하자, 남자는 이미 버린 포장 박스를 찾으러 쓰레기 처리장에 가야겠다고 말한다. 뒤이어 남자가 지점이 집에서 가까우니 직접 교환하러 가도 되냐고 하자, 여자는 교환은 본점에서만 가능하다고 한다. 또한 여자는 배송업자가 방문하기 전까지 전화로 반품 상품을 사전등록해 달라고 요청한다. 대화문에서 남자가 지점에 의자 수리를 보내거나 본점으로 의자를 교환하러 가겠다고 말한 적은 없으므로 1, 2번은 오답이고, 반품 상품 등록은 전화로 하라고 했으므로 정답은 4번이다.

정답 ❹

2 | 문제2 포인트 이해 공략하기

문제 유형 분석

결론이 있는 텍스트를 듣고서 내용을 이해할 수 있는지를 묻는다. 사전에 제시된 들어야 할 것을 근거로 해서 포인트를 좁혀서 듣는 것이 중요하다. 예상 문제 수는 7문제이며, 약 17분의 시간이 소요될 것으로 예상된다.

문제풀이 비법

1. 문제의 흐름은 「상황 설명문, 질문문 듣기 ➡ 선택지 읽기 ➡ 결론이 있는 텍스트 듣기 ➡ 질문문 다시 듣기 ➡ 선택지 고르기」의 순서로 진행된다. 선택지는 시험 용지에 인쇄되어 있다.

2. 상황 설명과 질문문이 나온 후 선택지를 읽을 수 있는 시간이 있다. 선택지를 꼼꼼히 확인한 후 본문 텍스트를 듣고 포인트를 찾는다.

3. 선택지를 보고 상식에 입각해서 답을 미리 예상할 수 있지만, 텍스트의 내용이 반전되는 경우가 있으므로 끝까지 듣는 것이 중요하다.

예제

問題 2

問題2では、まず質問を聞いてください。そのあと、問題用紙のせんたくしを読んでください。読む時間があります。それから話を聞いて、問題用紙の1から4の中から、最もよいものを一つ選んでください。

例 🎧 2-01

1　女優の積極的な性格とかしこさ
2　女優の楽天的な性格とかしこさ
3　女優の美貌を鼻にかけた性格
4　女優の美貌とかしこさ

스크립트 및 해석 예제

例(れい)

스크립트 🎧 2-01

男(おとこ)の人(ひと)が女優(じょゆう)にインタビューをしています。男(おとこ)の人(ひと)は女優(じょゆう)が男性(だんせい)に人気(にんき)がある理由(りゆう)は何(なん)だと言(い)っていますか。

男：今注目(いまちゅうもく)の女優(じょゆう)、今井(いまい)あゆかさんです。
女：みなさん、こんばんは。
男：あゆかさんは知性(ちせい)と美貌(びぼう)を兼(か)ね備(そな)えた才女(さいじょ)として知(し)られていますよね。
女：いいえ、とんでもございません。
男：では、あゆかさんはご自分(じぶん)がどうして人気(にんき)があるとお考(かんが)えですか。
女：そうですね。前向(まえむ)きで、感情表現(かんじょうひょうげん)が豊(ゆた)かな面(めん)がファンの皆様(みなさま)に受(う)け入(い)れられているんじゃないでしょうか。
男：控(ひか)え目(め)なコメントでいらっしゃいますね。今(いま)、男性(だんせい)の間(あいだ)で恋人(こいびと)にしたい女優(じょゆう)の1位(い)にあゆかさんが選(えら)ばれているのはご存(ぞん)じですか。お顔(かお)もきれいだし、よき話(はな)し相手(あいて)にもなれそうだというのが大(おお)きな理由(りゆう)だそうです。
女：そうなんですか。それはありがたいことです。

男(おとこ)の人(ひと)は女優(じょゆう)が男性(だんせい)に人気(にんき)がある理由(りゆう)は何(なん)だと言(い)っていますか。
1. 女優(じょゆう)の積極的(せっきょくてき)な性格(せいかく)とかしこさ
2. 女優(じょゆう)の楽天的(らくてんてき)な性格(せいかく)とかしこさ
3. 女優(じょゆう)の美貌(びぼう)を鼻(はな)にかけた性格(せいかく)
4. 女優(じょゆう)の美貌(びぼう)とかしこさ

> 해석

남자가 여배우에게 인터뷰를 하고 있습니다. 남자는 여배우가 남성에게 인기가 있는 이유는 무엇이라고 말하고 있습니까?

남 : 지금 주목을 받고 있는 여배우 이마이 아유카 씨입니다.
여 : 여러분, 안녕하세요?
남 : 아유카 씨는 지성과 미모를 겸비한 재원으로 알려져 있죠?
여 : 아니요, 당치도 않은 말씀입니다.
남 : 그럼, 아유카 씨는 자신이 왜 인기가 있다고 생각하십니까?
여 : 글쎄요. 긍정적이고 감정 표현이 풍부한 면을 팬 여러분께서 받아들여 주시고 있는 게 아닐까요?
남 : 겸손한 코멘트시네요. 지금 남성들 사이에서도 애인으로 삼고 싶은 여배우 1위에 아유카 씨가 뽑힌 것은 알고 계십니까? 얼굴도 예쁘면서 좋은 이야기 상대도 될 수 있을 것 같다는 점이 큰 이유라고 하네요.
여 : 그렇습니까? 그것 참 고마운 말씀이네요.

남자는 여배우가 남성에게 인기가 있는 이유는 무엇이라고 말하고 있습니까?

1. 여배우의 적극적인 성격과 현명함
2. 여배우의 낙천적인 성격과 현명함
3. 여배우의 미모를 뽐내는 성격
4. 여배우의 미모와 현명함

정답 ❹

콕콕 실전문제 / 9

問題2

問題2では、まず質問を聞いてください。そのあと、問題用紙のせんたくしを読んでください。読む時間があります。それから話を聞いて、問題用紙の1から4の中から、最もよいものを一つ選んでください。

1番 2-02

1　風が強くくもった天気
2　暖かくて快晴にめぐまれた天気
3　激しい雨と風をともなう天気
4　激しい風をともなうくもった天気

2番 2-03

1　その人の性格を正確に表している
2　その人の性格と一致している場合がけっこうある
3　その人の性格と違う場合が多い
4　ほとんどすべての人が第一印象と性格が違わない

3番 🎧 2-04

1 絵を上手に描くこと
2 ストーリーがおもしろいこと
3 定期的に作品を世間に送り出せる能力
4 お金を出せる経済的な能力

4番 🎧 2-05

1 思い通りに転職できるから
2 自分の才能を活かした仕事がしたいから
3 年俸と福利厚生がよくて長続きできるから
4 大手企業で自由に働きたいから

5番 🎧 2-06

1 子供の行動を内緒で監視すること
2 子供が親の干渉に慣れること
3 子供に親のしつけ方を納得いくように説明すること
4 子供の信頼を得るために厳しくしつけをすること

6番 🎧 2-07

1　ピザの宅配速度が早くなるから
2　緊急性の高い薬品を素早く届けられるから
3　ドローン宅配サービスは景気に影響を与えないから
4　だんだん人手が要らなくなってきてるから

7番 🎧 2-08

1　次のチャンスを待つことにした
2　家具に合った壁の色を選ぶことにした
3　予算をもう一度立てて壁の色を変えることにした
4　明るい色に変えることにした

8番 🎧 2-09

1　離職者の増加と災害防止
2　災害防止と雇用創出
3　雇用低下と災害防止
4　就労の支援と雇用安定

9番 🎧 2-10

1　再び大学の話をしないようにした
2　お父さんが娘の決心を変えさせることにした
3　お父さんが決心を変えることにした
4　二人で大学の専攻について考え直すことにした

스크립트 및 해석 — 콕콕 실전문제

1番

スクリプト 🎧 2-02

男の人が天気予報のことで怒っています。今夜の天気はどうでしたか。

男:ただいま。ああ、今朝の天気予報を信じるべきだったなあ。今日は大きいかさを持って行ったほうがいいって言ってたのになあ。最近ちっとも当たらないと思ってたから、天気予報の言うとおりにしなかったんだ。おとといだって、昼は暖かくなるって言ってたのに、風が強くて寒かったの覚えてるか。今日は重要な書類を持ってたのに、何の準備もしてなかったから大変だったよ。もう体中びしょぬれで、風も強くて書類も台無しになっちゃって、本当に頭にきたよ。

今夜の天気はどうでしたか。

1. 風が強くくもった天気
2. 暖かくて快晴にめぐまれた天気
3. 激しい雨と風をともなう天気
4. 激しい風をともなうくもった天気

해석

남자가 일기예보 때문에 화내고 있습니다. 오늘 밤 날씨는 어땠습니까?

남 : 나 왔어. 아아, 오늘 아침 일기예보를 믿었어야 했는데. 오늘은 큰 우산을 가져가는 게 좋다고 그랬는데, 요새 전혀 안 맞는다고 생각했기 때문에 일기예보 말대로 안 했거든. 그저께도 낮에는 따뜻해진다고 했었는데, 바람이 강해서 추웠던 것 기억 나? 오늘은 중요한 서류를 가지고 있었는데, 아무 준비도 안 해서 힘들었어. 정말 온몸이 흠뻑 젖고 바람도 세서 서류도 아주 엉망이 되어 버리고, 정말로 화가 나더라.

오늘 밤 날씨는 어땠습니까?

1. 바람이 강하고 흐린 날씨
2. 따뜻하고 쾌청한 날씨
3. 심한 비와 바람을 동반하는 날씨
4. 심한 비를 동반하는 흐린 날씨

단어

天気予報 일기예보 | 怒る 화내다 | ちっとも 조금도, 전혀 | おととい 그저께 | 覚える 기억하다 | 体中 온몸 | びしょぬれ 흠뻑 젖음 | 台無し 엉망이 된 모양 | 頭にくる 화가 나다 | くもる 흐리다 | 快晴 쾌청 | めぐまれる 모자람이 없다 | 激しい 세차다 | ともなう 동반하다, 수반하다

해설

오늘 밤 날씨를 물어보고 있다. 온몸이 젖었고 바람이 불었다고 했으므로 정답은 3번이다. 그저께의 따뜻했던 날씨와 혼동하지 않도록 주의하자. 날씨에 관한 문제는 자주 등장하므로 평소에 날씨에 관련된 단어를 익혀 두도록 한다.

정답 ③

2番

스크립트  2-03

女の人と男の人が第一印象について話しています。二人は第一印象はどうだと言っていますか。

女：最初に会ったとき、私のことどう思った？
男：うーん、正直言うと、あんまり好感は持てなかったね。
女：え？どうして？
男：なんかこう、私に近寄らないでって感じの顔をしてたからなあ。でも今は違うよ。かわいい人だなって思ってるよ。
女：本当にそう思ってる？
男：うん。ところで僕はどうだったの？
女：そうね。最初に会ったとき、約束時間に遅れてきたでしょう。だから、時間にルーズな人だなって思ったわ。もちろん、今は違いますけどね。
男：もう一度、出会ったときに戻りたいよ。第一印象をよくしたいねえ。
女：ハハハ、でも私たちを見ても分かるように、第一印象って結構当てにならないことが多いわよね。
男：そうだね。

二人は第一印象はどうだと言っていますか。

1. その人の性格を正確に表している
2. その人の性格と一致している場合がけっこうある
3. その人の性格と違う場合が多い
4. ほとんどすべての人が第一印象と性格が違わない

> 스크립트 및 해석 콕콕 실전문제

> 해석

여자와 남자가 첫인상에 대해서 이야기하고 있습니다. 두 사람은 첫인상은 어떻다고 말하고 있습니까?

여 : 처음에 만났을 때. 나에 대해서 어떻게 생각했어?
남 : 음, 솔직하게 말하자면 별로 호감은 가질 수 없었지.
여 : 뭐? 왜?
남 : 뭔가 좀 나한테 접근하지 말라는 느낌의 얼굴을 하고 있었으니까. 하지만 지금은 달라. 귀여운 사람이라고 생각하고 있어.
여 : 정말로 그렇게 생각해?
남 : 응. 그런데 나는 어땠어?
여 : 글쎄. 처음 만났을 때 약속시간에 늦게 왔잖아. 그래서 시간을 잘 안 지키는 사람이라고 생각했어. 물론 지금은 다르지만.
남 : 다시 한번 (처음) 만났을 때로 되돌아가고 싶다. 첫인상을 좋게 하고 싶네.
여 : 하하하, 하지만 우리를 봐서도 알 수 있듯이, 첫인상이란 꽤 믿을 수 없는 경우가 많은 것 같아.
남 : 그렇네.

두 사람은 첫인상은 어떻다고 말하고 있습니까?
1. 그 사람의 성격을 정확하게 나타내고 있다.
2. 그 사람의 성격과 일치하고 있는 경우가 꽤 있다.
3. 그 사람의 성격과 다른 경우가 많다.
4. 거의 모든 사람이 첫인상과 성격이 다르지 않다.

> 단어

第一印象(だいいちいんしょう) 첫인상 | 正直(しょうじき) 솔직히 | 好感(こうかん) 호감 | 持(も)てる 가질 수 있다 | 近寄(ちかよ)る 다가가다, 접근하다 | ルーズ 칠칠치 못함 | 結構(けっこう) 꽤, 상당히 | 当(あ)てにならない 믿을 수 없다 | 正確(せいかく) 정확함 | 表(あらわ)す 나타내다

> 해설

남자와 여자가 첫인상과 성격이 전혀 다르다는 것을 깨달았다고 이야기하고 있다. 마지막 대화에서 여자가 첫인상이란 꽤 불확실한 경우가 많다고 하고 남자가 동의하고 있으므로 정답은 2번이다. 「当てにならない(불확실하다)」라는 어휘를 알고 있으면 답을 쉽게 고를 수 있다.

정답 ❸

3番

스크립트  2-04

漫画家の素質について学生たちが話しています。二人が考えている漫画家の素質ではないことは何ですか。

男：有名芸術大学の漫画部門の合格作品を見ると、絵はまあまあでも、ストーリーがすばらしかったりする場合が多いよね。

女：そうね。それを見ると、漫画家になるためには絵を上手に描くことはそんなに重要じゃないのかもね。

男：まあ、僕はそう思うんだけどね。人によって好みが色々だからね。少女漫画の場合は絵がきれいじゃないと見ない人が結構いるだろう。

女：そうよね。あ、あと定期的に漫画を生み出せる能力が備わっていることも、いい漫画家になるには欠かせない条件だと思うわ。

男：とにかく、みんながお金を出してでも読みたくなるような漫画を描くことって大変な作業だろうね。

二人が考えている漫画家の素質ではないことは何ですか。

1. 絵を上手に描くこと
2. ストーリーがおもしろいこと
3. 定期的に作品を世間に送り出せる能力
4. お金を出せる経済的な能力

해석

만화가의 소질에 대해서 학생들이 이야기하고 있습니다. 두 사람이 생각하고 있는 만화가의 소질이 아닌 것은 무엇입니까?

남 : 유명 예술대학의 만화 부문의 합격 작품을 보면 그림은 그럭저럭 괜찮은 정도라도 스토리가 훌륭하거나 한 경우가 많지.

여 : 그렇네. 그걸 보면 만화가가 되기 위해서는 그림을 잘 그리는 것은 그렇게 중요하지 않을지도 몰라.

남 : 글쎄, 나는 그렇게 생각하는데. 사람에 따라서 취향이 각양각색이니까 말이야. 소녀 만화의 경우는 그림이 예쁘지 않으면 보지 않는 사람이 꽤 있잖아?

여 : 그렇지. 아, 그리고 정기적으로 만화를 만들어 낼 수 있는 능력을 갖추고 있는 것도 좋은 만화가가 되기 위해서는 빠뜨릴 수 없는 조건이라고 생각해.

남 : 어쨌든, 모두가 돈을 내서라도 읽고 싶어지는 만화를 그리는 일이란 힘든 작업일 거야.

두 사람이 생각하고 있는 만화가의 소질이 아닌 것은 무엇입니까?

1. 그림을 잘 그리는 것
2. 스토리가 재미있는 것

> **스크립트 및 해석** 콕콕 실전문제

3. 정기적으로 작품을 세상에 배출할 수 있는 능력
4. 돈을 낼 수 있는 경제적인 능력

> **단어**

漫画家 만화가 | 素質 소질 | まあまあ 그런대로임, 그저 그런 정도임 | 好み 기호, 취향 | 生み出す 새것을 만들어 내다 | 備わる 갖추어지다 | ～には ～하려면, ～하기 위해서는 | 欠かす 빠뜨리다, 빼다 | 条件 조건 | とにかく 어쨌든, 아무튼 | ～てでも ～해서라도 | 作業 작업 | 世間 세상 | 送り出す 배출하다, 내보내다

> **해설**

만화가의 소질로 적당하지 않은 것을 고르는 문제이다. 질문을 생각하고 대화를 들으면서 만화가의 소질이라고 말하고 있는 것을 체크해 나가면 자연스럽게 만화가의 소질이 아닌 것을 찾을 수 있는 문제이다. 만화가에게 돈을 낼 수 있는 경제적인 능력이 필요하다고 말하고 있는 내용은 없으므로 4번이 정답이다.

정답 ④

4番

> **스크립트**  2-05

男の人と女の人が話しています。男の人は今の仕事を選んだ理由は何だと言っていますか。

女: 吉田君ってシステムエンジニアの仕事に集中している時が一番楽しそうね。
男: そうかもね。昔からコンピューターいじりが好きだったんだ。高校の時も適性検査でコンピューター関係の仕事を勧められてたしね。
女: 趣味を生かして希望通りの会社に就職するなんて何も言うことなしね。
男: それはそうなんだけどね。正直言うと、製造業の大手でしばらく働いたこともあるんだ。
女: 本当？じゃあ、普通のサラリーマンになろうとしたの？
男: うん。大手企業だから給料も福利厚生もよくて最初は難なく通ってたんだけど、やっぱり性に合わないと長続きしないもんだね。
女: そうだったの。じゃあ、今は吉田君にぴったりの仕事をしてるんだからよかったじゃない。技術職だから転職にも有利だしね。
男: もう転職はこりごりだよ。

男の人は今の仕事を選んだ理由は何だと言っていますか。
1. 思い通りに転職できるから
2. 自分の才能を活かした仕事がしたいから
3. 年俸と福利厚生がよくて長続きできるから
4. 大手企業で自由に働きたいから

해석

남자와 여자가 이야기하고 있습니다. 남자는 지금의 일을 선택한 이유가 뭐라고 말하고 있습니까?

여 : 요시다 군은 시스템 엔지니어 일에 집중하고 있을 때가 제일 즐거워 보이네.
남 : 그럴지도 모르지. 옛날부터 컴퓨터 만지는 걸 좋아했거든. 고등학생 때도 적성검사에서 컴퓨터 관련 일을 추천받았고.
여 : 취미를 살려서 희망하는 회사에 취직하다니 무슨 말이 필요하겠어.
남 : 그건 그렇지만. 솔직히 말하면 대형 제조업 회사에서 잠시 일한 적도 있어.
여 : 정말? 그럼 보통의 샐러리맨이 되려고 한 거야?
남 : 응. 대기업이라서 급여도 좋고 복리 후생도 좋아서 처음에는 어려움 없이 다녔는데, 역시 성격에 안 맞으면 오래 지속이 안 되는 법이지.
여 : 그랬어? 그럼 지금은 요시다 군에게 딱 맞는 일을 하고 있어서 다행이네. 기술직이니까 전직할 때도 유리하겠고.
남 : 이제 전직은 지겨워.

남자는 지금의 일을 선택한 이유가 뭐라고 말하고 있습니까?

1. 마음대로 전직할 수 있어서
2. 자신의 재능을 살린 일을 하고 싶어서
3. 연봉과 복리 후생이 좋아서 오래 다닐 수 있어서
4. 대기업에서 자유롭게 일하고 싶어서

단어

集中する 집중하다 | コンピューターいじり 컴퓨터를 만지고 놂, 해킹 | 適性検査 적성검사 | 勧める 권하다, 권유하다 | 生かす 살리다 | 製造業 제조업 | 大手 대기업(=大手企業) | サラリーマン 샐러리맨 | 給料 월급, 급여 | 福利厚生 복리 후생 | 難なく 무난히, 쉽게 | 通う 다니다 | 性に合う 적성에 맞다 | ぴったり 딱, 꼭 | 技術職 기술직 | 転職 전직 | 有利 유리 | こりごり 지긋지긋함, 신물이 남 | 年俸 연봉

해설

남자는 고등학교 때 적성검사에서도 추천받았던 컴퓨터 일을 지금 현재 직업으로 연결시켜서 하고 있다. 급여와 복리 후생이 좋아서 대기업에 다니기도 했지만, 오래 지속되지 못했던 이유는 적성에 맞지 않기 때문이라고 말한다. 적성에 관련된 이야기가 초반과 중반에 계속 나왔으므로 답은 적성과 연관되어 있을 것임을 유추할 수 있다. 따라서 정답은 2번이다. '성격이나 기호에 맞다'라는 뜻의「性に合う」라는 어구를 알아 두면 좋다.

정답 ❷

| 스크립트 및 해석 | **콕콕 실전문제**

5番

스크립트 🎧 2-06

男の人と女の人が会社で子供の育て方について話しています。女の人は何が重要だと言っていますか。

男：一日中会社で働いていると、家にいる子供が何しているか気になりませんか。
女：もちろん気になりますよ。だから子供に位置検索ができる携帯電話を持たせたんです。
男：親が監視していること子供には内緒にした方がいいかもしれませんよ。
女：もう知ってますよ。最初はそのことで揉めたこともあったんですが、安全のためだってきちんと説明したら子供も納得してくれたようです。
男：そうですか。うちの娘は親の言うことは何でもうるさいって文句ばっかりでね。だからできるだけお互いに顔を合わせないようにして放っておいているんです。
女：でも親に干渉されない生活に慣れてしまって、子供が親と一緒にいるのを窮屈に思い始めたら大変です。親子関係の修復に時間がかかるかもしれませんよ。
男：そういえば、何も言わないようにしてたら最近自分勝手な行動が目立ってきて困ってるんです。
女：遅くならないうちに信頼関係を修復して、厳しいしつけが必要な理由について話し合うことですね。
男：まったく子供のしつけに近道はないものですかね。

女の人は何が重要だと言っていますか。
1. 子供の行動を内緒で監視すること
2. 子供が親の干渉に慣れること
3. 子供に親のしつけ方を納得いくように説明すること
4. 子供の信頼を得るために厳しくしつけをすること

해석

남자와 여자가 회사에서 자녀 양육법에 대해서 이야기하고 있습니다. 여자는 무엇이 중요하다고 말하고 있습니까?

남：하루 종일 회사에서 일하고 있으면 집에 있는 아이가 뭘 하고 있는지 걱정되지 않아요?
여：물론 걱정되죠. 그래서 아이에게 위치 검색이 되는 휴대전화를 줬어요.
남：부모가 감시하고 있는 거 아이에게는 비밀로 하는 게 좋을지도 모르겠네요.
여：이미 알고 있어요. 처음에는 그 일로 말싸움한 적도 있는데요, 안전을 위해서라고 제대로 설명했더니 아이도 납득해 준 것 같아요.

남 : 그래요? 우리 집 딸은 부모가 하는 말은 뭐든지 시끄럽다고 불평만 해서요. 그래서 되도록 서로 얼굴을 마주치지 않으려고 하면서 그냥 놔두고 있어요.

여 : 하지만 부모에게 간섭받지 않는 생활에 익숙해져서 아이가 부모와 함께 있는 것을 갑갑하게 생각하기 시작하면 큰일이에요. 부모 자식 관계의 회복에 시간이 걸릴지도 몰라요.

남 : 그러고 보니 아무말도 안 하고 있었더니 최근에 제멋대로의 행동이 눈에 띄기 시작해서 고민이에요.

여 : 더 늦기 전에 신뢰 관계를 회복하고, 엄한 훈육이 필요한 이유에 대해서 대화를 나누어야겠네요.

남 : 정말이지 아이 훈육에 지름길은 없는 건가요?

여자는 무엇이 중요하다고 말하고 있습니까?

1. 아이의 행동을 몰래 감시하는 일
2. 아이가 부모의 간섭에 익숙해지는 일
3. 아이에게 부모의 훈육 방법을 납득하도록 설명하는 일
4. 아이의 신뢰를 얻기 위해서 엄하게 훈육을 하는 일

단어

育て方 양육법 | 気になる 걱정되다 | 位置検索 위치 검색 | 持たせる 갖게 하다 | 監視する 감시하다 | 内緒 비밀 | 揉める 분쟁이 일어나다, 옥신각신하다 | きちんと 제대로 | 納得する 납득하다 | 文句 불평, 불만 | お互いに 서로 | 顔を合わせる 얼굴을 대하다, 만나다 | 放る (돌보지 않고) 내버려두다, 방치하다 | 干渉する 간섭하다 | 慣れる 익숙해지다 | 窮屈 거북함, 답답함, 어려움 | 思い始める 생각하기 시작하다 | 親子関係 부모 자식 관계 | 修復 복원, 회복 | 時間がかかる 시간이 걸리다 | 目立つ 눈에 띄다, 두드러지다 | ～ないうちに ～하기 전에 | 信頼関係 신뢰 관계 | しつけ 예의범절을 가르침 | 話し合う 의논하다, 논의하다 | 近道 지름길

해설

여자는 아이를 휴대전화 위치 추적 기능으로 감시하고 있다. 딸과 사춘기 트러블을 겪고 있는 남자는 여자에게 아이를 감시하는 것을 비밀로 하는 것이 좋을 것 같다고 이야기한다. 그러자 여자는 아이에게 안전을 위해서라고 충분히 납득이 가도록 설명을 했기 때문에 괜찮다고 말한다. 결정적으로 대화문 후반부에서 여자는 부녀 간의 신뢰 관계를 회복하고 왜 엄격한 훈육이 필요한지에 대해서 이야기를 나누는 것이 중요하다고 말하고 있다. 따라서 정답은 3번이다.

정답 ❸

| 스크립트 및 해석 | 콕콕 실전문제

6番

스크립트 🎧 2-07

女の人と男の人がニュースを見ながらドローン配達について話しています。男の人はどうしてドローン宅配の実用化が必要だと言っていますか。

女：あんな高層ビルの火事だったら消防車の水も届かないはずなのによく消せたわね。
男：人の手が届かないところはドローンを遠隔操縦しながら消火することもあるらしいよ。
女：そう？だんだん人手が要らない時代になって行くのね。宅配もドローンを利用するサービスがあるんでしょう？いよいよドローン時代の幕開けね。
男：それはどうだろう。宅配の場合、障害物やプライバシーの問題が解決しない限り実用化はそう簡単には行かないと思うよ。けど、医療用品のドローン宅配サービスはだれでも利用できるように至急導入してもらいたいね。発注してから30分以内にユーザーの手元に届くっていうから、緊急のときは役に立つに違いないよ。
女：それはそうね。ドローンを利用するとピザの宅配もスピードアップするでしょうね。
男：ただでさえ不景気なのに、ピザの配達ぐらいは人の手に任せようよ。
女：あら、そうかしら。

男の人はどうしてドローン宅配の実用化が必要だと言っていますか。

1. ピザの宅配速度が早くなるから
2. 緊急性の高い薬品を素早く届けられるから
3. ドローン宅配サービスは景気に影響を与えないから
4. だんだん人手が要らなくなってきてるから

해석

여자와 남자가 뉴스를 보면서 드론 배달에 대해서 이야기하고 있습니다. 남자는 왜 드론 택배의 실용화가 필요하다고 말하고 있습니까?

여：저런 고층 빌딩의 화재였으면 소방차의 물도 닿지 않았을 텐데 용케 껐네.
남：사람 손이 닿지 않는 곳은 드론을 원격 조종하면서 불을 끄는 경우도 있는 모양이야.
여：그래? 점점 사람 손이 필요 없는 시대가 돼 가는구나. 택배도 드론을 이용하는 서비스가 있다면서? 드디어 드론 시대의 막이 열렸네.
남：과연 그럴까? 택배의 경우, 장애물이나 프라이버시 문제가 해결되지 않는 한 실용화는 그렇게 간단하게는 안 될 거야. 하지만 의료용품의 드론 택배 서비스는 누구나 이용할 수 있게 얼른 도입됐으면 좋겠어. 발주하고 나서 30분 이내에 소비자 수중에 배달된다고 하니까 긴급할 때는 틀림없이 도움이 될 거야.
여：그건 그렇겠다. 드론을 이용하면 피자 택배도 속도가 빨라지겠지.
남：안 그래도 불경기인데, 피자 배달 정도는 사람 손에 맡기자.

여 : 아, 그런가?

남자는 왜 드론 택배의 실용화가 필요하다고 말하고 있습니까?
1. 피자의 택배 속도가 빨라지니까
2. 긴급성이 높은 약품을 재빨리 배달할 수 있으니까
3. 드론 택배 서비스는 경기에 영향을 주지 않으니까
4. 점점 사람 손이 필요 없어지고 있으니까

단어

ドローン配達 드론 배달 | 実用化 실용화 | 高層ビル 고층 빌딩 | 消防車 소방차 | 届く 닿다, 도달하다, 미치다 | 消す 끄다 | 遠隔操縦 원격 조종 | 消火 소화 | 人手 일손, 남의 손 | 幕開け 개막 | 障害物 장애물 | プライバシー 프라이버시 | 解決 해결 | ~限り ~한 | 医療用品 의료용품 | 宅配サービス 택배 서비스 | 至急 지급, 매우 급함 | 導入 도입 | 発注 발주, 주문함 | ユーザー 유저, 사용자 | 手元 손이 미치는 범위, 바로 옆, 주변 | 緊急 긴급 | 役に立つ 도움이 되다, 유용하다 | ~に違いない ~임에 틀림없다 | スピードアップ 속력[능률]을 올림 | ただでさえ 그렇지 않아도 | 任せる 맡기다 | 速度 속도 | 薬品 약품 | 素早く 재빨리 | 影響を与える 영향을 주다

해설

드론의 실용화에 대해서는 대화문 중반부에 나온다. 남자는 의료용품의 드론 택배 서비스가 긴급한 경우에 필요하다는 점을 강조하고 있다. 따라서 정답은 2번이다.

정답 ❷

7番

스크립트  2-08

新しく引っ越す家のインテリアについて男の人と女の人が話しています。キッチンのインテリアはどうなりますか。

女 : キッチンの壁の色が気に入らないんだけど。
男 : じゃあ、違う色に塗り直そうか。
女 : でも、壁の色を変えると、ほかの家具やカーテンの雰囲気もそれに合わせないと変よ。
男 : そう？でも、予算オーバーになると困るんだけどなあ。
女 : そうよね……。でもやっぱり、ご飯は明るい色のところで食べたいなあ。何とかやりくりして予算を立て直しましょうよ。

스크립트 및 해석 콕콕 실전문제

男：うーん。できるかな……。じゃあ、こうするのはどうだい？家具やカーテンに合わせて壁の色を変えるっていうのは。
女：えー。あの家具の色に合わせちゃうと田舎くさいって言われるわよ。
男：そうかい？どうしようかな。やっぱりキッチンの色を変えるのは今度にしよう。
女：そう？残念だわ。

キッチンのインテリアはどうなりますか。

1. 次のチャンスを待つことにした
2. 家具に合った壁の色を選ぶことにした
3. 予算をもう一度立てて壁の色を変えることにした
4. 明るい色に変えることにした

해석

새로 이사하는 집의 인테리어에 대해서 남자와 여자가 이야기하고 있습니다. 부엌 인테리어는 어떻게 됩니까?

여 : 부엌 벽 색깔이 마음이 안 드는데.
남 : 그럼, 다른 색으로 다시 칠할까?
여 : 하지만 벽 색깔을 바꾸면 다른 가구나 커튼의 분위기도 거기에 맞추지 않으면 이상할 거야.
남 : 그래? 하지만, 예산이 초과되면 곤란한데.
여 : 그렇지…. 하지만 역시 밥은 밝은 색인 곳에서 먹고 싶어. 어떻게든 변통해서 예산을 다시 세우자.
남 : 음. 할 수 있을까…. 그럼 이렇게 하는 건 어때? 가구나 커튼에 맞춰서 벽 색깔을 바꾸는 건?
여 : 뭐? 저 가구 색깔에 맞춰 버리면 촌스럽다고 할 거야.
남 : 그런가? 어쩌지? 역시 부엌의 색을 바꾸는 건 다음에 하자.
여 : 그래? 아쉽다.

부엌의 인테리어는 어떻게 됩니까?

1. 다음 기회를 기다리기로 했다.
2. 가구에 맞는 벽 색깔을 고르기로 했다.
3. 예산을 다시 한 번 세워서 벽 색깔을 바꾸기로 했다.
4. 밝은 색으로 바꾸기로 했다.

단어

引っ越す 이사하다 | 気に入る 마음에 들다 | 塗り直す 다시 칠하다 | 雰囲気 분위기 | 合わせる 맞추다 | 予算 예산 | オーバー 초과 | やりくり 변통 | 立て直す 다시 세우다, 재수립하다 | 田舎くさい 촌스럽다 | 色変え 색 변경

> **해설**

남자와 여자가 인테리어에 대해서 여러 의견을 말하고 있지만 답은 마지막 대화에 나와 있다. 부엌 색을 바꾸는 것은 다음에 하자는 남자의 말에 여자가 동의하는 것에서 1번이 정답임을 알 수 있다. 중간에 답으로 오해하기 쉬운 문장이 나오므로 대화를 끝까지 듣는 것이 중요하다.

정답 ①

8番

> **スクリプト**  2-09

男の人が経済対策について説明しています。この経済対策によって期待できる二つの効果は何ですか。

男：わが県では、経済・雇用情勢が深刻化する中で、離職者や非正規労働者の就労を支援するとともに、地域経済をささえるため、新たな経済対策を打ち出しました。具体的には、県民からの要望が強い災害防止対策等を実施するための道路や川・海岸などの補修事業などを追加することで、約6,000人の雇用創出を図るものです。

この経済対策によって期待できる二つの効果は何ですか。
1. 離職者の増加と災害防止
2. 災害防止と雇用創出
3. 雇用低下と災害防止
4. 就労の支援と雇用安定

> **해석**

남자가 경제 대책에 대해서 설명하고 있습니다. 이 경제 대책에 의해서 기대할 수 있는 두 가지 효과는 무엇입니까?

남：우리 현에서는 경제·고용 정세가 심각화되는 가운데 이직자나 비정규 노동자의 취로를 지원하면서 지역 경제를 지지하기 위해 새로운 경제 대책을 내세웠습니다. 구체적으로는 현민으로부터의 요망이 강한 재해 방지 대책 등을 실시하기 위한 도로나 강·해안 등의 보수사업 등을 추가함으로써 약 6천 명의 고용 창출을 도모하는 것입니다.

이 경제 대책에 의해서 기대할 수 있는 두 가지 효과는 무엇입니까?

1. 이직자의 증가와 재해 방지
2. 재해 방지와 고용 창출
3. 고용 저하와 재해 방지
4. 취로 지원과 고용 안정

스크립트 및 해석 | 콕콕 실전문제

단어

雇用情勢(こようじょうせい) 고용 정세 | 離職者(りしょくしゃ) 이직자 | 非正規労働者(ひせいきろうどうしゃ) 비정규 노동자 | 就労(しゅうろう) 취로, 노동을 함 | 支援(しえん) 지원 | ~とともに ~와 함께 | ささえる 지탱하다, 떠받치다 | 新(あら)た 새로움 | 打(う)ち出す 명확히 내세우다 | 具体的(ぐたいてき) 구체적임 | 要望(ようぼう) 요망 | 災害防止対策(さいがいぼうしたいさく) 재해 방지 대책 | 実施(じっし) 실시 | 海岸(かいがん) 해안 | 補修(ほしゅう) 보수 | 創出(そうしゅつ) 창출 | 図(はか)る 도모하다, 꾀하다 | 増加(ぞうか) 증가 | 低下(ていか) 저하

해설

재해 방지 대책을 위한 도로, 강·해안 등의 보수 사업을 추가하여 새로운 일자리를 만들어 고용을 창출하겠다는 대책안이다. 따라서 정답은 2번이다. 경제 문제는 출제 빈도가 높으므로 평소에 일본 신문이나 뉴스를 통해서 경제 용어를 익히는 것이 좋다.

정답 ②

9番

스크립트 🎧 2-10

お父さんと娘が大学の進路について話しています。二人は結局どうすることにしましたか。

男 : 行きたい大学は決めたのか。
女 : 歴史の勉強がしたいからこの大学の試験を受けてみようと思ってるんだけど……。
男 : 歴史だと？お前、時代劇も見ないくせに、史学なんか勉強して何になるつもりなんだ？
女 : 学校に史学科に入った先輩が来て、色々役に立つ話をしてくれたのよ。私も大学に入ってもっと密度の濃い勉強がしたいの。
男 : 好きな勉強をするのもいいけど、卒業後の就職については考えないのか。
女 : それは大学に入ってから考えちゃだめなの？それに、私は就職するために大学に入るんじゃないわ。
男 : お前の気持ちは分かるけど、現実はそう甘くないぞ。もう一度、じっくり考えてみてから話し直そう。
女 : どうせ私の決心は変わらないと思うけど。わかったわ。

二人は結局どうすることにしましたか。

1. 再び大学の話をしないようにした
2. お父さんが娘の決心を変えさせることにした
3. お父さんが決心を変えることにした
4. 二人で大学の専攻について考え直すことにした

해석

아버지와 딸이 대학 진로에 대해서 이야기하고 있습니다. 두 사람은 결국 어떻게 하기로 했습니까?

남 : 가고 싶은 대학은 정했니?

여 : 역사 공부를 하고 싶어서 이 대학의 시험을 보려고 하는데….

남 : 역사라고? 너 시대극도 안 보면서 사학 같은 걸 공부해서 뭐가 될 생각인데?

여 : 사학과에 들어간 선배가 학교에 와서 여러 가지로 도움이 되는 이야기를 해 줬거든요. 저도 대학에 들어가서 좀 더 밀도 있는 공부를 하고 싶어요.

남 : 좋아하는 공부를 하는 것도 좋지만 졸업 후의 취직에 대해서는 생각하지 않는 거야?

여 : 그것은 대학 들어가고 나서 생각하면 안 되나요? 게다가 저는 취직하기 위해서 대학에 들어가는 게 아니에요.

남 : 네 마음은 이해가 되지만, 현실은 그렇게 쉽지가 않단다. 다시 한 번 차분하게 생각해보고 나서 다시 이야기하자.

여 : 어차피 제 결심은 바뀌지 않을 것 같지만. 알겠어요.

두 사람은 결국 어떻게 하기로 했습니까?
1. 다시 대학 이야기를 하지 않기로 했다.
2. 아버지가 딸의 결심을 바꾸게 했다.
3. 아버지가 결심을 바꾸기로 했다.
4. 두 사람이 대학의 전공에 대해서 다시 생각하기로 했다.

단어

進路 진로 | 歴史 역사 | 時代劇 시대극 | 先輩 선배 | 役に立つ 쓸모가 있다, 도움이 되다 | 密度 밀도 | 濃い 짙다 | 就職 취직 | じっくり 차분하게, 곰곰이 | どうせ 어차피 | 専攻 전공 | 考え直す 다시 생각하다

해설

대학 진학 문제에 대해서 아버지와 딸의 의견이 대립되고 있다. 아버지는 천천히 생각해보고 다시 이야기하자고 한다. 딸은 결심은 바뀌지 않을 것 같다고 하면서 다시 이야기하는 것에 동의한다. 따라서 정답은 4번이다.

정답 ④

3 문제3 개요 이해 공략하기

문제 유형 분석

결론이 있는 텍스트를 듣고서 내용을 이해할 수 있는지를 묻는다. 텍스트 전체에서 화자의 의도나 주장을 이해할 수 있는지 묻고 있으므로 화자의 주장과 생각에 대해서 파악을 해야 한다. 본문은 대화가 아닌 혼자서 말하는 내용이며, 논리적이고 추상적인 주제가 나온다. 예상 문제 수는 6문제이며, 약 13분의 시간이 소요될 것으로 예상된다.

문제 풀이 비법

1. 문제의 흐름은 「상황 설명문 듣기 ➡ 결론이 있는 텍스트 듣기 ➡ 질문문 듣기 ➡ 선택지 고르기」의 순서로 진행된다. 선택지는 인쇄되어 있지 않으며 음성으로만 들려준다.

2. 선택지가 음성으로만 나오기 때문에 텍스트를 들으면서 요점이 되는 것을 반드시 메모해 두어야 한다.

3. 본문이 추상적이거나 논리적인 내용이 많으므로, 난해한 어휘가 등장할 수 있으나 당황하지 말고 전체적인 흐름을 파악하는 것이 중요하다.

4. 문제를 쉽게 풀기 위해서는 전체적인 것을 파악하는 힘이 필요하다. 평소에 문장을 요약하는 연습과 신문을 빨리 읽는 연습을 하는 것이 도움이 되겠다.

問題 3

問題 3 では、問題用紙に何も印刷されていません。この問題は、全体としてどんな内容かを聞く問題です。話の前に質問はありません。まず話を聞いてください。それから、質問とせんたくしを聞いて、1 から 4 の中から、最もよいものを一つ選んでください。

例 🎧 3-01

－メモ－

스크립트 및 해석 예제

例(れい)

스크립트 3-01

大学(だいがく)の先生(せんせい)が話(はな)しています。

女：今日(きょう)は虹(にじ)の色(いろ)のお話(はなし)です。虹(にじ)の色(いろ)は何色(なんしょく)なのかと聞(き)いたら日本人(にほんじん)は必(かなら)ず7色(しょく)と答(こた)えますが、これは世界共通(せかいきょうつう)ではないってご存(ぞん)じですか。ドイツ人(じん)に聞(き)くと5色(しょく)だと答(こた)え、アメリカでは6色(しょく)、トルコやポーランドではよく知(し)らないと答(こた)える人(ひと)が多(おお)いんだそうです。見(み)ている虹(にじ)は世界各国(せかいかっこく)同(おな)じはずなのに不思議(ふしぎ)ですよね。そもそも虹(にじ)は肉眼(にくがん)で見(み)える範囲(はんい)で最(もっと)も波長(はちょう)の長(なが)い赤(あか)から最(もっと)も短(みじか)い紫(むらさき)まで連続(れんぞく)して少(すこ)しずつ色(いろ)を変(か)えていきます。厳密(げんみつ)に言(い)うと虹(にじ)の色(いろ)は無限(むげん)にあるので、いくつかの色(いろ)に制限(せいげん)してしまうのは正(ただ)しくないのです。私(わたし)たちは幼(おさな)い頃(ころ)に周囲(しゅうい)の大人(おとな)に虹(にじ)は7色(しょく)と教(おし)えられたのでそのまま信(しん)じているのです。

この授業(じゅぎょう)で取(と)り上(あ)げている内容(ないよう)はどのようなことですか。

1. 虹(にじ)の色(いろ)は誰(だれ)でも7色(しょく)だと思(おも)っている
2. 虹(にじ)の色(いろ)は7色(しょく)だという確証(かくしょう)がある
3. ドイツでは虹(にじ)の色(いろ)は6色(しょく)である
4. 虹(にじ)の色(いろ)は国(くに)によって違(ちが)う

해석

대학 교수가 이야기하고 있습니다.

여：오늘은 무지개의 색 이야기입니다. 무지개의 색은 무슨 색인가라고 물으면 일본인은 반드시 7색이라고 대답합니다만, 이것은 세계 공통은 아니라는 것은 알고 계십니까? 독일인한테 물어보면 5색이라고 대답하고, 미국에서는 6색, 터키나 폴란드에서는 잘 모른다고 대답하는 사람이 많다고 합니다. 보고 있는 무지개는 세계 각국에서 똑같을 텐데 참 이상하죠? 원래 무지개는 육안으로 보이는 범위에서 가장 파장이 긴 빨간색부터 가장 짧은 보라색까지 연속해서 조금씩 색을 바꾸어 갑니다. 엄밀히 말하면 무지개의 색은 무한으로 있기 때문에, 몇 가지 색으로 제한해 버리는 것은 옳지 않습니다. 우리들은 어렸을 때 주위 어른들에게 무지개는 7색이라고 배웠기 때문에 그대로 믿고 있는 것입니다.

이 수업에서 다루고 있는 내용은 어떤 것입니까?

1. 무지개의 색은 누구나 7색이라고 생각하고 있다.
2. 무지개의 색은 7색이라는 확증이 있다.
3. 독일에서는 무지개의 색은 6색이다.
4. 무지개의 색은 나라에 따라서 다르다.

정답 ④

콕콕 실전문제 / 9

<ruby>問題<rt>もんだい</rt></ruby> 3 🎧 3-02~10

<ruby>問題<rt>もんだい</rt></ruby>3では、<ruby>問題用紙<rt>もんだいようし</rt></ruby>に<ruby>何<rt>なに</rt></ruby>も<ruby>印刷<rt>いんさつ</rt></ruby>されていません。この<ruby>問題<rt>もんだい</rt></ruby>は、<ruby>全体<rt>ぜんたい</rt></ruby>としてどんな<ruby>内容<rt>ないよう</rt></ruby>かを<ruby>聞<rt>き</rt></ruby>く<ruby>問題<rt>もんだい</rt></ruby>です。<ruby>話<rt>はなし</rt></ruby>の<ruby>前<rt>まえ</rt></ruby>に<ruby>質問<rt>しつもん</rt></ruby>はありません。まず<ruby>話<rt>はなし</rt></ruby>を<ruby>聞<rt>き</rt></ruby>いてください。それから、<ruby>質問<rt>しつもん</rt></ruby>とせんたくしを<ruby>聞<rt>き</rt></ruby>いて、1から4の<ruby>中<rt>なか</rt></ruby>から、<ruby>最<rt>もっと</rt></ruby>もよいものを<ruby>一<rt>ひと</rt></ruby>つ<ruby>選<rt>えら</rt></ruby>んでください。

― メモ ―

1番

スクリプト  3-02

会社のセミナーで講師があるグローサリーマーケットについて話しています。

男:最近注目されている新鮮な食材を安価で販売していることで有名なオーガニックマーケット「フレッシュマート」の経営方針について紹介いたします。この会社は従業員を家族とみなす思想に基づいて従業員への待遇がとても手厚いことで知られているんです。おかげで従業員と会社に信頼関係が生まれ、尊敬の気持ちを抱くようになり、お互いを思いやる企業風土が形成されているようです。このような経営マインドは従業員に活力を与え、業界トップレベルの顧客サービスだけでなく持続的な売上高の上昇にもつながっているんですね。

講師は主に何について話していますか。

1. 「フレッシュマート」が新鮮な食材を高く売る理由
2. 経営マインドが販売量に与える影響
3. 企業風土を形成する方法
4. 従業員を思いやる会社の増加

해석

회사 세미나에서 강사가 한 식료품 마켓에 대해서 이야기하고 있습니다.

남:최근 주목받고 있는 신선한 식재료를 싼값에 판매하는 것으로 유명한 유기농 마켓 '프레쉬 마트'의 경영 방침에 대해서 소개해 드리겠습니다. 이 회사는 종업원을 가족으로 여기는 사상에 입각해 종업원에 대한 대우가 매우 극진한 것으로 알려져 있습니다. 덕분에 종업원과 회사에 신뢰 관계가 생겨서 존경의 마음을 갖게 되어 서로를 배려하는 기업 풍토가 형성되고 있는 것 같습니다. 이러한 경영 마인드는 종업원에게 활력을 주고 업계 최고 수준의 고객 서비스뿐만 아니라 지속적인 매출 상승으로도 이어지고 있는 것입니다.

강사는 주로 무엇에 대해서 이야기하고 있습니까?

1. '프레쉬 마트'가 신선한 식재료를 비싸게 파는 이유
2. 경영 마인드가 판매량에 미치는 영향
3. 기업 풍토를 형성하는 방법
4. 종업원을 배려하는 회사의 증가

단어

セミナー 세미나 | グローサリーマーケット 식료품점 | 注目する 주목하다 | 新鮮 신선함 | 食材 식자재, 요리 재료 | 安価 싼값 | 販売する 판매하다 | オーガニック 유기농 | 方針 방침 | みなす (~로) 여기다, 간주하다 | 思想 사상

~に基づく ~에 기초하다, ~에 입각하다 | 待遇 대우 | 手厚い 극진하다 | 抱く 갖다, 품다 | 思いやる 배려하다, 위로하다 | 風土 풍토 | 形成 형성 | 経営マインド 경영 마인드 | 活力を与える 활력을 주다 | トップレベル 최고 수준 | 顧客サービス 고객 서비스 | 持続的 지속적 | 売上高 매출액 | 上昇 상승 | つながる 이어지다, 연결되다 | 販売量 판매량 | 増加 증가

해설

남자는 초반에 유기농 마켓의 경영 방침에 대해서 소개하겠다고 이야기했고, 후반에 직원을 가족처럼 여기는 경영 마인드가 종업원에게 활력을 주고 매출 상승으로도 이어졌다고 이야기하고 있다. 따라서 정답은 2번이다.

정답 ❷

2番

스크립트  3-03

不動産業者がマンションのリフォームについて話しています。

男：マンションでは、リフォームする場合は、規約に基づいて行う事になりますので、今住んでいるマンションをリフォームしたいという方はもちろん、中古のマンションを購入してリフォームして住みたい方も、必ずこの規約を確認する必要があります。要確認ポイントは、まず、リフォーム申し込みの時期や近所の承諾が必要かどうかなどの確認です。次に、床のフローリングを変更することができるか。そして給配水管を、引き直すことが可能か。最後に、冷めたお風呂のお湯を温め直すことが出来る機能を追加することが可能か、を必ずチェックしてください。

マンションのリフォームをする際の規約の重要ポイントではないものはどれですか。

1. リフォームの申し込みをいつするかを確認すること
2. 床のカーペットなどを取り除いて木の板を敷けるかどうかを確認すること
3. 給水管や配水管の位置を変えたり、切ったりすることができるか確認すること
4. お風呂のお湯を追加することができるかを確認すること

해설

부동산 업자가 맨션 개축에 대해서 이야기하고 있습니다.

남：맨션은 개축하는 경우에는 규약에 근거해서 실시하게 되므로, 지금 살고 있는 맨션을 개축하고 싶은 분은 물론, 중고 맨션을 구입해서 개축해서 살고 싶은 분도 꼭 이 규약을 확인할 필요가 있습니다. 주요 확인 포인트는 우선, 개축 신청 시기나 이웃의 승낙이 필요한가 등의 확인입니다. 다음으로 마루의 널빤지를 변경할 수 있는가? 그리고 급수

스크립트 및 해석 | 콕콕 실전문제

관과 배수관을 바꾸는 것이 가능한가? 마지막으로 식은 목욕탕의 물을 다시 데울 수 있는 기능을 추가하는 것이 가능한지를 꼭 체크해 주세요.

맨션 개축을 할 때의 규약의 중요 포인트가 아닌 것은 어느 것입니까?

1. 개축 신청을 언제 하는지를 확인하는 일
2. 마루의 카페트 등을 없애고 나무판을 깔 수 있는지 어떤지를 확인하는 일
3. 급수관이나 배수관의 위치를 바꾸거나 자르거나 하는 일이 가능한지 확인하는 일
4. 목욕탕의 물을 추가할 수 있는지를 확인하는 일

단어

リフォーム 리폼, 다시 만드는 것 | 規約 규약 | ～に基づいて ~에 의거(근거)해서 | 購入 구입 | 申し込み 신청 | 承諾 승낙 | ～かどうか ~인지 아닌지 | フローリング 플로링, 마루를 까는 널빤지 | 引き直す 고치다, 바꾸다 | 冷める 식다 | お湯 더운 물 | 温め直す 다시 데우다 | 追加 추가 | ～際 ~(할) 때 | 取り除く 없애다, 제거하다 | 敷く 깔다

해설

일본에서는 건물의 개축을「リフォーム」라고도 하고「リモデリング」또는 줄여서「リモデル」라고도 부른다. 질문은 중요 포인트가 아닌 것을 찾는 것이다. 선택지 4번에서 목욕탕의 물을 추가할 수 있는지를 확인하라고 되어 있는데 본문에서는 식은 목욕탕의 물을 다시 데울 수 있는 기능을 추가하는 것이 가능한가를 확인하라고 했으므로 4번은 개축 규약의 중요 포인트가 아니다.

정답 ④

3番

스크립트  3-04

高校の生徒会長候補が演説をしています。

女: 今私たちが抱えている最も緊急の課題は、生徒専用の休憩室の建て直し問題です。今ある休憩室はスペースが狭く、多くの生徒が心を休められる場所ではないと言えます。休憩室の建て直しにかかる費用は、学校に支出を求めるとともに、先日のバザーで集まった資金、そして生徒たちからの募金で賄う計画です。休憩室の建て直しは、受験勉強や友だちと親密な関係を築くのに必要不可欠であると考えます。私が、会長に選ばれた暁には、計画を積極的に進め、みんなの期待に背かないようがんばるつもりです。

生徒会長候補はどう考えていますか。

1. 休憩室の建て直し問題は会長選挙に欠かせないアイテムだ
2. 休憩室の建て直しは、生徒たちが友人関係を築くのに邪魔になる
3. 休憩室の建て直しの後、利用できる生徒たちの数はわずかだ
4. 今の休憩室は、大勢の生徒たちが休むには広さが不十分だ

해석

고등학교의 학생회장 후보가 연설을 하고 있습니다.

여 : 지금 우리가 떠안고 있는 가장 긴급한 과제는 학생 전용 휴게실의 재건 문제입니다. 지금 있는 휴게실은 공간이 좁고, 많은 학생들이 마음을 쉴 수 있는 장소가 아니라고 할 수 있습니다. 휴게실 재건에 드는 비용은 학교에 지출을 요구하면서 일전의 바자회에서 모인 자금, 그리고 학생들로부터의 모금으로 마련할 계획입니다. 휴게실의 재건은 수험 공부나 친구와의 친밀한 관계를 쌓는 데에 필요불가결하다고 생각합니다. 제가 회장으로 선출되었을 때에는 계획을 적극적으로 추진해서 모두의 기대에 어긋나지 않도록 열심히 할 작정입니다.

학생회장 후보는 어떻게 생각하고 있습니까?

1. 휴게실 재건 문제는 회장 선거에 빼놓을 수 없는 아이템이다.
2. 휴게실 재건은 학생들이 친구 관계를 쌓는 데에 방해가 된다.
3. 휴게실 재건 후, 이용할 수 있는 학생들의 수는 얼마 되지 않는다.
4. 지금의 휴게실은 많은 학생들이 쉬기에는 면적이 불충분하다.

단어

候補 후보 | 演説 연설 | 緊急 긴급 | 建て直し 개축, 재건 | ~とともに ~와 함께 | バザー 바자회 | 集まる 모이다 | 資金 자금 | 募金 모금 | 賄う 조달하다, 마련하다 | 親密 친밀함 | 築く 쌓다 | 暁 (어떤 일이 실현되는) 때 | 積極的 적극적임 | 背く 어기다, 등지다 | 邪魔になる 방해가 되다 | わずか 근소함, 조금 | 大勢 여럿, 많은 사람 | 広さ 넓이, 면적

해설

학생은 휴게실 재건을 선거 공약으로 삼고 있다. 지금의 휴게실은 다수의 학생이 쉴 수 있는 공간이 부족하므로 공사를 해서 넓힌다는 것이 학생의 생각이다. 따라서 많은 학생이 쉬기에는 지금의 휴게실 면적이 불충분하다는 4번이 정답이다. 연설할 때 '제가 뽑히면~'이라는 뜻으로 「私が選ばれた暁には~」라는 표현이 많이 쓰인다.

정답 ❹

스크립트 및 해석 | 콕콕 실전문제

4番

스크립트 🎧 3-05

会社の会議で男の人が発表をしています。

男：今日は会社の経費削減問題が重要な案件であります。まず、人件費削減はありませんので、ご心配なく。経費削減に当たっては、削っても問題ない経費と削減してはいけない経費を分けて考えることが大切でしょうね。まあ差し障りないのは電気代の節約のために蛍光灯をまめに消すとかLED照明に変更するとか、無駄な印刷を止めて社内使用は裏紙を使うとかぐらいですね。一方、広告宣伝費は結構大きな額を使っている場合も多く、削減してしまえば大きな経費削減が可能になります。しかし、それが原因で売上が落ちる可能性も考えられ、性急な判断は危険だと思います。私が思うに経費削減を行う場合には、まず出費の内容を詳しく書き出しまして、費用に値する効果をよく考えながら、削減するかしないかを検討することが大切だと思います。

この会議で取り上げられている主な案件は何ですか。
1. 適切な経費削減による利益確保
2. 経費削減による効果の予測
3. 経費削減と売上低下の関係
4. 適切な経費削減の必要性

해석

회사의 회의에서 남자가 발표를 하고 있습니다.

남：오늘은 회사의 경비 삭감 문제가 중요한 안건입니다. 우선, 인건비 삭감은 없으니 걱정하지 마세요. 경비 삭감을 할 때에는 삭감해도 문제없는 경비와 삭감해서는 안 되는 경비를 나누어서 생각하는 것이 중요하지요? 이를테면 (삭감해도) 지장이 없는 것은 전기세 절약을 위해서 형광등을 부지런히 끈다든지, LED조명으로 변경한다든지, 쓸데없는 인쇄를 그만두고 사내 사용은 이면지를 사용한다 등 정도겠네요. 한편, 광고 선전비는 꽤 큰 금액을 사용하고 있는 경우도 많아서, 삭감해 버리면 큰 경비 삭감이 가능해집니다. 하지만, 그것이 원인으로 매상이 떨어질 가능성도 고려되어 성급한 판단은 위험하다고 생각합니다. 제가 생각하기에 경비 삭감을 실시할 경우에는 우선 지출 내용을 상세히 뽑아 비용에 상응하는 효과를 잘 생각하면서 삭감할지 어떨지를 검토하는 것이 중요하다고 생각합니다.

이 회의에서 다뤄지고 있는 주된 안건은 무엇입니까?
1. 적절한 경비 삭감에 의한 이익 확보
2. 경비 삭감에 의한 효과의 예측
3. 경비 삭감과 매상 저하의 관계
4. 적절한 경비 삭감의 필요성

단어

削減 삭감 | 案件 안건 | 人件費 인건비 | ~に当たって ~할 때 | 削る 깎다, 삭감하다 | 差し障り 지장 | 節約 절약 | 蛍光灯 형광등 | まめに 부지런히 | 消す 끄다 | 無駄 쓸데없음 | 印刷 인쇄 | 裏紙 이면지 | 売上 매상 | 性急 성급함 | 出費 지출 | 書き出す 뽑아 쓰다, 써 내다 | ~に値する ~할 만하다, 상당하다 | 検討 검토 | 適切 적절함 | 利益 이익 | 確保 확보 | 予測 예측

해설

광고비를 줄이면 경비를 많이 줄일 수 있지만 매상과 관련이 있으므로, 경비를 삭감할 때는 삭감해도 문제없는 것을 적절하게 줄이면 된다고 말하고 있다. 즉, 적절한 경비 삭감을 요구하고 있는 4번이 정답이다. 선택지 3번의 경비 삭감과 매상 저하의 관계에 대해서도 본문에 나와 있지만, 적절한 경비 삭감의 필요성을 강조하기 위한 보조 설명이라고 할 수 있다.

정답 ④

5番

스크립트  3-06

テレビで女の人が話しています。

女：今回は静電気の対処法をお伝えしたいと思います。厚いコートが必要な冬の季節がやってまいりました。冬になると厄介なのが静電気ですよね。静電気と湿度は密接な関係があるようです。冬に静電気がよく発生するのは、空気が乾燥していることが大きな原因であるといってよいでしょう。室内に加湿器を置くのも静電気を防ぐよい方法ですが、結露の原因になることもありますので、加湿しすぎるのは考え物です。50％ぐらいが適当なようです。結露は結露で別の問題を引き起こしますので要注意です。

女の人が取り上げている内容ではないのはどれですか。

1. 静電気と湿度の関係
2. 静電気の対処法
3. 静電気と結露の関係
4. 静電気の主な原因

스크립트 및 해석 | 콕콕 실전문제

해석

텔레비전에서 여자가 이야기하고 있습니다.

여 : 이번에는 정전기 대처법을 전해 드리려고 합니다. 두꺼운 코트가 필요한 겨울의 계절이 찾아왔습니다. 겨울이 되면 성가신 것이 정전기지요. 정전기와 습도는 밀접한 관계가 있는 것 같습니다. 겨울에 정전기가 자주 발생하는 것은 공기가 건조한 것이 큰 원인이라 해도 좋을 것입니다. 실내에 가습기를 두는 것도 정전기를 방지하는 좋은 방법이지만, 결로의 원인이 되는 경우도 있기 때문에 지나친 가습은 생각해 볼 일입니다. 50% 정도가 적당한 것 같습니다. 결로는 결로대로 다른 문제를 일으키기 때문에 주의가 필요합니다.

여자가 다루고 있는 내용이 아닌 것은 어느 것입니까?
1. 정전기와 습도의 관계
2. 정전기 대처법
3. 정전기와 결로의 관계
4. 정전기의 주요 원인

단어

静電気 정전기 | 対処法 대처법 | 季節 계절 | 厄介 귀찮음, 성가심 | 湿度 습도 | 密接 밀접 | 乾燥 건조 | 加湿器 가습기 | 防ぐ 막다, 방지하다 | 結露 결로, 이슬이 맺힘 | 考え物 신중하게 잘 생각해야 할 일 | 引き起こす 일으키다

해설

질문은 여자가 거론하고 있는 내용이 아닌 것을 찾는 문제이니 헷갈리지 않도록 조심한다. 정전기 방지를 위해서 집안에 가습기를 두는 것이 좋을 수 있으나 지나친 가습은 결로의 원인이 될 수 있다고 되어 있다. 이것은 정전기와 결로의 관계가 아니라 지나친 가습과 결로의 관계를 말하는 것이다. 따라서 정답은 3번이다.

정답 ❸

6番

스크립트  3-07

大学で学生がグループワークについて意見を話しています。

女：グループワークですが、メンバーが集まって意見を出し合いながら課題の方向性を決めていくという点で効率的であると考えます。しかし、学生の中には何の準備もなしで参加する無責任極まりないメンバーがいたりしてチームワークを乱すことがよくあります。そういうことが起きないように、個人ワークの宿題を出したらどうかと思います。例えば、グループワークの話し合いの間に個人ワークの宿題を発表させ、その内容を持ち寄って、また話し合いをするという風にです。個人ワークの宿題はやってくる可能性が高いですから、授業中の準備なしの話し合いに無駄な時間を費やすことはなくなると思います。またグループの輪に入りづらいメンバーにとっても、個人ワークを準備してくることはメンバーとしてグループ全体の役に立てる機会を与えることになるので仲間意識を高めることにも繋がると考えられます。

学生は主に何について話していますか。

1. 個人ワークの必要性
2. チームワークの重要さ
3. グループワークの盲点
4. 個人的な宿題をさせる方法

해석

대학교에서 학생이 그룹 워크에 대해서 의견을 이야기하고 있습니다.

여：그룹 워크말인데요, 멤버가 모여서 서로 의견을 내면서 과제의 방향성을 정해간다는 점에서 효율적이라고 생각합니다. 하지만 학생 중에는 아무런 준비도 없이 참가하는 아주 무책임한 멤버가 있거나 해서 팀워크를 흐리는 경우가 종종 있습니다. 그런 일이 일어나지 않도록 개인 워크 숙제를 내면 어떨까 합니다. 예를 들면 그룹 워크 논의를 하는 사이에 개인 워크 숙제를 발표시키고 그 내용을 추렴해서 다시 논의하는 식으로 말입니다. 개인 워크 숙제는 해올 가능성이 높으니까 수업 중에 준비 없는 논의로 쓸데없이 시간을 허비하는 일은 없어질 것이라 생각합니다. 또한 그룹의 테두리 안으로 들어가기 힘든 멤버에게도 개인 워크를 준비해 오는 것은 멤버로서 그룹 전체에 도움이 되는 기회를 제공하게 되기 때문에 동료 의식을 높이는 것으로도 연결된다고 생각됩니다.

학생은 주로 무엇에 대해서 이야기하고 있습니까?

1. 개인 워크의 필요성
2. 팀워크의 중요성
3. 그룹 워크의 맹점
4. 개인적인 숙제를 시키는 방법

스크립트 및 해석 — 콕콕 실전문제

단어

グループワーク 그룹 워크 | メンバー 멤버, 회원 | 出(だ)し合(あ)う (의견 따위를) 서로 내놓다 | 課題(かだい) 과제 | 方向性(ほうこうせい) 방향성 | 効率的(こうりつてき) 효율적 | 何(なん)の 아무런 | 参加(さんか)する 참가하다 | 無責任(むせきにん) 무책임 | 極(きわ)まりない ~하기 짝이 없다 | チームワーク 팀워크 | 乱(みだ)す 흩뜨리다, 어지르다 | 話(はな)し合(あ)い 의논, 교섭 | 発表(はっぴょう)する 발표하다 | 持(も)ち寄(よ)る 각자가 가지고 모이다, 추렴하다 | ~風(ふう) ~풍, ~식 | 無駄(むだ) 쓸데없음, 헛됨 | 費(つい)やす 낭비하다, 허비하다, 쓰다 | 輪(わ)に入(はい)る 테두리에 들어가다 | 仲間意識(なかまいしき) 동료 의식 | 高(たか)める 높이다 | 繋(つな)がる 이어지다, 연결되다 | 重要(じゅうよう)さ 중요성 | 盲点(もうてん) 맹점

해설

그룹 워크에서 무책임한 학생에 대한 이야기를 하면서 개인 워크를 도입했을 때의 장점을 시작으로 개인 워크가 왜 그룹 워크에 필요한지에 대한 설명으로 이야기를 마무리하고 있다. 따라서 정답은 1번이다. 대학 과제를 둘러싼 대화문은 시험에 자주 등장하니 관련 표현들을 미리 익혀 두자.

정답 ①

7番

스크립트 🎧 3-08

男(おとこ)の人(ひと)が「ごみ問題(もんだい)」について説明(せつめい)しています。

男：ごみ問題は市民の生活と密接にかかわり、また多くの自治体が困難を抱えていることから、最も身近な環境問題と言えます。しかし、一口に「ごみ問題」と言ってもその内容は複雑で複合的であります。また解決には、国家レベルの努力はもちろん個人の努力も欠かせません。即効性があって、効率的な方法としては罰金を伴う制度を強化するのが一番かもしれませんが、根本的な解決にはならないと考えられます。徹底的に計画された教育により市民意識を高め、一人一人が地球の未来に対する危機感を持ち、各人が地球に優しい方法でごみを処理することがひいては地球環境を守り抜くことにつながるという事実を分かってもらいたいのです。

男の人が主張している主な内容は何ですか。
1. ごみ問題は一人だけの問題である
2. ごみ問題を解決する方法は一言で説明できる
3. ごみ問題解決のためには強制的な制御が必要である
4. ごみ問題解決のためには市民意識を高める教育がまず必要だ

> 해석

남자가 '쓰레기 문제'에 대해서 설명하고 있습니다.

남 : 쓰레기 문제는 시민의 생활과 밀접하게 관련되고, 또한 많은 자치 단체가 어려움을 안고 있는 것으로 우리와 가장 관계가 깊은 환경 문제라고 할 수 있습니다. 하지만, 한마디로 '쓰레기 문제'라고 해도 그 내용은 복잡하고 복합적입니다. 또한 해결을 위해서는 국가 차원의 노력은 물론 개인의 노력도 빠뜨릴 수 없습니다. 즉효성이 있고, 효율적인 방법으로는 벌금을 동반한 제도를 강화하는 것이 제일일지도 모르겠지만, 근본적인 해결은 되지 않는다고 생각됩니다. 철저하게 계획된 교육에 의해 시민의식을 높이고, 한 사람 한 사람이 지구의 미래에 대한 위기감을 가지며, 각자가 친환경적인 방법으로 쓰레기를 처리하는 것이 나아가서는 지구 환경을 지켜내는 일로 이어진다는 사실을 아셨으면 합니다.

남자가 주장하고 있는 주된 내용은 무엇입니까?

1. 쓰레기 문제는 한 사람만의 문제이다.
2. 쓰레기 문제를 해결하는 방법은 한마디로 설명할 수 있다.
3. 쓰레기 문제를 해결하기 위해서는 강제적인 제어가 필요하다.
4. 쓰레기 문제를 해결하기 위해서는 시민의식을 높이는 교육이 우선 필요하다.

> 단어

ごみ 쓰레기 | 密接 밀접 | ～にかかわる ～에 관계되다 | 自治体 자치 단체 | 抱える 안다 | ～ことから ～로 인해 | 身近 자신과 관계가 깊음 | 一口に 한마디로 | 複雑 복잡함 | 複合的 복합적임 | ～はもちろん ～은 물론 | 欠かす 빠뜨리다, 빼다 | 即効性 즉효성 | 効率的 효율적임 | 罰金 벌금 | 伴う 동반하다 | 強化 강화 | 根本的 근본적임 | 徹底的 철저함 | 危機感 위기감 | 各人 각자 | 処理 처리 | ひいては 나아가서는 | 守り抜く 지켜내다 | つながる 이어지다, 연결되다 | 一言 한마디 | 強制的 강제적임 | 制御 제어

> 해설

벌금 제도를 강화하는 것은 즉효성이 있고 효율적인 방법일지 모르지만, 근본적인 문제 해결 방법이 아니라고 말하고 있다. 남자는 마지막 부분에서 근본적인 해결책으로 시민의식을 높이는 것이 중요하다고 말하고 있다. 따라서 정답은 4번이다.

정답 ❹

| スクリプト 및 해석 | 콕콕 실전문제

8番

스크립트 🎧 3-09

テレビでアナウンサーが話しています。
男：気象庁の調べによりますと、今週も黄砂がひどくなるそうですね。外出はなるべく控えたほうがいいですが、やむを得ない場合にはマスクを着用してください。さて、黄砂がひどい時期の製造業界が被る損害は思ったより大きいようです。航空機や半導体などの精密機器の作動に問題が生じるのみならず、工場で不良品が製造されることがよくあるようです。建設現場では労働者たちの欠勤が相次ぎ、作業にダメージを与えているということです。また、空の視界が悪いためフライトスケジュールの突然の変更が予想されますのでくれぐれも航空ダイヤの確認を忘れないでくださいね。

アナウンサーはどのようなテーマで話をしていますか。

1. 建設産業の盛況理由
2. 産業問題による空気汚染の現状
3. 気象庁の正確な黄砂情報
4. 黄砂による明らかな社会問題

해석

TV에서 아나운서가 이야기하고 있습니다.

남 : 기상청 조사에 따르면 이번 주도 황사가 심해진다고 합니다. 외출은 가급적 삼가는 편이 좋습니다만, 부득이한 경우에는 마스크를 착용해 주십시오. 그런데 황사가 심한 시기에 제조업계가 입는 손해는 생각보다 큰 것 같습니다. 항공기나 반도체 같은 정밀기기의 작동에 문제가 생기는 것뿐만 아니라 공장에서 불량품이 제조되는 경우가 종종 있는 것 같습니다. 건설 현장에서는 노동자들의 결근이 줄줄이 이어져 작업에 타격을 주고 있다고 합니다. 또한, 하늘의 시야가 나빠 비행 스케줄의 갑작스러운 변경이 예상되니 아무쪼록 항공 운항표 확인을 잊지 마시기 바랍니다.

아나운서는 어떤 주제로 이야기를 하고 있습니까?

1. 건설 산업의 성황 이유
2. 산업 문제에 따른 공기 오염 현상
3. 기상청의 정확한 황사 정보
4. 황사에 의한 명백한 사회 문제

단어

アナウンサー 아나운서 | 気象庁 기상청 | 調べ 조사 | ～によりますと ～에 의하면, ～에 따르면 | 黄砂 황사 | 控える 삼가다, 피하다 | やむを得ない 어쩔 수 없다, 부득이하다 | マスク 마스크 | 着用する 착용하다 | 時期 시기

기 | 製造業界 제조업계 | 被る 피해를 보다(입다) | 損害 손해 | 航空機 항공기 | 半導体 반도체 | 精密機器 정밀기기 | 作動 작동 | 生じる 발생하다, 생기다, 일어나다 | ～のみならず ～뿐만 아니라 | 不良品 불량품 | 現場 현장 | 労働者 노동자 | 欠勤 결근 | 相次ぐ 연달다, 잇따르다 | 作業 작업 | ダメージ 손해, 피해 | 視界 시계, 시야 | フライト 비행 | スケジュール 스케줄, 일정표 | くれぐれも 부디, 아무쪼록 | ダイヤ 다이어그램, 도표, 열차 운행표 | 盛況 성황 | 汚染 오염 | 現状 현상

해설

초반부터 마지막까지 황사가 제조업계와 항공업, 정밀산업, 건설업에 끼치는 악영향에 대해서 이야기하고 있다. 따라서 정답은 4번이다.

정답 ④

9番

스크립트  3-10

コンサルタントが教室で話しています。

男：採用者が重要と考えるポイントは3つになります。まず、資質があるか。次に、意欲があるか。最後に、社風に合うか、です。面接の時、一番困るのは、あがってしまうことです。ある程度の緊張感は必要ですが、あがってしまうと明快に意見が言えなくなります。そうならないためには事前に面接の準備をしっかりとすることが重要です。模擬面接を行い、それをビデオ撮影します。それを見て自分がどのような表情をしているのか、変な癖はないかなどをしっかりと見極めて、本番に挑むことが重要です。

コンサルタントは何が一番重要だと言っていますか。

1. 資質を育てること
2. 面接の前に練習をすること
3. ビデオ撮影をすること
4. 社風に合わせること

해석

컨설턴트가 교실에서 이야기하고 있습니다.

남 : 채용자가 중요하다고 생각하는 포인트는 3가지입니다. 우선, 자질이 있는가? 다음으로 의욕이 있는가? 마지막으로 사풍에 맞는가? 입니다. 면접 시 제일 곤란한 것은 긴장하는 것입니다. 어느 정도의 긴장감은 필요하지만 긴장해 버리면 명쾌하게 의견을 말할 수 없게 됩니다. 그렇게 되지 않기 위해서는 사전에 면접 준비를 확실히 해 두는 것이 중

스크립트 및 해석 | 콕콕 실전문제

요합니다. 모의 면접을 실시해서 그것을 비디오 촬영합니다. 그것을 보고 자기가 어떠한 표정을 짓고 있는지, 이상한 버릇은 없는지 등을 확실히 확인하고 실전에 도전하는 것이 중요합니다.

컨설턴트는 무엇이 가장 중요하다고 말하고 있습니까?

1. 자질을 키우는 것
2. 면접 전에 연습을 하는 것
3. 비디오 촬영을 하는 것
4. 사풍에 맞추는 것

단어

コンサルタント 컨설턴트 | 採用者(さいようしゃ) 채용자 | 資質(ししつ) 자질 | 社風(しゃふう) 사풍, 회사의 기풍 | あがる 흥분하다, 얼다 | 緊張感(きんちょうかん) 긴장감 | 明快(めいかい) 명쾌함 | 模擬(もぎ) 모의 | 撮影(さつえい) 촬영 | 癖(くせ) 버릇 | 見極(みきわ)める 밝히다, 확인하다 | 本番(ほんばん) 연습이 아닌 정식 방송 | 挑(いど)む 도전하다 | 育(そだ)てる 키우다

해설

컨설턴트가 면접 요령에 대해서 말하고 있다. 질문은 채용자가 아니라 컨설턴트가 중요하다고 말하는 것을 찾는 것이므로 혼동하지 않도록 조심한다. 컨설턴트는 면접 시 긴장감을 없애는 것이 제일 중요하다고 생각하고 있으며, 그러기 위해서는 가상 연습을 많이 하는 것이 중요하다고 말하고 있다. 따라서 정답은 2번이다.

정답 ❷

Memo

4 | 문제 4 즉시 응답 공략하기

문제 유형 분석

짧은 문장을 듣고 적절한 답을 즉각적으로 고를 수 있는지를 묻는다. 예상 문제 수는 14문제이며, 약 9분의 시간이 소요될 것으로 예상된다.

문제풀이 비법

1. 문제의 흐름은 「짧은 문장 듣기 ➡ 선택지 듣고 고르기」의 순서로 진행된다. 선택지는 인쇄되어 있지 않으며 음성으로만 들려준다.

2. 문제는 일대일 대화의 형태이며, 문제 유형에서도 알 수 있듯이 문제의 즉각적인 응답을 할 수 있는지를 평가하므로, 문제의 진행속도가 빠를 것으로 예상된다.

3. 즉시 응답은 문제 속도가 빠르므로 들으면서 바로 판단해서 정답을 고른다. 문제를 놓쳤더라도 그 다음 문제에 집중해야 한다. 그렇지 않으면 다음 문제도 놓치는 실수를 범하게 된다.

4. 문제의 주제는 일상생활에서 사용되는 짧은 회화로 난이도 면에서는 높지 않을 것으로 예상한다. 인사말이나 관용적으로 사용되는 표현을 익혀두면 쉽게 문제를 풀 수 있다.

問題 4

問題4では、問題用紙に何も印刷されていません。まず文を聞いてください。それから、それに対する返事を聞いて、1から3の中から、最もよいものを一つ選んでください。

例 4-01

－メモ－

스크립트 및 해석 예제

例(れい)

스크립트  4-01

男：健康(けんこう)あっての美容(びよう)ですから、無理(むり)なダイエットは控(ひか)えたほうがいいですよ。
女：1. ダイエット中(ちゅう)には美容院(びよういん)に行(い)かないことにしてるんです。
　　2. もしよかったら健康食品(けんこうしょくひん)をお勧(すす)めしましょうか。
　　3. もちろんそれは承知(しょうち)の上(うえ)です。

해석

남 : 건강해야 미용에도 신경 쓸 수 있으니 무리한 다이어트는 삼가는 게 좋아요.

여 : 1. 다이어트 중에는 미용실에 가지 않기로 하고 있어요.
　　2. 혹시 괜찮으시면 건강식품을 추천해 드릴까요?
　　3. 물론 그건 잘 알고 있습니다.

정답 ❸

콕콕 실전문제 / 29

問題 4 🎧 4-02~30

問題4では、問題用紙に何も印刷されていません。まず文を聞いてください。それから、それに対する返事を聞いて、1から3の中から、最もよいものを一つ選んでください。

－メモ－

스크립트 및 해석 — 콕콕 실전문제

1番

스크립트 🎧 4-02

男：雨が降ろうと降るまいと、明日は予定通り、出発します。
女：1. それは本当に残念ですね。
　　2. じゃあ、もしもの時に備えて傘を持参しますね。
　　3. また、そんな事言って。

해석

남: 비가 내리든 내리지 않든 내일은 예정대로 출발합니다.
여: 1. 그것 참 정말로 유감이네요.
　　2. 그럼, 만일의 경우에 대비해서 우산을 지참하겠습니다.
　　3. 또 그런 말을 하다니.

단어

~(よ)うと~まいと ~하든 ~하지 않든 | ~通り ~대로 | もしもの時 만일의 경우 | 備える 대비하다 | 持参 지참

해설

비가 내리는 것에 관계없이 출발한다고 했으므로, 만약을 대비해서 우산을 가져간다는 2번이 정답이다.

정답 ❷

2番

스크립트 🎧 4-03

女：美人でスポーツ万能だなんてうらやましい限りです。
男：1. 彼女の図々しさには目に余るものがあるんです。
　　2. 完璧すぎて妬む人もいるでしょうね。
　　3. 運動神経だけでも少し分けてください。

해석

여 : 미인인 데다 스포츠 만능이라니 부러울 따름이네요.

남 : 1. 그녀의 뻔뻔함에는 눈에 거슬리는 점이 있어요.
　　 2. 너무 완벽해서 질투하는 사람도 있을 거예요.
　　 3. 운동 신경만이라도 조금 나눠 주세요.

단어

美人 미인 | スポーツ 스포츠 | 万能 만능 | うらやましい 부럽다 | 図々しさ 뻔뻔함 | 目に余る 눈꼴 사납다, 묵과할 수 없다 | 妬む 샘하다, 질투하다 | 運動神経 운동 신경 | 分ける 나누다, 분배하다

해설

어떤 여자에 대해 미인인 데다 스포츠도 만능이라며 부럽다고 말하고 있으므로 대답으로는 너무 완벽해서 질투하는 사람도 있을 것이라고 말한 2번이 적절하다. 「〜限りだ」는 '최고로 〜라고 생각하다, 너무 〜하다'라는 뜻이다. い형용사 기본형, な형용사 연체형에 붙는다. 예를 들면 「残念な限りだ」는 '너무 유감스럽다'는 뜻이다.

정답 ②

3番

스크립트 4-04

男：彼は人前で声が大きくなるきらいがあるね。

女：1. あまり聞こえないわよね。
　　 2. あがり症なのかな。
　　 3. 歌が特別好きなわけじゃないのにね。

해석

남 : 그는 다른 사람 앞에서 목소리가 커지는 경향이 있네.

여 : 1. 잘 안 들리지?
　　 2. 울렁증이 있는 걸까?
　　 3. 노래를 특별히 좋아하는 건 아닌데 말야.

단어

人前 남의 앞 | きらいがある 〜한 경향이 있다, 〜한 혐의가 있다 | あがり症 울렁증

> **스크립트 및 해석** 콕콕 실전문제

> 해설

다른 사람 앞에서 목소리가 커지는 경향이 있는 사람에 대해 이야기하고 있다. 적절한 응답은 울렁증이 있는 것 같다고 대답한 2번이다.「〜きらいがある」는 '〜하는 경향이 있다'라는 뜻이다. 동사의 기본형, 명사+の에 붙는다. 예를 들면「速断のきらいがある」는 '속단하는 경향이 있다'는 뜻이다.

정답 ❷

4番

> 스크립트  4-05

女：すみませんが、ちょっと席を詰めていただけませんか。

男：1. あ、はい、それで行きましょう。
　　2. はい、缶詰の方がいいです。
　　3. すみません。もうぎゅうぎゅう詰めです。

> 해석

여 : 죄송합니다만, 좀 더 자리를 안쪽으로 들어가 주실 수 있겠습니까?

남 : 1. 아, 네, 그것으로 갑시다.
　　2. 네, 통조림 쪽이 좋습니다.
　　3. 죄송합니다. 이미 꽉 찼습니다.

> 단어

席 자리 | 詰める 좁히다 | 缶詰 통조림 | ぎゅうぎゅう詰め 꽉 참

> 해설

「席を詰める」를 직역하면 '자리를 좁히다'가 된다. 즉, 좀 더 안쪽으로 들어가 앉아서 다른 사람이 빈자리에 앉을 수 있도록 해 달라는 뜻이다.「ぎゅうぎゅう詰め」는「ぎゅうぎゅうに詰まっている(꽉 차 있다)」를 명사화한 것이다. 꽉 차 있어서 자리가 없다는 3번이 정답이다.

정답 ❸

5番

スクリプト 4-06

男：こちらは飲み物やカメラの持ち込み禁止区域です。

女：1. それでわざわざ持ち込んだのですね。
　　2. それは不思議なことですね。
　　3. そんな標識、見あたらなかったですよ。

해석

남: 이쪽은 음료수나 카메라 반입 금지 구역입니다.

여: 1. 그래서 일부러 가지고 들어왔군요.
　　2. 그것 참 신기한 일이군요.
　　3. 그런 표지, 안 보였는데요.

단어

持ち込み 반입, 지참 | 禁止区域 금지 구역 | 持ち込む 갖고 들어오다 | 不思議 불가사의함, 이상함 | 標識 표지 | 見あたる 눈에 띄다

해설

카메라와 음료수를 못 가지고 들어간다고 하니 그런 표식을 못 봤다는 3번이 적절한 응답이다.

정답 ③

6番

スクリプト 4-07

男：病気にかこつけて学校をずる休みしたんだ。

女：1. まあ、そんなところで格好つけてるの？
　　2. 風邪がひどくなって大変だったのね。
　　3. また？ばれても知らないわよ。

스크립트 및 해석 | 콕콕 실전문제

해석

남 : 아프다는 핑계로 학교를 땡땡이쳤어.

여 : 1. 어머, 그런 타이밍에 폼 잡고 있는 거야?
　　2. 감기가 심해져서 힘들었구나.
　　3. 또? 들켜도 몰라.

단어

かこつける 핑계하다, 구실 삼다 | ずる休み 꾀부려 쉼 | 格好つける 폼을 잡다 | ばれる 들키다, 발각되다

해설

꾀병을 핑계로 학교를 쉬었다고 하고 있으므로 '또 그랬느냐, 들켜도 모른다'고 대답한 3번이 정답이다. 선택지의 1번은 두 가지 해석이 가능하다. 하나는 '그런 곳(장소)에서 멋을 내고 있느냐?', 다른 하나는 '(멋을 낼 분위기가 아닌데) 그런 시점에 멋을 내고 있느냐?'로 해석할 수 있다.

정답 ❸

7番

스크립트 🎧 4-08

男 : あ! 台所の水を流しっぱなしにしてきたよ、どうしよう。

女 : 1. そんなの関係ないよ。
　　2. 大変な事態に直面する場合があるよ。
　　3. 早く家に戻ったほうがいいよ。

해석

남 : 앗! 부엌의 물을 그냥 틀어놓고 왔어. 어떡하지?

여 : 1. 그런 것 관계없어.
　　2. 힘든 사태에 직면하는 경우가 있어.
　　3. 빨리 집에 돌아가는 편이 좋아.

단어

台所 부엌 | ～っぱなし ~인 채로 놓아둠 | 事態 사태 | 直面 직면 | 戻る 돌아가(오)다

해설

「流しっぱなしにする」는 계속 흐르는 상태로 내버려 둔다는 뜻이다. 집에 물을 틀어놨으니 빨리 집에 돌아가는 편이 좋겠다는 3번이 정답이다.

정답 ❸

8番

스크립트  4-09

女 : 健二君って腕力がありそうね。頼もしいわ。

男 : 1. そんなにおだてるなよ、はずかしい。
　　 2. とんだ目にあったよ。
　　 3. そんなことありえないよ。

해석

여 : 겐지는 완력이 있는 것 같네. 믿음직스러워.
남 : 1. 그렇게 치켜세우지 마. 쑥스럽게.
　　 2. 뜻밖의 변을 당했어.
　　 3. 그런 일은 있을 수 없어.

단어

腕力 완력, 육체적인 힘 | 頼もしい 믿음직하다 | おだてる 치켜세우다 | とんだ目にあう 뜻밖의 변을 당하다 | ありえない 있을 수 없다

해설

여자가 남자가 완력이 있어 보여서 믿음직스럽다고 칭찬하자 너무 치켜세우지 말라고 부끄러워하는 1번이 답이다.

정답 ❶

스크립트 및 해석 | 콕콕 실전문제

9番

스크립트  4-10

女 : もしもし、山中社長に取り次いでもらいたいのですが。

男 : 1. 失礼いたしました。
　　 2. お元気でいらっしゃいますか。
　　 3. 少々、お待ちくださいませ。

해석

여 : 여보세요, 야마나카 사장님께 연결해 주셨으면 하는데요.

남 : 1. 실례했습니다.
　　 2. 잘 지내십니까?
　　 3. 잠시 기다려 주세요.

단어

取り次ぐ (전화의 호출 등을) 본인에게 전하다

해설

「~に取り次ぐ(~에게 전화를 대주다)」는 「~に電話をかわる(~에게 전화를 바꾸다)」와 비슷한 표현이다. 야마나카 사장님을 바꿔 달라고 하자 잠시 기다려 달라고 하는 3번이 정답이다.

정답 ❸

10番

스크립트 4-11

男 : 自分で料理するのってまんざらいやでもないでしょう。

女 : 1. まるっきりダメです。
　　 2. まあ、料理がうまく出来上がった時はそうですね。
　　 3. そういうことはめったにありません。

해석
남 : 자기가 요리하는 게, 꼭 싫은 것은 아니겠죠?
여 : 1. 전혀 못해요.
　　2. 뭐, 요리가 맛있게 완성되었을 때는 그렇죠.
　　3. 그런 일은 거의 없습니다.

단어
まんざら 꼭 ~인 것은 아니다 | まるっきり 전혀 | 出来上がる 다 되다, 완성되다 | めったに 좀처럼, 거의

해설
자기가 요리하는 게 반드시 싫은 일은 아니지 않냐고 물어봤으므로 요리가 잘됐을 때만 그렇다는 2번이 정답이다.
정답 ❷

11番

스크립트 🎧 4-12

女：うちの末っ子の婚約が相整いました。
男：1. それは大変でしたね。
　　2. それは信じられませんね。
　　3. それはそれは。

해석
여 : 저희 집 막내의 약혼이 이루어졌어요.
남 : 1. 그것 참 큰일이었네요.
　　2. 그것은 믿을 수 없네요.
　　3. 정말 축하드립니다.

단어
末っ子 막내 | 婚約 혼약, 약혼 | 相整う 이루어지다, 성립되다 | それはそれは 정말, 매우〈それは를 더욱 강조한 말〉

해설
「相整う」는 「整う(성립되다)」의 격식 차린 말이다. 막내의 약혼이 성립되었다고 하자 「それはそれは」라고 대답한 3번이 정답이다. 「それは」를 두 번 연속해서 말해서 '축하한다, 경사스럽다'는 것을 강조하고 있다.
정답 ❸

스크립트 및 해석 | 콕콕 실전문제

12番

스크립트 🎧 4-13

男：休みも返上して働いたところで何になるんだい。
女：1. そうはいかないわよ。
　　2. そんなことないわよ。
　　3. そんなことありえないわよ。

해석

남：휴일도 반납하면서 일해 봤자 뭐 좋은 일이 있다고.
여：1. 그렇게는 안 돼.
　　2. 그렇지 않아.
　　3. 그런 일 있을 수 없어.

단어

返上 반환 | ～たところで ～해 보았자

해설

휴일을 반납하고 일해 봤자 뭐가 좋냐고 부정적으로 말하고 있으므로 그렇지 않다고 말한 2번이 적절한 대답이다.

정답

13番

스크립트 🎧 4-14

女：理由のいかんに関わらず返品はできません。
男：1. ありがたく存じております。
　　2. そこのところを何とかよろしくお願いします。
　　3. 理由はちゃんと説明します。

해석

여 : 이유 여하에 관계없이 반품은 안 됩니다.

남 : 1. 고맙게 생각하고 있습니다.
   2. 그것을 좀 어떻게든 잘 부탁합니다.
   3. 이유는 제대로 설명하겠습니다.

단어

~いかんに関わらず ~여하에 관계없이 | 返品 반품 | ありがたい 고맙다 | 存じる 생각하다, 여기다 〈思う、考える의 겸사말〉 | ちゃんと 분명하게, 꼼꼼히

해설

이유가 어떻든 반품은 안 된다고 하므로 그걸 어떻게든 부탁한다고 말한 2번이 정답이다.

정답 ❷

14番

스크립트  4-15

男 : 書類の片付けぐらい手際よく出来ないものかね。

女 : 1. 今更、もう遅いですよ。
   2. 申し訳ございません。手をきれいに洗ってまいります。
   3. 申し訳ございません。片付け上手じゃないもので。

해석

남 : 서류 정리 정도 솜씨 좋게 못하나?

여 : 1. 이제 와서 이미 늦었습니다.
   2. 죄송합니다. 손을 깨끗이 씻고 오겠습니다.
   3. 죄송합니다. 정리를 잘 못하거든요.

단어

書類 서류 | 片付け 정리, 정돈 | 手際 솜씨 | 今更 이제 와서, 지금에 와서 | まいる 오다, 가다 〈行く、来る의 겸사말〉

| 스크립트 및 해석 | **콕콕 실전문제**

> **해설**

서류 정리를 잘하라는 말에 대한 응답을 고르는 문제이므로 치우는 걸 잘 못한다고 사죄하고 있는 3번이 정답이다.

정답 ❸

15番

> **스크립트** 🎧 4-16

女：佐藤さんときたら、明日から一週間休暇を取ったんですって。
男：1. 佐藤さん、昨日は出勤したのに。
　　2. 僕も一緒に取りに行きたかったな。
　　3. 仕事に差し支えなければかまわないよ。

> **해석**

여：사토 씨가 내일부터 일주일간 휴가를 냈대.
남：1. 사토 씨, 어제는 출근했는데.
　　2. 나도 함께 받으러 가고 싶었는데.
　　3. 일에 지장이 없다면 상관없어.

> **단어**

～ときたら ～로 말하자면, ～는 | 休暇を取る 휴가를 내다 | 出勤する 출근하다 | 差し支える 지장이 있다

> **해설**

사토 씨가 내일부터 일주일간 휴가를 잡았다고 불평하는 것이므로, 일에 지장만 없으면 상관없다고 답한 3번이 정답이다. 「～ときたら」는 '～로 말할 것 같으면, ～은'이라는 뜻으로 뒤에는 대개 불만을 나타내는 표현이 오며, 회화체이다.

정답 ❸

16番

> 스크립트 🎧 4-17

男: 旅行に行ってインフルエンザにかからないとも限らないよ。

女: 1. じゃあ、今回の旅行は見送りましょうか。
　　2. 医者に行きましょう。
　　3. 旅行に一緒に行きましょうか。

> 해석

남: 여행 가서 인플루엔자에 걸릴지도 몰라.
여: 1. 그럼, 이번 여행은 보류할까요?
　　2. 의사 선생님께 갑시다.
　　3. 여행을 함께 갈까요?

> 단어

インフルエンザにかかる 유행성 감기에 걸리다 | 〜ないとも限らない 〜할지도 모른다 | 見送る 보류하다

> 해설

「〜ないとも限らない」라는 표현을 알고 있으면 풀기 쉽다. 여행 가서 인플루엔자에 걸릴지 모른다고 말하자 이번 여행은 다음으로 미루자고 한 1번이 정답이다.

정답 ①

17番

> 스크립트 🎧 4-18

女: 横から話に割り込まないでください。

男: 1. あの、僕が先に並んでいたんですが。
　　2. すみません。
　　3. 今回は遠慮します。

스크립트 및 해석 콕콕 실전문제

해석

여 : 옆에서 이야기에 끼어들지 마세요.

남 : 1. 저, 제가 먼저 줄 서 있었는데요.
　　 2. 죄송합니다.
　　 3. 이번에는 사양하겠습니다.

단어

横 가로, 옆, 곁 ｜ 割り込む 끼어들다, 말참견하다 ｜ 並ぶ 줄을 서다 ｜ 遠慮 삼감, 사양함

해설

옆에서 이야기하는 데 끼어들지 말라고 하자 죄송하다고 사과한 2번이 정답이다.

정답 ②

18番

스크립트 🎧 4-19

男 : 木村君。この報告書、今日まで出すように言ったはずなんだがね。
女 : 1. 課長が明日までっておっしゃったじゃないですか。
　　 2. 課長が明日までって申し上げられたじゃないですか。
　　 3. その件に関しては課長にわざわざ聞くまでもないです。

해석

남 : 기무라 군. 이 보고서 오늘까지 제출하라고 말했을 텐데.
여 : 1. 과장님이 내일까지라고 말씀하셨잖아요?
　　 2. 과장님이 내일까지라고 말씀드렸잖아요?
　　 3. 그 건에 관해서는 과장님한테 일부러 물어볼 필요도 없어요.

단어

報告書 보고서 ｜ 出す 제출하다 ｜ 申し上げる 말씀드리다, 여쭙다 ｜ わざわざ 일부러 ｜ 聞く 묻다, 듣다

> 해설

과장이 보고서를 오늘까지 내라고 했다고 하자 부하 직원이 과장님이 내일까지 내라고 하셨다고 말한 1번이 가장 어울리는 대답이다.「おっしゃる(말씀하시다)」는 「言う」의 높임말이며 「言われる」로 대체해도 된다. 2번의 「申し上げる」는 겸양어로 윗사람에게 '말씀드리다, 아뢰다, 여쭙다'라는 뜻이다.「申しあげる」에 높임말인「られる」를 붙여서「申し上げられる」로 만들었다 하더라도, '과장님이 말씀하셨다'는 존경 표현이 될 수 없다.「申し上げられる」는「申し上げる」에 가능의「られる」를 붙여서「そのことについては何も申し上げられることはございません(그 일에 관해서는 아무것도 드릴 수 있는 말이 없습니다)」와 같은 형태로 많이 쓰인다.

정답 ❶

19番

> 스크립트  4-20

女：さすが数学の先生だけあって、こんな問題、物ともしないわね。

男：1. 物事には順番というものがあるんだ。
　　2. そんなにおだてないでくれよ。
　　3. 失礼なこと言うなよ。

> 해석

여：과연 수학 선생님인 만큼 이런 문제, 까딱도 안 하네.

남：1. 일에는 순서라는 것이 있어.
　　2. 그렇게 치켜세우지 말아줘.
　　3. 실례되는 말 하지 마.

> 단어

さすが 과연 ｜ ～だけあって ～인 만큼 ｜ 物ともしない 문제시하지 않다, 까딱도 하지 않다 ｜ 物事 세상사, 매사 ｜ 順番 순서, 차례 ｜ おだてる 치켜세우다

> 해설

역시 수학 선생님이라서 어려운 문제를 봐도 전혀 동요하지 않는다고 하자 너무 치켜세우지 말라고 말하는 2번이 가장 적절한 대답이다.

정답 ❷

스크립트 및 해석 | 콕콕 실전문제

20番

스크립트 🎧 4-21

男：会議でさ、話の途中で意見の行き違いがあってはらはらしたよ。

女：1. そんなのあり得ないわよ。
　　2. でも、無事終わってよかったわね。
　　3. 器用だこと。

해석

남 : 회의에서 말이야, 이야기 도중에 의견이 안 맞아서 조마조마했어.

여 : 1. 그런 것 있을 수 없어.
　　2. 하지만, 무사히 끝나서 다행이야.
　　3. 요령 있네.

단어

途中 도중 | 行き違い 일치하지 않음, 뜻이 잘 통하지 않아 착오가 생김 | はらはら 조마조마 | 無事 무사함 | 器用 요령이 좋음

해설

회의 중에 의견이 엇갈려서 좀 긴장했다고 하므로 그래도 무사히 끝나서 다행이라고 말하고 있는 2번이 응답으로 가장 적절하다.

정답 ❷

21番

스크립트 🎧 4-22

女：先生。このかばん、私が研究室までお持ちしましょうか。

男：1. すまないね。部屋のかぎ渡してきて。
　　2. 今更頼んでもしょうがないよ。
　　3. そうだな。後でお願いするよ。

> 해석

여 : 선생님. 이 가방, 제가 연구실까지 들어다 드릴까요?
남 : 1. 미안하네. 방(연구실) 열쇠 좀 건네주고 오게.
　　2. 이제 와서 부탁해도 어쩔 수 없어.
　　3. 그래. 나중에 부탁할게.

> 단어

お持ちする 들어 드리다 | すまない 미안하다 | かぎ 열쇠 | 渡す 건네주다, 넘겨주다 | 今更 이제 와서 | 頼む 부탁하다 | しょうがない 어쩔 수 없다 | 後で 나중에

> 해설

선생님 가방을 연구실까지 들어다 주겠다고 말하는 상황이므로 나중에 부탁한다는 3번이 정답이다. 「お持ちする」는 「お＋ます형＋する」의 문형을 사용한 겸양어이다. 그 밖에 '들어 드릴까요?'라는 겸양 표현으로는 「お持ちいたしましょうか」「お届けいたしましょうか」「持参いたしましょうか」「持ってまいりましょうか」 등이 있다.

정답 ③

22番

> 스크립트  4-23

男：その話は別の機会にしましょう。
女：1. 話をそらさないでください。
　　2. 結構そういうことが起こるんですよ。
　　3. 一体何をさせればいいんですか。

> 해석

남 : 그 이야기는 다른 기회에 합시다.
여 : 1. 이야기를 딴 데로 돌리지 말아 주세요.
　　2. 꽤 그런 일이 일어난답니다.
　　3. 도대체 무엇을 시키면 되는 겁니까?

> **단어**

別 다름 | そらす (딴 데로) 돌리다 | 結構 꽤, 상당히 | 起こる 일어나다 | 一体 도대체

> **해설**

그 이야기는 다른 기회에 하자고 하므로 화제를 딴 데로 돌리지 말라고 한 1번이 정답이다.

정답 ❶

23番

> **스크립트** 4-24

女 : この映画は涙なくしては見られないですね。

男 : 1. ハンカチをなくしてしまわれたんですか。
　　 2. どこでなくされたんですか。
　　 3. 本当に心を打つ名作ですよ。

> **해석**

여 : 이 영화는 눈물 없이는 볼 수 없네요.

남 : 1. 손수건을 잃어버리셨습니까?
　　 2. 어디에서 잃어버리셨습니까?
　　 3. 정말로 마음을 울리는 명작입니다.

> **단어**

~なくしては ~없이는 | ハンカチ 손수건 | なくす 분실하다, 잃어버리다 | 心を打つ 심금을 울리다

> **해설**

이 영화는 눈물 없이는 못 본다고 말하자 정말로 가슴을 울리는 감동적인 명작이라고 대답하고 있는 3번이 정답이다.

정답 ❸

24番

> スクリプト  4-25

男 : まったく習ったそばから忘れてしまって困っちゃうよ。
女 : 1. まだ青二才ね。
　　 2. そろそろそんな年よね。
　　 3. あんまりうろちょろしないで。

해석

남 : 정말이지 배우면 바로 잊어버려서 곤란해.
여 : 1. 아직 풋내기네.
　　 2. 슬슬 그럴 나이야.
　　 3. 너무 촐랑대고 다니지 마.

단어

まったく 정말로, 참으로 | ～たそばから ～하자마자, ～하는 족족 | 青二才 풋내기 | 年 나이 | うろちょろ 졸랑졸랑 돌아다니는 모양, 눈앞에서 어른거리는 모양

해설

배우자마자 금세 잊어버린다고 곤란해하자, 슬슬 그럴 나이라고 위로하는 2번이 정답이다. 「～そばから」는 '～하기가 무섭게, ～하는 족족'이라는 뜻으로, '(아무리) ～하고 ～해도 곧 뒷일이 생긴다'는 의미이다. 동사의 기본형, 과거형, 간혹 ている형에 접속한다. 예를 들면, 「あの人は天才だよ。あんな難しい踊りを見ているそばから覚えてしまうんだ。(저 사람은 천재야, 저렇게 어려운 춤을 보는 족족 외워 버린다니까.)」라는 형태로 쓰이는데, 어려운 춤이 계속 나오고 또 나와도 그 즉시 외워 버린다는 뜻이다. 주의해야 할 것은 '집에 돌아오기 무섭게 금방 나갔다'는 뜻으로 「家に帰ったそばから、すぐでかけてしまった」라는 문장은 사용할 수 없다는 점이다. '집에 돌아오기가 무섭게'는 「家に帰るやいなや」라는 문형을 사용하면 되겠다.

정답 ❷

스크립트 및 해석 콕콕 실전문제

25番

스크립트 🎧 4-26

女:一度お会いしたかったのですが、今回も会えずじまいでしたね。
男:1. でも、お目にかかれて光栄でした。
   2. すみません、分からずじまいで。
   3. 入れ違いになるなんて残念でした。

해석

여 : 한 번 뵙고 싶었는데요, 이번에도 결국 못 만났네요.
남 : 1. 하지만 만나 뵐 수 있어서 영광이었습니다.
   2. 죄송합니다, 모르고 끝나서.
   3. 서로 엇갈리다니 안타깝네요.

단어

お会いする 만나 뵙다 | ~ずじまい ~하지 않고 끝남 | お目にかかれる 뵙게 되다 | 光栄だ 영광이다 | 入れ違い 엇갈림

해설

한번 만나고 싶었는데 이번에도 못 만났다고 안타까워하는 상황이므로 서로 엇갈려서 못 만났다고 유감스러워하는 3번이 정답이다. 「~ずじまい」는 '~하지 않고 끝남, ~할 수 없음'의 뜻으로 동사의 부정형에 붙으며, 후회, 유감, 실망 등을 나타낸다. 예를 들면, 「彼女の行方はわからずじまいだ(그녀의 행방은 알 수 없다)」라고 쓸 수 있다.

정답 ❸

26番

> スクリプト  4-27

男：金メダルの選手にしてはもの足りない出来でしたね。

女：1. 少しおしかったですね。
　　2. まあ、見事な結果が出ましたね。
　　3. 選手の笑顔が素敵でしたね。

> 해석

남 : 금메달 선수치고는 뭔가 부족한 결과였네요.

여 : 1. 좀 아쉬웠네요.
　　2. 어머, 훌륭한 결과가 나왔네요.
　　3. 선수의 미소가 멋졌네요.

> 단어

~にしては ~치고는 | もの足りない 뭔가 부족하다 | 出来 성적, 결과 | おしい 아깝다, 아쉽다 | 見事 훌륭함, 완벽함 | 笑顔 웃는 얼굴

> 해설

금메달 선수로서는 좀 부족한 성과였다고 말하고 있으므로 조금 아쉽다고 대답한 1번이 정답이다.

정답 ❶

27番

> スクリプト  4-28

女：結婚どころか、恋愛相手もまだ見つからないようですね。

男：1. それは当然の結論です。
　　2. お見合いを勧めてみたらどうですか。
　　3. 結婚相手に振られたんですか。

> 해석

여 : 결혼은커녕 연애 상대도 아직 못 찾은 것 같네요.
남 : 1. 그것은 당연한 결론입니다.
　　2. 중매를 권해 보는 것은 어떻습니까?
　　3. 결혼 상대에게 퇴짜 맞은 겁니까?

> 단어

～どころか ～은커녕 | 相手(あいて) 상대 | 見(み)つかる 찾게 되다 | お見合(みあ)い 맞선, 중매 | 勧(すす)める 권하다 | 振(ふ)られる 퇴짜 맞다, 차이다

> 해설

결혼은커녕 연애 상대도 아직 못 찾은 것 같다고 말하고 있으므로 중매를 권해 보는 것은 어떠냐고 말하고 있는 2번이 정답이다.

정답 ❷

28番

> 스크립트  4-29

男 : 辻(つじ)さんは会社(かいしゃ)が終(お)わるや否(いな)や家(いえ)に帰(かえ)ってしまって、声(こえ)を掛(か)けられませんでした。

女 : 1. いつものことですよ。
　　2. さっそうとした彼(かれ)の姿(すがた)がもどってうれしいですね。
　　3. 研究熱心(けんきゅうねっしん)なのはいいことです。

> 해석

남 : 쓰지 씨는 회사가 끝나자마자 집에 돌아가 버려서 말을 걸 수 없었습니다.
여 : 1. 항상 그래요.
　　2. 씩씩한 그의 모습이 돌아와서 기쁘네요.
　　3. 연구를 열심히 하는 것은 좋은 일입니다.

> 단어

～や否(いな)や ～하자마자 | 声(こえ)を掛(か)ける 말을 걸다 | さっそう 씩씩하고 시원스러움 | 姿(すがた) 모습 | 研究(けんきゅう) 연구 | 熱心(ねっしん) 열심임

해설

쓰지라는 사람이 회사가 끝나자마자 집에 돌아가 버려서 말을 못 걸었다고 하므로 쓰지라는 사람은 언제나 그렇다고 대답한 1번이 정답이다.

정답 ①

29番

스크립트  4-30

女 : 買い物は人がいない時にするに越したことはないですね。

男 : 1. どろぼうが入ったらどうするんですか。
　　 2. 散歩がてらよく行きます。
　　 3. エレベーターを待つ時間も短くなりますよね。

해석

여 : 쇼핑은 사람이 없을 때 하는 것이 최고네요.

남 : 1. 도둑이 들면 어떻게 합니까?
　　 2. 산책할 겸 자주 갑니다.
　　 3. 엘리베이터를 기다리는 시간도 짧아지죠?

단어

～に越したことはない ~보다 나은 것은 없다, ~가 제일이다 | どろぼう 도둑 | 散歩 산책 | ～がてら ~할 겸

해설

쇼핑은 사람이 없을 때 하는 게 제일이라고 하자 엘리베이터를 기다리는 시간도 짧아진다고 맞장구 치고 있는 3번이 정답이다.

정답 ❸

5 | 문제 5 | 종합 이해 공략하기

문제 유형 분석

긴 텍스트를 듣고 복수의 정보를 비교·통합하면서 내용을 이해할 수 있는지를 묻는다. 텍스트는 3인 이상의 대화나 두 종류의 텍스트가 나오므로 정보를 통합하는 고도의 능력을 필요로 한다. 문제는 선택지가 인쇄되어 있는 것과 인쇄되어 있지 않은 두 가지의 형태이다. 예상 문제 수는 3문제이며, 약 9분의 시간이 소요될 것으로 예상된다.

문제 풀이 비법

1. 문제의 흐름은 1, 2번은 「상황 설명문 듣기 ➡ 긴 텍스트 듣기 ➡ 질문문 듣기 ➡ 선택지 고르기(선택지는 음성으로만 들려줌)」, 3번은 「상황 설명문 듣기 ➡ 긴 텍스트 듣기 ➡ 질문1 질문문 듣기 ➡ 질문1 선택지 고르기(선택지는 인쇄되어 있음) ➡ 질문2 질문문 듣기 ➡ 질문2 선택지 고르기(선택지는 인쇄되어 있음)」의 순서로 진행된다.

2. 내용이 길기 때문에 문제를 풀면서 중요한 숫자나 단어를 메모하는 것이 중요하다.

3. 추상적인 내용은 나오지 않지만 대화 속에서 여러 정보를 얻어야 하기 때문에 다른 문제 유형에 비해 난해할 수 있다. 하지만 점수 배점이 높을 수 있으므로 집중해서 듣도록 한다.

4. 긴 문장을 빨리 이해할 수 있는 힘과 대화 속에서 사람들이 어느 것을 선택할 것인지를 파악하는 상황 판단력이 필요하다. 평소에 긴 문장을 요약하는 연습과 문장 속 주된 내용을 재빨리 이해할 수 있는 연습을 하는 것이 도움이 되겠다.

예제

問題 5

問題5では長めの話を聞きます。この問題には練習はありません。メモをとってもかまいません。

例 1 🎧 5-01

問題用紙に何も印刷されていません。まず話を聞いてください。それから、質問とせんたくしを聞いて、1から4の中から、最もよいものを一つ選んでください。

－メモ－

例2 🎧 5-02

まず話を聞いてください。それから、二つの質問を聞いて、それぞれ問題用紙の1から4の中から、最もよいものを一つ選んでください。

質問1

1 金色のペンダント
2 黄色のペンダント
3 銀色のペンダント
4 黒色のペンダント

質問2

1 緑色のブレスレット
2 緑色のペンダント
3 青色のペンダント
4 青色のブレスレット

스크립트 및 해석 예제

例1

스크립트  5-01

大学の就職カウンセラーが学生たちにワーキングプアについて話しています。

女1：ワーキングプアというのは働けど働けど、一向に生活が良くならず生活保護水準以下の暮らしを続けている状態や人のことを言います。主に、フリーターなどに代表されるアルバイト、パート、さらには契約社員といった人々です。では、ワーキングプアから脱却するには「転職」をすればよいのでしょうか。先ほども説明したように、ワーキングプアはパート、アルバイトの非正規雇用などである場合が多いと考えられます。彼らは休暇、福利厚生の諸条件が悪く、賃金が生活ギリギリなので、転職のために必要なスキルを磨くお金も時間もない、というわけなのです。しかし、生きるためには働き続けなくてはなりません。生活するためだけに働き続け、そこから抜け出すことができない、という悪循環を繰り返しているのです。

女2：うーん、一度ワーキングプア状態に入ってしまうと、なかなか抜け出せないようね。

男　：だから、正社員として就職できれば何も問題ないんだけどね。不景気だと会社側も正社員よりは低コストで済むアルバイトや契約社員を雇おうとするからね。

女2：そうね。仮に景気が回復しても、人件費を削って得をした会社側がそう簡単に正社員を雇おうとしないでしょうね。

男　：だから、ワーキングプア状態の人たちが減らないんだよな。

カウンセラーと男女の学生はワーキングプアのどのような面について話していますか。

1. ワーキングプアの活用
2. ワーキングプアと付き合う方法
3. ワーキングプアという落とし穴
4. ワーキングプアのメリット

해석

대학교의 취직 카운셀러가 학생들에게 워킹푸어에 대해서 이야기하고 있습니다.

여 1 : 워킹푸어라는 것은 일하고 또 일해도 생활이 조금도 나아지지 않고 생활 보호 수준 이하의 생활을 계속하고 있는 상태나 사람을 말합니다. 주로 프리터 등으로 대표되는 아르바이트, 시간제 근무, 거기에 계약직 사원과 같은 사람들입니다. 그러면 워킹푸어에서 벗어나려면 '전직'을 하면 되는 걸까요? 조금 전에도 설명했듯이 워킹푸어는 시간제 근무, 아르바이트의 비정규 고용 등인 경우가 많다고 생각됩니다. 그들은 휴가, 복리후생의 여러 조건이 나쁘고, 임금이 생활에 빠듯하기 때문에 전직을 위해서 필요한 기술을 연마할 돈도 시간도 없다는 것입니다. 그러나 살아가기 위해서는 일을 계속하지 않으면 안 됩니다. 생활만을 위해서 일을 계속해서 그곳에서 빠져나올 수 없다는 악순환을 되풀이하고 있는 것입니다.

스크립트 및 해석 예제

여 2 : 음, 한번 워킹푸어 상태에 빠져 버리면 좀처럼 빠져나올 수 없는 것 같아.
남 　: 그러니까 정사원으로 취직할 수 있으면 아무 문제도 없겠지만 말이야. 불경기면 회사 측도 정사원보다는 저임금이면 되는 아르바이트나 계약직 사원을 고용하려고 하니까.
여 2 : 그렇지. 가령 경기가 회복되더라도 인건비를 삭감해서 득을 본 회사 측이 그렇게 간단히 정사원을 고용하려고 하지 않겠지.
남 　: 그러니까 워킹푸어 상태의 사람들이 줄지 않는 거야.

카운셀러와 남녀 학생은 워킹푸어의 어떤 면에 대해서 이야기하고 있습니까?

1. 워킹푸어의 활용
2. 워킹푸어와 사귀는 방법
3. 워킹푸어라는 함정
4. 워킹푸어의 장점

정답 ❸

例 2

스크립트 5-02

アクセサリー店の店員が説明をしています。

女 1 : アクセサリー選びのポイントは、自分のイメージに合った色を選ぶことです。つまり、流行に合わせたものを選ぶのではなく、自分の個性を際立たせてくれる自分色のアクセサリーを見つけ出すということです。まず、自分の肌の色や髪の毛の色に合った原石を使うことをお勧めします。原石の自然らしさを加えると、自分の個性をさり気なく表現することが出来てより効果的といえます。顔のイメージは四つのタイプに分けて説明することが出来ます。キュートなイメージの春タイプの方はイエローやオレンジなどの原石をお選びください。落ち着いた感じの秋タイプの方はイエローやゴールドベースの色が良くお似合いです。白っぽくソフトな感じの夏タイプの方はスカイブルー系をお勧めします。華やかで存在感がある冬タイプの方は、真紅やエメラルドグリーンなどのはっきりした色をお選びください。

女 2 : ねえ。私は何系なのかな。
男 　: 美香は顔がかわいいから春系のタイプだと思うんだけど。
女 2 : そう？　じゃあ、この色のペンダントにしよう。
男 　: 僕は彼女にプレゼントしようと思ってるんだけどさ。彼女は色白なんだ。このブレスレットを選んでみたんだけど、どうかな。
女 2 : 色白の彼女なら、店員の言うとおりそれがぴったりよ。
男 　: じゃあ、これにしよう。

質問1 女の人は何色のペンダントを買うつもりですか。
1. 金色のペンダント
2. 黄色のペンダント
3. 銀色のペンダント
4. 黒色のペンダント

質問2 男の人は何を買うつもりですか。
1. 緑色のブレスレット
2. 緑色のペンダント
3. 青色のペンダント
4. 青色のブレスレット

> 해석

액세서리 가게의 점원이 설명을 하고 있습니다.

여 1 : 액세서리를 고르는 포인트는 자기 이미지에 맞는 색을 고르는 것입니다. 즉, 유행에 맞춘 것을 고르는 게 아니라 자신의 개성을 돋보이게 해 주는 자기색의 액세서리를 찾아내는 것을 말합니다. 우선, 자신의 피부색이나 머리색에 맞는 원석을 사용할 것을 권합니다. 원석의 자연스러움을 더하면 자신의 개성을 자연스럽게 표현할 수 있어서 보다 효과적이라고 할 수 있습니다. 얼굴의 이미지는 4가지 타입으로 나눠서 설명할 수 있습니다. 귀여운 이미지의 봄 타입인 분은 노란색이나 오렌지색 등의 원석을 고르세요. 차분한 느낌의 가을 타입인 분은 노란색이나 금색 베이스의 색이 잘 어울립니다. 하얗고 부드러운 느낌의 여름 타입인 분은 하늘색 계통을 추천합니다. 화려하고 존재감이 있는 겨울 타입인 분은 진홍색이나 에메랄드그린 등의 또렷한 색을 골라 주세요.

여 2 : 저기, 나는 어떤 계통일까?
남　 : 미카는 얼굴이 귀여우니까 봄 타입이라고 생각하는데.
여 2 : 그래? 그럼, 이 색 팬던트로 해야겠다.
남　 : 나는 여자친구에게 선물하려고 하는데. 여자친구는 피부가 하얘. 이 팔찌를 골라 봤는데 어떨까?
여 2 : 피부가 하얗다면 점원이 말한 대로 그게 딱이네.
남　 : 그럼, 이걸로 해야겠다.

질문1 여자는 무슨 색의 펜던트를 살 생각입니까?

1. 금색 펜던트
2. 노란색 펜던트
3. 은색 펜던트
4. 검정색 펜던트

질문2 남자는 무엇을 살 생각입니까?

1. 녹색 팔찌
2. 녹색 펜던트
3. 파란색 펜던트
4. 파란색 팔찌

정답 질문1 ❷
　　 질문2 ❹

콕콕 실전문제 　　　　　　　　　　　　　　　　/ 9

問題 5

問題5では長めの話を聞きます。この問題には練習はありません。メモをとってもかまいません。

1番～4番 🎧 5-03~06

問題用紙に何も印刷されていません。まず話を聞いてください。それから、質問とせんたくしを聞いて、1から4の中から、最もよいものを一つ選んでください。

― メモ ―

5番～9番

まず話を聞いてください。それから、二つの質問を聞いて、それぞれ問題用紙の1から4の中から、最もよいものを一つ選んでください。

5番 🎧 5-07

質問1
1. 日本製
2. 台湾製
3. 中国製
4. 韓国製

質問2
1. 日本製
2. 台湾製
3. 中国製
4. 韓国製

6番 🎧 5-08

質問1
1 秋の遠征試合
2 夏の遠征試合
3 夏の地元での試合
4 秋の地元での試合

質問2
1 大阪でホームランを打った試合
2 東京でホームランを打った試合
3 大阪でホームランを打たれた試合
4 東京でホームランを打たれた試合

7番 🎧 5-09

質問1
1. 保証金の導入
2. サポート企業の広告
3. 連絡先の記入
4. サービスの廃止

質問2
1. 保証金の導入
2. サポート企業の広告
3. 連絡先の記入
4. サービスの廃止

8番 🎧 5-10

質問1

1 男の人は2階、女の人は3階
2 二人とも3階
3 男の人は1階、女の人は3階
4 男の人は2階、女の人は4階

質問2

1 展示会場
2 ロボット実演場
3 宇宙の疑似体験場
4 科学実験室

9番 🎧 5-11

質問1
1 腕自慢大会
2 スピーチコンテスト
3 歌の大会
4 大声自慢大会

質問2
1 来日して4年以上である上に年齢が応募条件に合っていないから
2 来日して4年以内であるが、年齢が応募条件に合っていないから
3 来日して4年以上であるにも関わらず、年齢が応募条件に合っているから
4 来日して4年以内である以上、年齢が応募条件に合うかどうかは関係ないから

스크립트 및 해석 콕콕 실전문제

1番

스크립트 5-03

田舎の居住環境の改善に関する集まりで、住民を代表して女の人が話しています。

女1：では、病院の建設に対する意見を申し上げたいと思います。一次投票の結果は反対数が多く建設計画は二次投票の結果が出るまで保留となりました。個人的には本当に腹立たしい結果であると思います。村の道路や施設の建設工事に反対している人々はみんな都会から遊びに来ているよそ者なんです。そういう人たちは、週末だけきて、ああ自然は最高だからいつまでもこれを残しておいてほしいといって、そこに住んでいる人間の暮らしが便利になるようなことは環境破壊だと言って反対しているんです。従って、二次投票からは、外部の人を除いて村に居住している人々に限って投票権を与えることにしました。次の投票は来週行われますのでそれまで証明できる書類を準備なさってください。

女2：近くの病院まで車で行っても相当時間かかるもんね。子供が夜中に高熱でも出したら大変よ。私たちも次は投票しましょう。

男　：でも、うちは先週引っ越してきたばかりだから証明できるものに何があるのかわからないな。僕の会社はここじゃないしな。

女2：子供が村の学校に通ってるからいいんじゃない？

男　：そうか。じゃあ、担任の先生に言って書類を作ってもらおうか。

女2：そうね。先生の方には私が連絡するわね。

二人は何の書類を準備しますか。

1. 移住証明書
2. 男の人の在籍証明書
3. 子供の在学証明書
4. 子供の通院証明書

해석

시골의 거주 환경 개선에 관한 모임에서 주민을 대표해서 여자가 이야기하고 있습니다.

여1：그러면, 병원 건설에 대한 의견을 말씀드리겠습니다. 1차 투표 결과는 반대 수가 많아, 건설 계획은 2차 투표 결과가 나올 때까지 보류되었습니다. 개인적으로는 정말로 화가 나는 결과라고 생각합니다. 마을의 도로나 시설의 건설공사에 반대하고 있는 사람들은 모두 도시에서 놀러 오는 타지 사람입니다. 그런 사람들은 주말에만 와서 아~ 자연은 최고니까 언제까지나 이걸 남겨 두면 좋겠다고 하고, 거기에 살고 있는 사람의 생활이 편리해지는 것은 환경 파괴라고 하며 반대하고 있습니다. 따라서, 2차 투표부터는 외부 사람을 제외하고 마을에 거주하고 있는 사람들에 한해서 투표권을 부여하기로 했습니다. 다음 투표는 다음 주에 실시되므로 그때까지 증명할 수 있는 서류를 준비해 주십시오.

여 2 : 근처 병원까지 차로 가도 상당한 시간이 걸리잖아. 아이가 한밤중에 고열이라도 나면 큰일이야. 우리도 다음에는 투표하자.
남 : 하지만 우리는 지난주에 막 이사와서 증명할 수 있는 것에 뭐가 있는지 모르잖아. 우리 회사는 여기도 아니고.
여 2 : 아이가 마을에 있는 학교에 다니고 있으니까 괜찮지 않아?
남 : 그렇구나. 그럼 담임 선생님께 말해서 서류를 만들어 달라고 할까?
여 2 : 그래. 선생님께는 내가 연락할게.

두 사람은 무슨 서류를 준비합니까?
1. 이주증명서
2. 남자의 재적증명서
3. 아이의 재학증명서
4. 아이의 통원증명서

단어

居住環境 거주 환경 | 改善 개선 | 集まり 모임 | 投票 투표 | 反対 반대 | 保留 보류 | 腹立たしい 화가 나다 | 施設 시설 | よそ者 타지 사람 | 暮らし 생활, 살림 | 破壊 파괴 | 従って 따라서, 그러므로 | 除く 제외하다, 빼다 | 居住する 거주하다 | ～に限って ～에 한해서 | 与える 주다, 부여하다 | 相当 꽤, 제법 | 夜中 한밤중 | ～たばかり ~한 지 얼마 안 되는, 막 ~함 | 通う 다니다 | 担任 담임 | 移住 이주 | 在籍 재적 | 在学 재학 | 通院 통원

해설

여자1은 마을에 병원을 세우는 계획이 외부인들의 반대로 인해 무산된 것에 대해서 화가 나 있다. 따라서 2차 투표에는 외부인은 투표에 참여하지 못하도록 하고 있다. 여기서 포인트는 여자1의 이야기 중 후반부에 나오는 2차 투표에 참여하기 위해서는 시골에 거주하고 있다는 증명 서류가 필요하다는 부분이다. 여자1의 이야기를 듣고 남자는 마을 거주자인 것을 증명할 수 있는 서류가 없다고 하자, 여자2는 아이가 마을 학교에 다니고 있으니까 괜찮다고 한다. 따라서 두 사람이 준비할 수 있는 서류는 3번이다.

정답 ❸

| スクリプト 및 해석 | 콕콕 실전문제 |

2番

スクリプト 🎧 5-04

女の人がテレビで出産お祝い金について話しています。

女1：出産祝いとして、いったい何を贈ったらいいか悩んでしまいますね。やっぱり一番いいのは、お金か商品券だと思います。いつか絶対に使ってもらえるからです。お祝い金の相場は大体5,000円から10,000円ぐらいですね。この金額をオーバーしてしまうと、ものすごく気を使わせてしまう恐れがあります。だから、封筒にお金を入れるときはよく考えてからにしてください。それから、お祝いを渡しに行くのはいつがいいのでしょうか。産んで間もない時だと、休養を取っているはずですので、しばらくしてから行った方がいいですね。

男　：なるほど。今相場がそうなっているのか。おい、お祝い金はどうする？僕は相場の中間ぐらいを考えているんだけど。

女2：そうね。それよりはもうちょっと出してもいいんじゃない？

男　：そうかい？じゃあ、三桁目をくりあげた金額でいいかな。

女2：いいわよ。決まりね。

男　：じゃあ、いつ渡しに行けばいいのかな。

女2：そうね。5月3日に病院から退院するから、その三日後がいいわね。でもその日は仕事で遅いんだよね。じゃあ、その次の日ならいいわよね。

男　：そうだな。

出産お祝い金と渡しに行く日はそれぞれどうなりますか。

1. 7,500円、5月6日
2. 8,500円、5月6日
3. 8,000円、5月7日
4. 7,500円、5月7日

해석

여자가 텔레비전에서 출산 축하금에 대해서 이야기하고 있습니다.

여1 : 출산 선물로 도대체 무엇을 보내면 좋을지 고민에 빠져 버리네요. 역시 가장 좋은 것은 돈이나 상품권이라고 생각합니다. 언젠가는 꼭 사용할 것이기 때문입니다. 축하금의 시세는 대략 5천 엔부터 만 엔 정도죠. 이 금액을 초과해 버리면 (상대방을) 굉장히 신경 쓰게 만들 우려가 있습니다. 따라서 봉투에 돈을 넣을 때는 잘 생각하고 넣어 주세요. 그런 다음 축하금을 건네주러 가는 것은 언제가 좋을까요? 출산한 지 얼마 안 됐을 때는 쉬면서 몸을 추스리고 있을 테니 시간이 지나고 나서 가는 것이 좋겠네요.

남 : 그렇구나. 지금 시세가 그렇게 되어 있구나. 저기 축하금은 어떻게 하지? 나는 시세의 중간 정도를 생각하고 있는데.
여 2 : 글쎄. 그것보다는 좀 더 내도 되지 않을까?
남 : 그런가? 그럼, 세 자리 수를 반올림한 금액이면 될까?
여 2 : 좋아. 결정.
남 : 그럼, 언제 건네주러 가면 될까?
여 2 : 글쎄. 5월 3일에 병원에서 퇴원하니까 그 3일 후가 좋겠다. 하지만 그날은 일 때문에 늦는다고 했지. 그럼, 그 다음날이면 괜찮겠지?
남 : 그래.

출산 축하금과 건네주러 가는 날짜는 각각 어떻게 됩니까?

1. 7,500엔, 5월 6일
2. 8,500엔, 5월 6일
3. 8,000엔, 5월 7일
4. 7,500엔, 5월 7일

단어

出産祝い 출산 선물 | 贈る 주다 | 商品券 상품권 | 絶対に 절대로, 꼭 | 相場 시가, 시세 | 金額 금액 | ～恐れがある ～할 우려가 있다 | 封筒 봉투 | 渡す 건네다 | 産む 낳다, 출산하다 | ～て間もない ～한 지 얼마 안 되다 | 休養を取る 휴양을 취하다 | 三桁 세 자리 수 | くりあげる 위로 올리다

해설

여자가 텔레비전에서 출산 축하금의 통상적인 액수 등에 대해서 이야기하고 있다. 남자는 처음엔 시세의 중간인 7,500엔 정도를 생각하고 있었는데 조금 더 내자는 여자의 의견에 따라 세 자리 수를 반올림한 금액 즉, 8,000엔으로 결정한 것을 알 수 있다. 그리고 건네주러 가는 날짜는 퇴원일인 5월 3일의 3일 후는 일이 늦게 끝나서 그 다음 날로 정했으므로 5월 3일의 4일 후인 5월 7일이 답이다. 따라서 정답은 3번이다.

정답 ❸

3番

스크립트 5-05

会社で女の先輩と男の後輩が話しています。

男：先輩。同窓会におすすめのレストランってご存じですか。僕が今回の幹事を任されたんですけど、なかなかいい場所が見つからなくて焦っているんです。今回は参加者が多くて場所探しとメニュー選びが大変で困ってます。

女：そうね。どんなメニューがいいかしら。

男：アンケートを取ってみたところ、食事は麺類よりもご飯類、デザートはあまり甘くないほうがいいっていう意見が多かったですね。

女：そう言えば表参道に新しくできたグルメスポットがあるけど、どうかしら？「サンセット」っていう広い店内が自慢のイタリアンレストランよ。看板メニューはスパゲッティだけどリゾットも捨てがたいわ。デザートのチーズケーキを旬の果物と一緒に出してくれるのがよかったわね。

男：わあ。僕好みのレストランですね。

女：それから「ジューシーバーガー」っていうハンバーガーショップはどう？ パンの中にボリュームたっぷりのお肉が入っているの。サイドディッシュとしてスパゲッティかオムライスを選ぶこともできるのよ。店内は比較的小さいけど、外のお庭まで使えばスペースは十分よ。デザートの手作りアイスクリームは甘さ控えめで、レモンの酸っぱさに人気があるわ。それとホテル出身のシェフが開いたフュージョン和食レストランの「ひよこ」も評判いいわよ。デザートの柿のシャーベットも独創的で砂糖不使用だけど、すごくおいしいの。席は全部座敷なのよ。

男：へえー。和食もいいですね。他にもありますか。

女：あと、「ヤムチャ」っていう中華料理店は餃子が食べ放題で、チャーハンと焼きそばが評判がいいよ。デザートは杏仁豆腐と果物で平凡なメニューだけど。店内も広いし同窓会に一番適してる場所だと思うわ。

男：中華料理は条件にぴったりなんですけどね、去年と同じメニューなんでちょっと。それからゲームのイベントがあるので靴を履いて動き回りやすい所がいいですね。それと、メニューはみんなすばらしいですが、どうせならメイン料理がおいしい所がいいです。で、アンケートの結果に基づいて選んでみると……決めました！ そこだとなんとか全員入りそうですしね。じゃあ、予約の電話を入れます。

男の後輩はどの店に電話をしますか。

1. イタリアンレストラン「サンセット」
2. ハンバーガーショップ「ジューシーバーガー」
3. フュージョン和食レストラン「ひよこ」
4. 中華料理店「ヤムチャ」

해석

회사에서 여자 선배와 남자 후배가 이야기하고 있습니다.

남 : 선배님. 동창회에 추천할 만한 레스토랑 아세요? 제가 이번에 총무를 맡았는데요, 좀처럼 좋은 장소를 못 찾아서 애가 타고 있거든요. 이번에는 참가자가 많아서 장소 물색과 메뉴 선택이 힘들어서 곤란해요.

여 : 글쎄. 어떤 메뉴가 좋을까.

남 : 앙케트를 실시했더니 식사는 면류보다도 밥류가 좋고, 디저트는 별로 달지 않은 게 좋다는 의견이 많았어요.

여 : 그러고 보니 오모테산도에 새로 생긴 맛집 동네가 있는데, 어떠려나? '선셋'이라는 넓은 가게 내부가 자랑인 이탈리안 레스토랑이야. 간판 메뉴는 스파게티인데 리조또도 버리기 아깝지. 디저트인 치즈케이크를 제철 과일과 함께 주는 게 좋았어.

남 : 우와. 제 취향의 레스토랑이네요.

여 : 그리고 '주시버거'라는 햄버거 가게는 어때? 빵 안에 푸짐한 고기가 들어 있어. 사이드 메뉴로 스파게티나 오므라이스를 고를 수도 있고. 가게 안은 비교적 작지만 바깥 정원까지 사용하면 스페이스는 충분해. 디저트인 수제 아이스크림은 단맛을 억제한 레몬의 신맛이 인기가 있지. 그리고 호텔 출신의 셰프가 연 퓨전 일식 레스토랑 '히요코(병아리)'도 평판이 좋아. 디저트인 감 셔벗도 독창적이고, 설탕 무첨가인데 굉장히 맛있어. 자리는 전부 좌식이야.

남 : 어~. 일식도 좋네요. 그 밖에도 있어요?

여 : 그리고 '야무차'라는 중화요리점은 만두가 무한리필이고, 볶음밥과 볶음면이 평판이 좋아. 디저트는 아몬드 젤리와 과일로 평범한 메뉴지만, 가게 안도 넓어서 동창회에 가장 적합한 장소일 것 같아.

남 : 중화요리는 조건에 딱이지만 작년과 똑같은 메뉴라서 좀…. 그리고 게임 이벤트가 있어서 신발을 신고 움직이기 편한 장소가 좋아요. 그리고 메뉴는 모두 훌륭한데요, 이왕이면 메인 요리가 맛있는 곳이 좋아요. 그래서 앙케트 결과에 맞춰서 골라 보면… 결정했습니다! 거기라면 어떻게든 전원이 다 들어갈 수 있을 것 같고요. 그럼, 예약 전화할게요.

남자 후배는 어느 가게에 전화를 합니까?

1. 이탈리안 레스토랑 '선셋'
2. 햄버거 가게 '주시버거'
3. 퓨전 일식 레스토랑 '히요코'
4. 중화요리점 '야무차'

단어

同窓会 동창회 | おすすめ 추천 | ご存知 아심 | 幹事 간사, 총무 | 任す 맡기다 | 見つかる 발견되다, 찾게 되다 | 焦る 애타하다, 초조하게 굴다 | 場所探し 장소 물색 | アンケート 앙케트, 설문 조사 | 麺類 면류, 국수 종류 | ご飯類 밥류 | デザート 디저트 | そう言えば 그러고 보니 | 表参道 오모테산도〈지명〉 | グルメスポット 맛집 동네 | 自慢

스크립트 및 해석 | 콕콕 실전문제

자랑 | 看板(かんばん)メニュー 간판 메뉴 | スパゲッティ 스파게티 | リゾット 리조또 | チーズケーキ 치즈케이크 | 旬(しゅん)の果物(くだもの) 제철 과일 | 好(この)み 취향, 기호 | ハンバーガーショップ 햄버거 가게 | ボリューム 볼륨, 분량, 양 | たっぷり 충분하고 여유가 있는 모양 | サイドディッシュ 사이드 메뉴 | オムライス 오므라이스 | 店内(てんない) 점내, 가게 안 | 比較的(ひかくてき) 비교적 | スペース 스페이스, 공간 | 手作(てづく)り 수제 | アイスクリーム 아이스크림 | レモン 레몬 | 酸(す)っぱさ 신맛 | シェフ 셰프, 요리사 | フュージョン 퓨전 | 和食(わしょく) 일식 | 評判(ひょうばん) 평판 | 柿(かき) 감 | シャーベット 셔벗 | 独創的(どくそうてき) 독창적 | 座敷(ざしき) 좌식 | 中華料理店(ちゅうかりょうりてん) 중화요리점 | 餃子(ギョウザ) 만두 | 〜放題(ほうだい) 마음껏 〜함 | チャーハン 볶음밥 | 焼(や)きそば 볶음면 | 杏仁豆腐(あんにんどうふ) 아몬드 젤리 | 平凡(へいぼん) 평범함 | 適(てき)する 알맞다, 적당하다, 합당하다 | 靴(くつ)を履(は)く 신발을 신다 | 動(うご)き回(まわ)る 여기저기 돌아다니다, 활동하다 | どうせ 어차피 | メイン料理(りょうり) 메인 요리, 주요리 | 基(もと)づく 기초하다, 입각하다 | なんとか 왠지

해설

남자는 동창회 총무로, 동창회 장소를 물색하던 중에 여자 선배한테 조언을 구한다. 동창생들의 식사 메뉴 설문 조사에 의하면, 면류보다는 밥 종류, 디저트는 달지 않은 것을 선호한다고 한다. 우선, 1번 이탈리안 식당은 간판 메뉴가 스파게티로, 설문에 의하면 동창생들은 밥 종류를 선호한다고 했기 때문에 후보에서 제외된다. 3번 퓨전 일식점은 식사 메뉴와 디저트 모두 괜찮지만 자리가 전부 좌식이라 동창회 중 게임을 진행하는 데 불편한 점이 있기 때문에 후보에서 제외된다. 마지막으로 4번 중화요리는 메뉴도 장소 조건도 완벽하지만, 작년과 같은 메뉴라 후보에서 제외된다. 2번 햄버거 가게는 사이드 메뉴로 밥인 오므라이스를 선택할 수 있고, 디저트는 달지 않은 아이스크림이므로 설문 결과 조건에 맞으므로 정답은 2번 햄버거 가게이다.

정답 ❷

4番

スクリプト  5-06

化粧品店(けしょうひんてん)で店員(てんいん)と男女(だんじょ)が話(はな)しています。

男1: いらっしゃいませ。何(なに)かお探(さが)しですか。
女 : 敏感肌(びんかんはだ)向(む)けの化粧品(けしょうひん)を探(さが)しているんです。女(おんな)の友達(ともだち)の誕生日(たんじょうび)プレゼントなんです。
男1: この化粧水(けしょうすい)はいかがですか。敏感肌(びんかんはだ)に特化(とっか)しているので、アルコールと香料不使用(こうりょうふしよう)なんです。今一番売(いまいちばんう)れてるブランドです。値段(ねだん)が少(すこ)し高(たか)めではありますが。
女 : え？ちょっと予算(よさん)オーバーですね。それに単品(たんぴん)じゃなくて、美容液(びようえき)やクリームといっしょのセットがいいと思(おも)うんです。あ、この化粧品(けしょうひん)セットだったら、納得(なっとく)できる値段(ねだん)で組(く)み合(あ)わせも良(よ)さそうですね。
男2: ああ、それって有名(ゆうめい)アイドルがドラマで使(つか)って有名(ゆうめい)になった化粧品(けしょうひん)じゃないか。僕(ぼく)も見(み)たことあるぞ。それだったら、喜(よろこ)ばれるかもな。

男1：そのセットは、ご使用になるとお肌が滑らかにはなりますが、日焼け・シミ・そばかすを防いでくれる紫外線吸収剤が使われていて、お肌が敏感な方は少しひりひりするかもしれません。

女　：そうですか。ノンケミカルじゃないといけないんですよね。

男1：じゃあ、このミネラルファンデーションはどうですか。添加物が含まれておらず、石鹸で落とせるのでクレンジングフォームが要りません。今2つ購入なさると石鹸がおまけでついてきますよ。

女　：あら、これは私も一つほしいわ。おまけの石鹸も敏感肌用ですか。

男1：あ、申し訳ございません。石鹸は一般肌用です。敏感肌用の石鹸はミネラルファンデーションのサンプル付きで特別価格で販売中なんです。サンプルでもご満足いただける量ですよ。

男2：ファンデーションのケース、彼女が好きそうな模様でかわいいじゃないか。それにしたら？

女　：うん。そうだね。彼女、敏感肌用の石鹸ならいっぱい持ってるだろうから。じゃ、これにします。

男2：すみません。プレゼントするから、きれいに包装してください。

男1：はい、もちろんです。じゃあ、こちらでよろしいですね。どうもありがとうございます。

二人は何をプレゼントすることにしましたか。

1. 敏感肌用の化粧水
2. 紫外線を防ぐ化粧品セット
3. ミネラルファンデーション
4. サンプル付きの敏感肌用の石鹸

해석

화장품 가게에서 점원과 남녀가 이야기하고 있습니다.

남1：어서 오세요. 뭐 찾으세요?

여　：민감성 피부용 화장품을 찾고 있는데요. 여자친구 생일 선물이거든요.

남1：이 화장수는 어떠세요? 민감한 피부에 특화돼 있어서 알코올과 향료가 안 쓰였거든요. 지금 가장 잘 팔리는 브랜드입니다. 가격이 조금 비싸긴 하지만요.

여　：네? 좀 예산 초과네요. 게다가 단품이 아니라 미용액이랑 크림이 함께 있는 세트가 좋을 것 같아요. 아, 이 화장품 세트면 납득할 수 있는 가격이고 조합도 괜찮은 것 같네요.

남2：아아, 그건 유명 아이돌이 드라마에서 사용해서 유명해진 화장품 아냐? 나도 본 적이 있어. 그거라면 좋아할지도 모르겠다.

> **스크립트 및 해석** 콕콕 실전문제

남1 : 그 세트는 사용하시면 피부가 부드러워지기는 하지만, 햇볕 그을림·기미·주근깨를 방지해 주는 자외선 흡수제가 사용돼서 피부가 민감한 분은 조금 따끔거릴지도 모릅니다.

여 : 그래요? 화학 약품 미사용이 아니면 안 되는데요.

남1 : 그럼, 이 미네랄 파운데이션은 어떠세요? 첨가물이 들어 있지 않아서 비누로 지울 수 있기 때문에 클렌징 폼이 필요 없습니다. 지금 2개 구입하시면 비누가 덤으로 따라옵니다.

여 : 어머, 이건 저도 하나 갖고 싶네요. 덤인 비누도 민감성 피부용인가요?

남1 : 아, 죄송합니다. 비누는 일반 피부용입니다. 민감성 피부용 비누는 미네랄 파운데이션 샘플이 붙어 특가로 판매 중입니다. 샘플이라도 만족하실 수 있는 양입니다.

남2 : 파운데이션 케이스, 그녀가 좋아할 만한 모양이고 귀엽지 않아? 그걸로 하는 게 어때?

여 : 응. 그렇네. 그녀는 민감성 피부용 비누라면 많이 가지고 있을 테니까. 그럼, 이걸로 할게요.

남2 : 죄송합니다. 선물할 거니까 예쁘게 포장해 주세요.

남1 : 네, 물론입니다. 그럼, 이걸로 되신 거죠? 감사합니다.

두 사람은 무엇을 선물하기로 했습니까?

1. 민감성 피부용 화장수
2. 자외선을 막아 주는 화장품 세트
3. 미네랄 파운데이션
4. 샘플이 붙어 있는 민감성 피부용 비누

> **단어**

化粧品店 화장품 가게 | 敏感肌 민감성 피부 | ～向け ～용 | 化粧品 화장품 | 誕生日プレゼント 생일 선물 | 化粧水 화장수 | 特化 특화 | アルコール 알코올 | 香料 향료 | 不使用 미사용 | ブランド 브랜드 | 高め 비싼[높은] 듯 함 | 予算オーバー 예산 초과 | 単品 단품 | 美容液 미용액 | クリーム 크림 | セット 세트 | 組み合わせ 조합 | アイドル 아이돌 | ドラマ 드라마 | 滑らか 매끄러운 모양 | 日焼け 피부가 햇볕에 타서 검게 되는 일 | シミ 기미 | そばかす 주근깨 | 防ぐ 막다, 방지하다 | 紫外線吸収剤 자외선 흡수제 | ひりひりする 따끔거리다 | ノンケミカル 무화학제 | ミネラルファンデーション 미네랄 파운데이션 | 添加物 첨가물 | 含む 포함하다 | 石鹸 비누 | 落とす 떨어뜨리다, 지우다 | クレンジングフォーム 클렌징 폼 | 購入する 구입하다 | おまけ 덤 | つく 붙다, 달라붙다, 매달리다 | サンプル 샘플 | ～付き 붙어 있음, 부속됨, 달려 있음 | 特別価格 특별 가격 | ケース 케이스, 용기 | 模様 모양 | 包装する 포장하다

> **해설**

여자는 친구의 생일 선물로 민감성 피부용 화장품을 찾고 있다. 직원은 알코올과 향료가 사용되지 않은 화장수를 권하지만 여자가 생각하는 가격과 맞지 않았다. 여자는 가격도 알맞고 나름 유명한 화장품 세트를 찾았지만 자외선 흡수제가 들어 있어서 민감한 피부에는 맞지 않는 상품이다. 다음으로 직원이 권한 것은 일반 피부용 비누 샘플이 달린 무첨가물의 미네랄 파운데이션과 민감성 피부용 비누에 미네랄 파운데이션 샘플이 달려 있는 비누이다. 여자는 친구가 민감성 피부용 비누를 많이 가지고 있을 거라고 유추하여 미네랄 파운데이션을 구입하기로 한다. 따라서 정답은 3번이다.

정답 ❸

5番

스크립트  5-07

電気製品のお店で男の店員がノートパソコンについて話しています。

男1：ノートパソコンといってもその種類は様々で初心者の方は選びづらいと思いますので、最近人気のパソコンを用途別に分かりやすくご説明いたします。まず、外出先で利用することが多い方には持ち運びに最適な軽量で薄型の日本製のパソコンをお勧めいたします。画面も鮮明なので画質にこだわりのある方にも人気があります。次に、自宅で作業をすることが多い方には画面が広く鮮明で長時間の作業に無理がない台湾製のパソコンをお勧めいたします。少々重さがありますが、メモリー容量が大きく動画の編集から普段の作業まで楽々こなせます。日本製同様軽く薄い中国製のパソコンは約9時間のロングバッテリーが搭載されており、外出先で充電の心配がなくて頼もしい製品です。残念ながら現在白色の製品しか残っていません。最後に力強いサウンドが特徴の韓国製のパソコンは音楽や動画視聴がメインの方にお勧めです。軽量ではないですが、大容量のバッテリーが搭載されています。

男2：僕は出張先で映画をよく見るんだ。イヤフォンをして見てるからサウンドはあまり気にしないけど、映像が鮮明じゃないと目が疲れるんだよ。

女　：そうなの？遠くまで持っていくのね。じゃあ、軽くないといけないわね。

男2：うん、そうだね。家で作業するなら大量のデータが保存できるパソコンがいいんだけど、出張が多いからね。

女　：私も外勤が多いから軽いのがいいけど、どうせ移動は車でするから大容量のバッテリーがついてるかがキーポイントね。あと顧客との接待時に、汚れがよく見える明るい色のパソコンはいやだわ。

男2：外勤が多いとすごく疲れるよ。在宅勤務は無理なの？

女　：それはあり得ないわね。もしそうなると在宅勤務用のパソコンを買わないと。

男2：そうだね。

質問1　男の人はどのパソコンを買いますか。

1. 日本製
2. 台湾製
3. 中国製
4. 韓国製

스크립트 및 해석 | 콕콕 실전문제

質問2　女の人はどのパソコンを買いますか。

1. 日本製
2. 台湾製
3. 中国製
4. 韓国製

해석

전자제품 가게에서 남자 점원이 노트북에 대해서 이야기하고 있습니다.

남1 : 노트북이라고 해도 그 종류가 다양해서 초보자 분은 선택하기 어려울 거라고 생각하기 때문에 최근 인기가 많은 노트북을 용도별로 알기 쉽게 설명해 드리겠습니다. 우선, 외출지에서 이용할 일이 많은 분에게는 휴대에 최적인 가볍고 슬림한 일본제 노트북을 추천합니다. 화면도 선명해서 화질을 따지는 분에게도 인기가 있습니다. 다음으로, 자택에서 작업할 일이 많은 분께는 화면이 넓고 선명해서 장시간 작업에 무리가 없는 대만제 노트북을 추천합니다. 조금 무게감이 있습니다만, 메모리 용량이 크고 동영상 편집부터 일반 작업까지 쉽게 소화합니다. 일본제와 마찬가지로 가볍고 얇은 중국제 노트북은 약 9시간의 롱배터리가 탑재돼 있어서 외출지에서 충전 걱정이 없어서 든든한 제품입니다. 안타깝지만 현재 흰색 제품밖에 남아 있지 않습니다. 끝으로 강력한 사운드가 특징인 한국제 노트북은 음악이나 동영상 시청이 메인인 분께 추천합니다. 경량은 아니지만 대용량 배터리가 탑재돼 있습니다.

남2 : 나는 출장지에서 영화를 자주 봐. 이어폰을 끼고 보기 때문에 사운드는 별로 신경 안 쓰지만 영상이 선명하지 않으면 눈이 피곤해.

여　 : 그렇구나. 멀리까지 가져가네. 그럼 가볍지 않으면 안 되겠네.

남2 : 응, 그렇지. 집에서 작업한다면 대량 데이터를 보존할 수 있는 노트북이 좋겠지만 출장이 많으니까.

여　 : 나도 외근이 많아서 가벼운 게 좋은데. 어차피 이동은 차로 하니까 대용량 배터리가 붙어 있는지가 포인트네. 또 고객 접대 시에 더러운 게 잘 보이는 밝은색 노트북은 싫어.

남2 : 외근이 많으면 굉장히 피곤할 텐데. 재택 근무는 무리야?

여　 : 그건 있을 수 없지. 만약 그렇게 되면 재택 근무용 노트북을 사야지.

남2 : 그렇군.

질문 1 남자는 어느 노트북을 삽니까?

1. 일본제
2. 대만제
3. 중국제
4. 한국제

질문 2 여자는 어느 노트북을 삽니까?

1. 일본제
2. 대만제
3. 중국제
4. 한국제

단어

電気製品 전자제품 | ノートパソコン 노트북 | 初心者 초보자 | 用途別 용도별 | 外出先 외출지 | 利用する 이용하다 | 持ち運び 운반 | 最適 최적임 | 軽量 경량 | 薄型 박형, 슬림형 | 画面 화면 | 鮮明 선명함 | 画質 화질 | こだわり 구애됨, 구애되는 마음(물건) | 自宅 자택 | メモリー 메모리 | 容量 용량 | 動画 동영상 | 編集 편집 | 普段 항상, 평상시, 평소 | 楽々 손쉽게, 가볍게 | 同様 같은 모양, 마찬가지 | ロングバッテリー 롱 배터리 | 搭載する 탑재하다 | 充電 충전 | 頼もしい 믿음직하다, 든든하다 | 白色 흰색 | 残る 남다 | 力強い 강력하다 | サウンド 사운드 | 特徴 특징 | 視聴 시청 | 大容量 대용량 | 出張先 출장지 | イヤフォン 이어폰 | 気にする 걱정하다 | 映像 영상 | データ 데이터 | 保存する 보존하다 | 外勤 외근 | キーポイント 키 포인트 | 汚れ 오염, 더러움 | 在宅勤務 재택 근무 | あり得ない 있을 수 없다

해설

남자와 여자가 각각 원하는 노트북을 알아야 한다. 남자는 출장지에서 영화를 자주 보는데 이어폰을 끼기 때문에 음질에 대해서는 신경 쓰지 않지만, 영상이 선명해야 한다고 말하고 있다. 따라서 남자에게 알맞은 노트북은 가벼워서 휴대하기도 좋고 화면이 선명한 일본 제품이므로 질문 1의 정답은 1번이다. 여자는 외근이 많지만, 차로 이동하기 때문에 무게보다는 대용량 배터리에 색이 밝지 않은 노트북을 선호한다고 한다. 따라서 여자에게 알맞은 노트북은 경량은 아니지만 대용량 배터리가 탑재된 한국산 제품이다. 중국제도 대용량 배터리지만, 흰색만 남아 있다고 한 점이 함정이다. 따라서 질문 2의 정답은 4번이다.

정답 질문1 ❶
　　 질문2 ❹

6番

스크립트 5-08

野球の試合後、監督の優勝インタビューを男の人と女の人がテレビで見ています。

男1：うーん。一番の勝因はやはり投手陣がしっかりしていたこと。それに選手一人一人が自分の仕事をしっかりやってくれたということです。正直言うと、シーズンの初めのころは最後まで乗り切れるかとても不安でしたが、今となってはその時の敗北をばねにしてここまで来られたんだと思います。一番記憶に残っている試合と言えば、遠征試合での勝利もありますが、何より夏場の地元大阪でのユメウリとの試合ですね。勝っていた試合でしたが、9回ツーアウト満塁で一打逆転という時、内田がヒット性のライナーをダイビングキャッチしたその瞬間を思い浮かべると今も手に汗握りますね。

스크립트 및 해석 | 콕콕 실전문제

あの試合をきっかけとして雰囲気ががらりとかわりましたからね。やっぱり地元で選手たちに10年ぶりの胴上げをしてもらった瞬間は最高でした。空に舞い上がったとき、今までのみんなの苦労と涙と汗がようやく報われたという思いで胸がいっぱいになりました。

女 ：やれやれ、やっと終わったわね。本当に最後の試合は、野球史に残る名勝負だったわ。
男2：僕も見ていて感動の波が押し寄せてきて胸がじーんとなった。
女 ：私が一番記憶に残っているのは、東京ドームで吉本選手が逆転満塁ホームランを打った試合なんだけどな。
男2：監督さんは、少し違うみたいだな。
女 ：とにかく、無事優勝できてよかったよ。

質問1 監督の一番記憶に残っている試合は何ですか。
1. 秋の遠征試合
2. 夏の遠征試合
3. 夏の地元での試合
4. 秋の地元での試合

質問2 女の人が一番よかったと思っている試合は何ですか。
1. 大阪でホームランを打った試合
2. 東京でホームランを打った試合
3. 大阪でホームランを打たれた試合
4. 東京でホームランを打たれた試合

해석

야구 시합 후 감독의 우승 인터뷰를 남자와 여자가 텔레비전으로 보고 있습니다.

남1 : 음. 가장 큰 승리 원인은 역시 투수진이 견고했던 점. 게다가 선수 한 명 한 명이 자신의 일을 제대로 해준 점입니다. 솔직히 말하면, 시즌 초반 무렵에는 마지막까지 헤쳐나갈 수 있을지 꽤 불안했었는데, 지금 생각해보니 그때의 패배에 탄력 받아서 여기까지 올 수 있었다고 생각합니다. 가장 기억에 남는 시합이라고 하면, 원정시합에서의 승리도 있지만, 무엇보다 여름철 홈구장 오사카에서의 유메우리와의 시합이죠. 이기고 있던 시합이었는데 9회 투아웃 만루에서 안타 하나면 역전이었던 때, 우치다 선수가 히트성 라이너를 다이빙 캐치한 그 순간을 회상하면 지금도 손에 땀을 쥡니다. 그 시합을 계기로 해서 분위기가 확 바뀌었으니까요. 역시 홈구장에서 선수들한테 10년 만에 헹가래를 받은 순간은 최고였습니다. 공중에 날아올랐을 때 지금까지의 모두의 고생과 눈물과 땀이 겨우 보상받았다는 생각으로 가슴이 벅찼습니다.

여 : 맙소사, 겨우 끝났네. 정말로 마지막 시합은 야구 역사에 남는 명승부였어.
남2 : 나도 보고 있다가 감동의 물결이 밀려와서 가슴이 찡 했어.
여 : 내가 가장 기억에 남는 것은 도쿄돔에서 요시모토 선수가 역전 만루 홈런을 쳤던 시합인데.
남2 : 감독님은 조금 다른 것 같네.
여 : 어쨌든 무사히 우승할 수 있어서 다행이야.

질문1 감독의 기억에 가장 남는 시합은 무엇입니까?
　　1. 가을의 원정 시합
　　2. 여름의 원정 시합
　　3. 여름의 홈구장에서의 시합
　　4. 가을의 홈구장에서의 시합

질문2 여자가 가장 좋았다고 생각하고 있는 시합은 무엇입니까?
　　1. 오사카에서 홈런을 쳤던 시합
　　2. 도쿄에서 홈런을 쳤던 시합
　　3. 오사카에서 홈런을 맞은 시합
　　4. 도쿄에서 홈런을 맞은 시합

단어

監督(かんとく) 감독 | 勝因(しょういん) 승리 원인 | 投手陣(とうしゅじん) 투수진 | しっかり 견고한 모양, 견실한 모양 | 乗り切る(のりきる) 헤쳐나가다 | ばね 탄력, 계기 | 遠征(えんせい) 원정 | 夏場(なつば) 여름철 | 地元(じもと) 지방, 그 고장 | 満塁(まんるい) 만루 | ライナー 직선으로 날아가는 빠른 타구 | ダイビングキャッチ 수비수가 낮게 떨어지는 안타성 타구를 몸을 날려 잡아내는 동작 | 思い浮かべる(おもいうかべる) 회상하다 | 手に汗握る(てにあせにぎる) 손에 땀을 쥐다 | ~をきっかけとして ~을 계기로 해서 | がらりと 갑자기 변하는 모양, 싹 | ~ぶり ~만에 | 胴上げ(どうあ げ) 헹가래 | 舞い上がる(まいあがる) 날아오르다 | 報う(むくう) 보답하다 | 胸がいっぱいになる(むねがいっぱいになる) 가슴이 벅차다 | やれやれ 감동했을 때 내는 소리, 거참 | 押し寄せる(おしよせる) 밀려오다, 몰려오다 | じーんと 감동해서 눈시울이 뜨거워지거나 가슴이 뭉클해지는 모양, 찡

해설

야구 시합 후 우승한 감독이 인터뷰를 하고 있다. 여자가 가장 기억에 남는 시합이 도쿄돔에서 역전 만루 홈런으로 이긴 시합이라고 말하고 있는 점이 감독과는 다르다. 감독은 원정 시합의 승리도 기쁘지만 여름의 오사카 홈구장에서의 승리를 최고라고 말하고 있다. 따라서 질문 1의 정답은 3번이다. 앞서 말했듯이 여자에게 최고의 시합은 도쿄돔에서의 시합이므로 질문 2의 정답은 2번이다. 질문 2에서는 홈런을 쳤는지 맞았는지 혼동하지 않도록 조심한다.

정답 질문1 ❸
　　 질문2 ❷

7番

スクリプト 🎧 5-09

市役所の会議室で女の人が職員たちの前で傘の無料貸し出しサービスについて話しています。

女1：今年で20周年を迎える傘の無料貸し出しサービスが廃止になると言われています。元々急に雨が降って困ったときなどのために役に立ってほしいという善意で行っているサービスでした。それが、傘の返却率がかなり低く、市民意識を高めてより良い街づくりを目指すという計画が色あせてしまい、傘を調達し続けることが無意味になってしまったのです。そこで我が市役所では「傘の貸し出しサービスを守る会」を結成し皆さまの考えをアンケート調査を通してまとめてみました。一番多かったのは、傘の販売機を設けて必要な人に100円くらいの保証金を取るのはどうかという意見でした。次に多かったのは、傘の返却を促すキャンペーンを定期的に行い、キャンペーンを支援したり傘を提供したりする企業にはキャンペーンに参加して広告をするチャンスが与えられるという意見です。三番目は、管理人を置いて傘を借りる人が連絡先を記入するように促すという意見です。連絡先を知っていれば、傘を持っていった人に戻してくれるよう連絡を取ることができるというわけですね。最後に少数派の意見ですが、どんなにいいアイディアを出したところで傘は戻らないので、傘の貸し出しサービスは廃止すべきだという意見もありました。

男　：連絡先をわざと間違えて記入する人もいるだろうし、連絡しても電話に出なかったら時間の無駄遣いになってしまうんじゃないかな。

女2：でも、中にはちゃんとした番号を書く良心的な人もいるでしょう。運良く電話がつながれば戻してくれる人もけっこういると思うよ。

男　：そうかな。元々良心的な人だったら貸したものを返さないってことはないと思うんだけどね。それに保証金っていうのも高額にしない限り戻しに来る人ってそんなに増えないと思うんだよ。

女2：でも、保証金を高めにしてしまうと、ビニール傘を買う方がましだと思ってしまいそうよ。私は保証金を取るっていう意見には反感を持つけど、もし現実に取り入れられるとしたら安い保証金の方に一票入れるわね。

男　：そうか。僕はどうせなら傘を調達してくれる側を応援したいなあ。会社としても社会の役に立っているというイメージを作り上げる絶好のチャンスでしょう。

女2：とにかく市民意識を高めるっていう市の努力が無駄にならないようにサービスが廃止になってしまうことだけは避けたいわね。

男　：そうだね。

質問1　女の人はどの意見がいいと言っていますか。
　　1. 保証金の導入
　　2. サポート企業の広告
　　3. 連絡先の記入
　　4. サービスの廃止

質問2　男の人はどの意見がいいと言っていますか。
　　1. 保証金の導入
　　2. サポート企業の広告
　　3. 連絡先の記入
　　4. サービスの廃止

> 해석

시청 회의실에서 여자가 직원들 앞에서 우산 무료 대여 서비스에 대해서 이야기하고 있습니다.

여 1 : 올해로 20주년을 맞이하는 우산 무료 대여 서비스가 폐지된다고 합니다. 원래 갑자기 비가 내려서 곤경에 처한 경우 등을 위해서 도움이 되었으면 하는 선의로 시행하고 있는 서비스였습니다. 그것이 우산 반납율이 꽤 낮아서 시민의식을 높여 보다 좋은 마을 만들기를 지향한다는 계획이 퇴색되며 우산을 계속 조달하는 것이 무의미해져 버린 것입니다. 그래서 우리 시청에서는 '우산 대여 서비스를 지키는 모임'을 결성해 여러분의 생각을 설문조사를 통해서 정리해 봤습니다. 제일 많았던 것은 우산 판매기를 설치해서 필요한 사람에게 100엔 정도의 보증금을 받는 것은 어떠냐는 의견이었습니다. 다음으로 많았던 것은 우산 반납을 촉진하는 캠페인을 정기적으로 실시하여, 캠페인을 지원하거나 우산을 제공하는 기업에게는 캠페인에 참가해서 광고할 기회를 부여한다는 의견입니다. 세 번째는 관리인을 두고 우산을 빌려가는 사람이 연락처를 기입하도록 촉구한다는 의견입니다. 연락처를 알고 있으면 우산을 가져간 사람에게 반납하도록 연락을 할 수 있다는 것이지요. 마지막으로 소수파의 의견인데요, 아무리 좋은 아이디어를 내더라도 우산은 돌아오지 않기 때문에 우산 대여 서비스는 폐지해야 한다는 의견도 있었습니다.

남　 : 연락처를 일부러 틀리게 기입하는 사람도 있을 것이고, 연락해도 전화를 받지 않으면 시간 낭비가 돼 버리는 게 아닐까?

여 2 : 하지만 그중에는 제대로 된 번호를 쓰는 양심적인 사람도 있겠지. 운 좋게 전화가 연결되면 반납하는 사람도 꽤 있을 것 같아.

남　 : 그럴까? 원래 양심적인 사람이라면 빌려간 것을 돌려주지 않을 리는 없을 것 같은데. 게다가 보증금이라는 것도 고액으로 하지 않으면 돌려주러 오는 사람이 그렇게 늘어나지 않을 것 같아.

여 2 : 하지만 보증금을 높이면 비닐 우산을 사는 게 더 낫다고 생각하게 될 것 같아. 나는 보증금을 받는다는 의견에는 반대지만, 만약 현실적으로 도입된다고 하면 싼 보증금 쪽에 한 표 넣을 거야.

남　 : 그렇구나. 나는 이왕이면 우산을 조달해주는 쪽을 응원하고 싶어. 회사로서도 사회에 도움이 되고 있다는 이미지를 만드는 절호의 기회잖아.

여 2 : 어쨌든 시민의식을 높이겠다는 시의 노력이 헛되지 않도록 서비스가 폐지되는 것만은 피하고 싶네.

남　 : 그렇네.

> 스크립트 및 해석 | **콕콕 실전문제**

질문 1 여자는 어느 의견이 좋다고 말하고 있습니까?

1. 보증금 도입
2. 서포트 기업의 광고
3. 연락처 기입
4. 서비스 폐지

질문 2 남자는 어느 의견이 좋다고 말하고 있습니까?

1. 보증금 도입
2. 서포트 기업의 광고
3. 연락처 기입
4. 서비스 폐지

> 단어

市役所 시청 | 無料 무료 | 貸し出し 대여, 대출 | ~周年 ~주년 | 迎える 맞이하다 | 廃止 폐지 | 元々 원래 | 善意 선의 | 行う 실천하다, 실시하다 | 返却率 반납률 | 高める 높이다 | 街づくり 마을 만들기 | 目指す 지향하다, 목표하다 | 色あせる 퇴색하다, 빛이 바래다 | 調達する 조달하다 | 守る 지키다 | 結成する 결성하다 | ~を通して ~을 통해서 | まとめる 한데 모으다, 정리하다 | 販売機 판매기 | 設ける 설치하다 | 保証金 보증금 | 促す 재촉하다, 촉구하다 | キャンペーン 캠페인 | 定期的 정기적 | 支援する 지원하다 | 提供する 제공하다 | 広告 광고 | チャンス 찬스, 기회 | 管理人 관리인 | 借りる 빌리다 | 連絡先 연락처 | 記入する 기입하다 | 戻す 되돌리다 | 少数派 소수파 | アイディア 아이디어 | 戻る 되돌아오(가)다 | わざと 일부러 | 間違える 잘못하다, 틀리다, 실수하다 | 電話に出る 전화를 받다 | 無駄遣い 낭비, 허비 | ちゃんとした 착실한, 제대로 된 | 良心的 양심적임 | 運良く 운 좋게 | 返す 되돌리다 | 高額 고액 | ~ない限り ~않는 한 | ビニール傘 비닐 우산 | ~方がましだ ~하는 편이 낫다 | 反感 반감 | 現実 현실 | 取り入れる 도입하다, 받아들이다 | 一票 한 표 | 応援する 응원하다 | 作り上げる 다 만들다, 완성시키다 | 絶好の 절호의 | とにかく 어쨌든 | 無駄になる 헛되이 되다 | 避ける 피하다 | サポート 서포트, 지원함

> 해설

우산의 무료 대여 서비스에 대한 남자와 여자의 의견을 각각 알아야 하는 문제이다. 여자는 대화 초반에 연락처를 받는 것에 대해서 긍정적인 이야기를 하고 있으며 보증금을 받는 것에 대해서는 반감이 있다고 했기 때문에 질문 1의 정답은 3번이다. 여자가 만약 보증금을 받는 방법이 현실적으로 채택이 되면 싼 보증금을 선호한다고 말한 부분은 함정이다. 남자는 연락처 기입, 보증금을 받는 것에 대해서는 부정적이고, 대화 후반에 우산을 조달해 주는 기업을 응원한다고 말하고 있다. 회사에게도 좋은 이미지 메이킹의 기회가 될 수 있다고 생각하기 때문이다. 따라서 질문 2의 정답은 2번이다.

정답 질문 1 ❸
　　　질문 2 ❷

8番

スクリプト  5-10

未来科学館でガイドの女性が案内しています。

女1：本日は未来科学館へようこそ。略して未来館は未来の地球のあり方について学び、先端技術を体験できる展示やアクティビティー中心の4階建ての建物です。1階では、地球環境の保存と先端技術の発展をバランス良く両立させる方法について、世界各国の努力を写真を交えながら展示しています。2階では、現在あらゆる分野で活躍中の先端ロボットの実演がございます。大人にも人気のロボット操縦体験もお見逃しなく。3階には、宇宙旅行の未来についての科学者たちの意見がまとめてあります。体験コーナーとしてはバーチャルリアリティーによる宇宙の疑似体験がすごい人気で、インターネットで予めご予約なさることをお勧めいたします。4階では、専門家による科学理論の説明を聞いた後、本格的な設備で幅広い実験ができます。全階の見学所要時間は約3時間でございます。

男　：わあ。市内にこんな本格的な科学館があったのか。まだ混んでないし、1階から順番に上がって行こう。

女2：でも、ランチの先約があるから3時間もいられないわ。取りあえず、一番人気の階から見て回るわね。混む前に体験しに行った方がいいと思うから。

男　：あ、それ予約してなかったんだ。じゃあ、仕方ないな。子どもたちもいるし、列に並ぶのは億劫だからね。

女2：体験が終わったら、実験でほとんどの時間を費やすと思うの。あなたはどうするの？たしか大人も参加できるプログラムがあるのよね。体験してみて面白かったら連絡してちょうだい？

男　：うん。わかった。じゃあ、十分見終わったら連絡して。展示物ざっと見ながら待ってるから。

女2：はーい。あ、そうだ。ロボットの実演、動画で撮ってね。後で見るから。

男　：はい、はい。言わなくてもそうしようと思ってたところだよ。

質問1　二人はどの階から見学したがっていますか。

1. 男の人は2階、女の人は3階
2. 二人とも3階
3. 男の人は1階、女の人は3階
4. 男の人は2階、女の人は4階

스크립트 및 해석 — 콕콕 실전문제

質問2 二人は見学が終わったら、どこで待ち合わせすることにしましたか。
1. 展示会場
2. ロボット実演場
3. 宇宙の疑似体験場
4. 科学実験室

해석

미래과학관에서 여성 가이드가 안내하고 있습니다.

여1 : 오늘은 미래과학관에 잘 오셨습니다. 줄여서 미래관은 미래의 지구 본연의 모습에 대해서 배우고, 첨단 기술을 체험할 수 있는 전시나 활동 중심의 4층 건물입니다. 1층에서는 지구 환경의 보존과 첨단 기술의 발전을 균형 있게 양립시키는 방법에 대해서 세계 각국의 노력을 사진을 섞어서 전시하고 있습니다. 2층에서는 현재 모든 분야에서 활약 중인 첨단 로봇의 실연이 있습니다. 어른에게도 인기가 있는 로봇 조종 체험도 놓치지 마세요. 3층에는 우주여행의 미래에 관한 과학자들의 의견이 정리되어 있습니다. 체험 코너로는 가상 현실에 의한 우주 유사 체험이 굉장한 인기로, 인터넷에서 미리 예약하실 것을 권장합니다. 4층에서는 전문가에 의한 과학이론 설명을 들은 뒤 본격적인 설비로 폭넓은 실험을 할 수 있습니다. 전 층의 견학 소요 시간은 약 3시간입니다.

남 : 우와. 시내에 이런 본격적인 과학관이 있었구나. 아직 혼잡하지 않으니 1층부터 차례로 올라가자.

여2 : 하지만 점심 선약이 있어서 3시간이나 있을 수 없어. 일단은 제일 인기가 많은 층부터 돌아볼게. 혼잡해지기 전에 체험하러 가는 게 좋을 것 같으니까.

남 : 아, 그거 예약 안 했구나. 그럼 어쩔 수 없네. 아이들도 있고 줄 서는 건 귀찮으니까.

여2 : 체험이 끝나면 실험으로 대부분의 시간을 보낼 것 같아. 당신은 어떻게 할 거야? 확실히 어른도 참가할 수 있는 프로그램이 있는 거지? 체험해 보고 재미있으면 연락해 줘.

남 : 응. 알았어. 그럼 충분히 다 보면 연락해. 전시물 대충 보면서 기다릴 테니까.

여2 : 어. 아, 맞다. 로봇 실연, 동영상으로 찍어 줘. 나중에 볼 테니까.

남 : 네, 네. 안 그래도 그렇게 하려고 생각하고 있었어.

질문1 두 사람은 어느 층부터 견학하고 싶어합니까?
1. 남자는 2층, 여자는 3층
2. 두 사람 모두 3층
3. 남자는 1층, 여자는 3층
4. 남자는 2층, 여자는 4층

질문2 두 사람은 견학이 끝나면 어디에서 만나기로 했습니까?
1. 전시회장
2. 로봇 실연장
3. 우주의 유사 체험장
4. 과학실험실

단어

本日 오늘 | 略す 간단히 하다, 생략하다 | あり方 본연의 자세, 이상적인 상태 | 学ぶ 배우다 | 先端 첨단 | アクティビティー 액티비티, 활동 | ～建て ～층 | 保存 보존 | バランス 밸런스, 균형 | 両立する 양립하다 | 交える 섞다, 교차시키다 | あらゆる 모든 | ロボット 로봇 | 実演 실연 | 操縦 조종 | 見逃す 놓치다, 간과하다 | まとめる 모으다, 합치다 | バーチャルリアリティー 가상 현실 | 疑似 유사 | 予め 미리, 사전에 | 勧める 권하다 | 本格的 본격적 | 設備 설비 | 幅広い 폭넓다 | 実験 실험 | 全階 전층 | 所要時間 소요시간 | 混む 혼잡하다 | 順番 순번, 차례 | 上がる 오르다 | ランチ 런치, 점심식사 | 取りあえず 일단, 우선 | 列に並ぶ 줄을 서다 | 億劫 귀찮음, 마음이 내키지 않음 | 費やす 다 소비하다, 낭비하다 | 見終わる 다 보다 | ざっと 대충, 대강 | 動画 동영상 | 撮る 찍다 | 待ち合わせ (때와 장소를 미리 정하고) 약속하여 만나기로 함

해설

미래과학관에 놀러 온 가족이 가이드의 과학관 안내를 듣고 있다. 남자는 대화문 초반에 1층부터 차례로 올라가면서 견학하겠다고 말하고 있다. 반면, 여자는 점심 약속이 있어서 차근차근 다 볼 수 없으니 혼잡해지기 전에 인기가 제일 많은 층부터 보겠다고 하고, 남자가 인터넷 예약을 안 했고, 줄을 서서 기다려야 하는 일이 귀찮다고 동조하는 데서 여자가 가려는 층이 3층임을 알 수 있다. 따라서 질문 1에 대한 정답은 3번이다. 대화문 후반 남자는 전시물을 대충 보면서 기다리고 있을 테니 여자에게 다 보면 연락하라고 말한다. 따라서 두 사람이 만나는 장소는 1층 전시실이므로 질문 2의 정답은 1번이다.

정답 질문1 ❸
　　 질문2 ❶

9番

스크립트  5-11

関係者がスピーチ大会の募集をしています。

女1：神奈川県では、在日外国人によるスピーチ大会の出場者を募集しています。年齢は20代から50代までです。スピーチのテーマはユニークなものを歓迎します。ありきたりの内容でなく、個人的なエピソードに率直な意見を加えたものなら言うことありません。また、翌日にはのど自慢大会も行われる予定です。年齢制限はありません。心の中の気持ちを言葉で表現できずに悩んでいた方や実力を発揮できる場所を探していた方など、どなたも大歓迎です。両大会とも応募資格は大会当日12月25日の時点で、来日後4年以内であること、国籍が日本でないことです。まずテープで予備審査を行います。応募の締め切りは11月31日です。ご応募お待ちしております。

스크립트 및 해석 　콕콕 실전문제

女2：私もこの大会、参加したいんだけど。日本に来てまだ4年経ってないし。でもまだ未成年だから無理か。
男　：そうだな。僕も今回参加してみようかな。僕にぴったりのがあるんだけどな。
女2：え？どの大会？あー、あれね。でも、感情をちゃんと入れてやらないとだめよ。
男　：できるよ。年齢制限もないし。
女2：あんたって、肝心な時に笑っちゃうからね。正直ちょっと心配だな。

質問1　男の人は何の大会に出場するつもりですか。

1. 腕自慢大会
2. スピーチコンテスト
3. 歌の大会
4. 大声自慢大会

質問2　女の人は大会にどうして出場できませんか。

1. 来日して4年以上である上に年齢が応募条件に合っていないから
2. 来日して4年以内であるが、年齢が応募条件に合っていないから
3. 来日して4年以上であるにも関わらず、年齢が応募条件に合っているから
4. 来日して4年以内である以上、年齢が応募条件に合うかどうかは関係ないから

해석

관계자가 스피치 대회 모집을 하고 있습니다.

여1 : 가나가와현에서는 재일 외국인에 의한 스피치 대회 참가자를 모집하고 있습니다. 연령은 20대에서 50대까지입니다. 스피치의 테마는 독특한 것을 환영합니다. 진부한 내용이 아니라 개인적인 에피소드에 솔직한 의견을 더한 것이라면 더 말할 필요 없습니다. 또한, 다음날에는 노래 자랑 대회도 실시될 예정입니다. 연령 제한은 없습니다. 마음속 기분을 말로 표현하지 못해서 고민하고 있던 분이나 실력을 발휘할 수 있는 장소를 찾고 있던 분 등, 모두 대환영입니다. 양 대회 모두 응모 자격은 대회 당일 12월 25일 시점으로, 일본에 온 지 4년 이내일 것, 일본 국적이 아니어야 합니다. 우선 테이프로 예비 심사를 실시합니다. 응모 마감은 11월 31일입니다. 응모를 기다리고 있겠습니다.

여2 : 나도 이 대회 참가하고 싶은데. 일본에 온 지 아직 4년 안 됐거든. 하지만 아직 미성년이라서 무리인가?
남　: 글쎄. 나도 이번에 참가해볼까. 나에게 딱 맞는 게 있는데 말야.
여2 : 뭐? 어느 대회? 아아, 저거구나. 하지만 감정을 제대로 넣어서 하지 않으면 안 돼.
남　: 할 수 있어. 연령 제한도 없고.
여2 : 너는 말이야, 중요한 시점에 웃어 버리잖아. 솔직히 조금 걱정된다.

질문 1　남자는 무슨 대회에 참가할 생각입니까?

1. 솜씨 자랑 대회
2. 스피치 콘테스트
3. 노래 대회
4. 큰 소리 내기 대회

질문 2　여자는 대회에 왜 출전하지 못합니까?

1. 일본에 온 지 4년 이상인 데다가 연령이 응모 조건에 맞지 않으니까
2. 일본에 온 지 4년 이내지만, 연령이 응모 조건에 맞지 않으니까
3. 일본에 온 지 4년 이상임에도 불구하고 연령이 응모 조건에 맞으니까
4. 일본에 온 지 4년 이내인 이상, 연령이 응모 조건에 맞는지 어떤지는 관계없으니까

단어

出場(しゅつじょう) (운동경기 등에) 참가함 | 年齢(ねんれい) 연령 | ユニーク 유니크, 독특함 | 歓迎(かんげい) 환영 | ありきたり 진부함, 얼마든지 있음 | 率直(そっちょく) 솔직함 | 翌日(よくじつ) 다음날 | 自慢大会(じまんたいかい) 장기자랑 대회 | 発揮(はっき) 발휘 | 応募資格(おうぼしかく) 응모 자격 | 来日(らいにち) 일본으로 옴 | 国籍(こくせき) 국적 | ~ことだ ~해야 한다 | 予備審査(よびしんさ) 예비 심사 | 締め切り(しめきり) 마감 | 経(た)つ 지나다, 경과하다 | ぴったり 딱 맞음 | 肝心(かんじん) 중요함 | 腕自慢(うでじまん) 솜씨 자랑 | 大声(おおごえ) 큰 목소리 | ~にも関(かか)わらず ~임에도 불구하고

해설

연령 제한이 없다는 남자의 마지막 대사에서 남자는 스피치 대회가 아니라 연령 제한이 없는 노래 자랑 대회에 참가하려는 것을 알 수 있다. 따라서 질문 1의 정답은 3번이다. 여자는 일본에 온 지 4년이 넘지 않았지만 미성년자이므로 20대부터 50대까지로 참가 연령 제한이 있는 스피치 대회의 응모 조건에는 맞지 않는다. 따라서 질문 2의 정답은 2번이다.

정답　질문 1 ❸
　　　질문 2 ❷

Part 3

점수를 UP시키는
N1 청해

N1 청해
실전 공략하기

1. 파이널 테스트
2. 파이널 테스트 스크립트
3. 파이널 테스트 정답
4. 해답용지

일본어 능력시험 청해 N1 파이널 테스트 ①

問題 1

問題1では、まず質問を聞いてください。それから話を聞いて、問題用紙の1から4の中から、最もよいものを一つ選んでください。

1番 6-01

1　Eメールのアドレスを旅行会社に教えてあげる
2　Eメールでサービスクーポンを送ってもらう
3　ホームページで旅行会社の住所をチェックする
4　ホームページで旅行情報をチェックする

2番 6-02

1　パスポートの期限チェックをする
2　予防接種を受けに病院に行く
3　オンラインで参加申込書を作成する
4　郵便で申込書と参加費を送る

3番 🎧 6-03

1 賞状の文面のサンプルを見てみる
2 賞状フォルダーのサンプルを見てみる
3 会社に送ってもらったロゴを確認する
4 賞状フォルダーの色を決める

4番 🎧 6-04

1 ゲームを理解するために一緒にゲームをしてみる
2 規則を守ることは重要だということを息子に言って聞かせる
3 ゲーム機を没収してあきらめるようにする
4 信頼関係を築くためにゲームについて息子と話してみる

5番 🎧 6-05

1 女の人のためにジムの受付に就職する
2 受付のコンピューターで井口さんのスケジュールを調べる
3 女の人に告白するためにジムで体を鍛える
4 ジムで朝ごはんを食べてから仕事を始める

6番 🎧 6-06

1 美容院で後ろ髪を切りそろえてもらう
2 美容院で髪の毛を染めてからパーマをかけてもらう
3 美容院で髪の毛の長さは今のままでパーマをかけてもらう
4 美容院で髪の毛を明るく染めてから少し切りそろえてもらう

もんだい
問題2

問題2では、まず質問を聞いてください。そのあと、問題用紙のせんたくしを読んでください。読む時間があります。それから話を聞いて、問題用紙の1から4の中から、最もよいものを一つ選んでください。

1番 🎧 6-07

1 「タイフーン」よりSFファンタジーの映画を観たかったから
2 観ようとしたが、席がなかったから
3 男の人が週末に一緒に観ようと誘ったから
4 観る人が少なくなるまで待つ方が楽に観られると思ったから

2番 🎧 6-08

1 飲み会でお酒を無理矢理飲まされるから
2 たばこの臭いで色々と面倒くさいことが多いから
3 せっかく禁煙しているのに、その決心を守れなくなるから
4 たばこを吸いに行くのだから

3番 🎧 6-09

1 貧乏ゆすりは直した方がいいが、つめを噛む癖は自然に直ると思っている
2 髪をいじる癖も見た目が良くないので直した方がいいと思っている
3 つめを噛む癖は厄介だと思っている
4 見た目が良くない癖のせいで結婚できないと思っている

4番 🎧 6-10

1 デメリットがあるとわかっても、安いからインターネット電話に替えることにした
2 不便じゃないから携帯だけ使うことにした
3 インターネット電話を使うのはまだ心配なのでやめることにした
4 インターネット電話の方がメリットが少ないので、もとの電話をそのまま使うことにした

5番 🎧 6-11

1 裁判員を辞退することにした
2 面接の後、娘に電話することにした
3 裁判員の仕事が終わったら電話することにした
4 お母さんのいる病院へ行くことにした

6番 🎧 6-12

1 眼科で異常がないと言われたら、耳鼻咽喉科に行って、美容院でパーマをかけて来るから
2 美容院に行ってから眼科に寄って、異常があったら治療で遅くなるから
3 眼科に行ってから美容院でパーマをかけてもらって、そのあと耳鼻咽喉科に寄って来るから
4 耳鼻咽喉科に寄ってから眼科に行って、それから美容院でパーマをかけて来るから

7番 🎧 6-13

1 厨房の仕事に興味がわかないという点
2 皿洗いより調理場の仕事がしたいという点
3 皿洗いだけでなく調理の手伝いまでさせられているという点
4 ホテルの厨房でやっていた仕事が懐かしいという点

問題3 🎧 6-14~19

問題3では、問題用紙に何も印刷されていません。この問題は、全体としてどんな内容かを聞く問題です。話の前に質問はありません。まず話を聞いてください。それから、質問とせんたくしを聞いて、1から4の中から、最もよいものを一つ選んでください。

ーメモー

問題 4 🎧 6-20~33

問題4では、問題用紙に何も印刷されていません。まず文を聞いてください。それから、それに対する返事を聞いて、1から3の中から、最もよいものを一つ選んでください。

－メモ－

問題5

問題5では、長めの話を聞きます。この問題には練習はありません。

メモをとってもかまいません。

1番、2番 🎧 6-34~35

問題用紙に何も印刷されていません。まず話を聞いてください。それから、質問とせんたくしを聞いて、1から4の中から、最もよいものを一つ選んでください。

ーメモー

3番 🎧 6-36

まず話を聞いてください。それから、二つの質問を聞いて、それぞれ問題用紙の1から4の中から、最もよいものを一つ選んでください。

質問1

1　2階の押入れ
2　1階の下駄箱
3　2階の倉庫
4　1階の押入れ

質問2

1　台所の水を貯めておく
2　お風呂の水を残しておく
3　お風呂の水を残さないようにする
4　洗面台の水を貯めておく

일본어 능력시험 청해 N1 파이널 테스트 ②

問題 1

問題1では、まず質問を聞いてください。それから話を聞いて、問題用紙の1から4の中から、最もよいものを一つ選んでください。

1番 7-01

1 大ヒットするドラマや映画を探してみる
2 実力のある新人歌手を探してみる
3 会社にいる歌手の中で実力者を探してみる
4 ドラマや映画産業に進出する計画を練る

2番 7-02

1 雨がひどくなるので傘を買ってドームに行く
2 スタッフの人にチケットが余っているか聞いてみる
3 売れ残ったチケットを買いに行く
4 試合中止になるかもしれないので家に帰る

3番 🎧 7-03

1　ビデオファイルを消した招待状をEメールで送り直す
2　コンピューターをつける前にインターネットの電源を切る
3　結婚式の挨拶ビデオを文字メッセージで送る
4　Eメールで招待状を送ったことを文章のみで知らせる

4番 🎧 7-04

1　警察署にカードの紛失届けを申し込みに行く
2　次の駅の担当者に電話する
3　カード会社に電話をする
4　駅の忘れ物センターに盗難届けを出す

5番 🎧 7-05

1 会議で女の人が遠隔セミナーについての詳しい説明をすることにした
2 遠隔セミナーを開くことにした
3 会議で男の人に電話セミナーについての詳しい説明をさせることにした
4 会議で男の人に遠隔セミナーについての詳しい説明をさせることにした

6番 🎧 7-06

1 グループのメンバーになれるように発表の準備をする
2 メンバーになれるグループを探してみる
3 先生にグループ発表に参加すると言いに行く
4 先生にグループ発表をする理由を聞きに行く

もんだい
問題2

問題2では、まず質問を聞いてください。そのあと、問題用紙のせんたくしを読んでください。読む時間があります。それから話を聞いて、問題用紙の1から4の中から、最もよいものを一つ選んでください。

1番 7-07

1 ショッピングサイト側が品物の在庫を確認しなかった
2 在庫がないのに、製造業者が注文を受けてしまった
3 ショッピングサイト側が製造業者に注文を入れなかった
4 ショッピングサイトに注文した時にすでに品物の在庫はなかった

2番 7-08

1 夫にかばんのことを知られたくないから
2 限定販売で買ったかばんで貴重だから
3 友達が夫を説得することができると言うから
4 夫がブランド物のかばんが嫌いだから

3番 🎧 7-09

1 男らしくてずうずうしいと思っている
2 鈍くて無神経なタイプだと思っている
3 細かく気を使うタイプだと思っている
4 男らしくて自分を偽る人だと思っている

4番 🎧 7-10

1 プログラムが充実しているカルチャーセンターを利用できるから
2 役所にカルチャーセンターがあるから
3 無料のジムが役所に近いところにあるから
4 役所が近くて無料のジムがあるから

5番 🎧 7-11

1 早く出発してもどうせ車が込んでいて家に早くつけない
2 坂を登る途中で止まってしまったら、後ろに下がればいい
3 坂を登る時、途中で止まると立ち往生してしまう恐れがある
4 坂を登る時、早く登れるように前の車のすぐ後ろにくっついて進むといい

6番 🎧 7-12

1 女の人に積極的にデートを誘う人
2 女の人より男の人といる方が楽しい人
3 恋愛より自分の趣味生活を重視する人
4 浮気をしている人

7番 🎧 7-13

1 来年になると保険に入れなくなるから
2 友達の保険の営業実績が上がるから
3 来年になって病気にかかるかもしれないから
4 現在を楽しみたいから

問題3 🎧 7-14~19

問題3では、問題用紙に何も印刷されていません。この問題は、全体としてどんな内容かを聞く問題です。話の前に質問はありません。まず話を聞いてください。それから、質問とせんたくしを聞いて、1から4の中から、最もよいものを一つ選んでください。

―メモ―

もんだい
問題 4 🎧 7-20~33

問題4では、問題用紙に何も印刷されていません。まず文を聞いてください。それから、それに対する返事を聞いて、1から3の中から、最もよいものを一つ選んでください。

―メモ―

問題5

問題5では、長めの話を聞きます。この問題には練習はありません。

メモをとってもかまいません。

1番、2番 🎧 7-34~35

問題用紙に何も印刷されていません。まず話を聞いてください。それから、質問とせんたくしを聞いて、1から4の中から、最もよいものを一つ選んでください。

－メモ－

3番 🎧 7-36

まず話を聞いてください。それから、二つの質問を聞いて、それぞれ問題用紙の1から4の中から、最もよいものを一つ選んでください。

質問1

1　冬季オリンピックの切手、500円
2　冬のグリーティング切手、800円
3　冬のグリーティング切手、500円
4　冬季オリンピックの切手、800円

質問2

1　フィギュアスケートの切手、1,000円
2　ジャンプスキーの切手、1,600円
3　ジャンプスキーの切手、1,000円
4　フィギュアスケートの切手、1,600円

일본어 능력시험 청해 N1 파이널 테스트 ❸

問題 1

問題1では、まず質問を聞いてください。それから話を聞いて、問題用紙の1から4の中から、最もよいものを一つ選んでください。

1番 8-01

1 宅配業者に電話する
2 レンタル業者に電話する
3 段ボール箱の中身を確認する
4 段ボール箱にアドレスシールを貼る

2番 8-02

1 決算報告のEメールをチェックする
2 南さんに会ってEメールの内容を聞いてくる
3 会社のサイトで報告書の様式をダウンロードする
4 予備のインクを取りに行く

3番 8-03

1 マネキンをきれいに磨く
2 マネキンに着せる洋服を整える
3 洋服の在庫量を管理サイトに登録する
4 返品された洋服の状態をチェックする

4番 8-04

1 図書館で歴史の本を借りに行く
2 教務室に行って申込書を出す
3 先生の研究室に行って本を借りる
4 申込書を取りに教務室に行く

5番 🎧 8-05

1. 幼虫の飼育ケースの土を入れ替える
2. 幼虫をプリンカップに入れ替える
3. 幼虫をペットボトルに入れ替える
4. 室内の温度をチェックする

6番 🎧 8-06

1. 雑誌のインタビューの準備をする
2. 警備会社に連絡を取る
3. アルバイトの面接の担当を変える
4. 展示物の配置を決める会議の準備をする

問題2

問題2では、まず質問を聞いてください。そのあと、問題用紙のせんたくしを読んでください。読む時間があります。それから話を聞いて、問題用紙の1から4の中から、最もよいものを一つ選んでください。

1番 8-07

1 受験勉強のストレスの経験を社会生活に活かせるから
2 大学生活では読書が必要なくなるから
3 社会生活で必要不可欠な能力が養えるから
4 有能な社会人になるためには読書するしかないから

2番 8-08

1 スポーツでの競い合いを楽しむこと
2 プレゼンの内容を丸暗記して完璧に準備すること
3 一人でもいいから緊張をほぐすためにスポーツを始めること
4 生まれつきメンタルが強いこと

3番 🎧 8-09

1 実務経験が足りなかったから
2 着付けの順番を間違えたので
3 着付けの仕方を間違えたので
4 着付けに自信がなかったから

4番 🎧 8-10

1 水をやり過ぎて腐ってしまったから
2 大根の種だと思ってたのが玄米の粒だったから
3 種をもらってすぐ水に入れておかなかったから
4 種を説明書通りに育てなかったから

5番 🎧 8-11

1 現役の仕事をしている町内会の役員たちががんばっているから
2 町内会の役員たちが受け取る報酬が増えたから
3 町内会の役員を選ぶ選挙システムがいいから
4 町内会の役員を任せられる人が大勢いるから

6番 🎧 8-12

1 どうせ会社の出張先と旅行先が重なるから
2 来年旅行に行く計画が立ててあるから
3 海外旅行の計画が無駄になったから
4 予算不足で旅行は無理だから

7番 🎧 8-13

1 人間を感動させる歌唱力
2 人間の身体の傷を癒す能力
3 人間の心を読み取って魅了する能力
4 人間の表情を読む能力

もんだい
問題3 🎧 8-14~19

問題3では、問題用紙に何も印刷されていません。この問題は、全体としてどんな内容かを聞く問題です。話の前に質問はありません。まず話を聞いてください。それから、質問とせんたくしを聞いて、1から4の中から、最もよいものを一つ選んでください。

－メモ－

問題 4 🎧 8-20~33

問題4では、問題用紙に何も印刷されていません。まず文を聞いてください。それから、それに対する返事を聞いて、1から3の中から、最もよいものを一つ選んでください。

―メモ―

問題5

問題5では、長めの話を聞きます。この問題には練習はありません。

メモをとってもかまいません。

1番、2番 🎧 8-34~35

問題用紙に何も印刷されていません。まず話を聞いてください。それから、質問とせんたくしを聞いて、1から4の中から、最もよいものを一つ選んでください。

―メモ―

3番 🎧 8-36

まず話を聞いてください。それから、二つの質問を聞いて、それぞれ問題用紙の1から4の中から、最もよいものを一つ選んでください。

質問1

1 緑に覆われた住宅
2 ナチュラルな住宅
3 夢のある緑の共同住宅
4 和風住宅

質問2

1 緑に覆われた住宅
2 ナチュラルな住宅
3 夢のある緑の共同住宅
4 和風住宅

일본어 능력시험 청해 N1 파이널 테스트 스크립트

파이널 테스트 ❶ 🎧 6-00

問題 1　　　　　　　　　　page 142

1番

🎧 6-01

男の人と女の人が旅行の商品について話しています。男の人はこの後、どうしますか。

男：すみません。「北京、味の旅」のパンフレットを見て電話したんですけど……。
女：はい。何名様でいらっしゃいますか。
男：大人6人と子供5人なんですが。あの、プランの詳しい内容が知りたいんですが。
女：さようでございますか。その名のとおり、北京の有名なレストランで食事をお楽しみいただき、市内を観光するという内容です。詳細はホームページのアジア特集の方をご参照ください。
男：子供向けのアトラクションとかは入ってないんでしょうか。
女：このプランにはございませんが、温泉巡りのプランにお子様が楽しめるコースがございます。ただし、旅行先は台湾になります。
男：そうですか。
女：お客様、旅行先での各サービスの割引クーポンは直接、店舗でご相談いただいたお客様に限りお渡ししておりますので、ぜひ一度お越しになってくださいね。住所はホームページの方に載せておりますので。
男：忙しくて伺う暇がないんですよね。あの、少し検討してみたいんで、温泉巡りのプランのパンフレットをEメールで送っていただけますか。

女：ご住所とご連絡先をおっしゃっていただければ、お送りいたしますが、容量が大きいのでEメールでは全てをお送りできないと思うんです。
男：そんなに大容量なんですか。じゃ、明日時間を割いてそちらの方へ伺います。

男の人はこの後、どうしますか。

1. Eメールのアドレスを旅行会社に教えてあげる
2. Eメールでサービスクーポンを送ってもらう
3. ホームページで旅行会社の住所をチェックする
4. ホームページで旅行情報をチェックする

해석

남자와 여자가 여행 상품에 대해서 이야기하고 있습니다. 남자는 이후에 어떻게 합니까?

남 : 실례합니다. 『북경, 맛의 여행』 팸플릿을 보고 전화했는데요.
여 : 네. 몇 분이시죠?
남 : 어른 6명과 어린이 5명인데요. 저기, 여행 플랜의 자세한 내용을 알고 싶은데요.
여 : 그러세요? 그 이름 그대로 북경의 유명한 식당에서 식사를 즐기시고 시내를 관광한다는 내용입니다. 상세한 것은 홈페이지의 아시아 특집 쪽을 참조해 주세요.
남 : 어린이를 위한 어트랙션 같은 건 들어 있지 않나요?
여 : 이 플랜에는 없습니다만, 온천 순례 여행 플랜에는 자녀분이 즐길 수 있는 코스가 있습니다. 다만, 여행지는 대만으로 바뀝니다.
남 : 그렇습니까?
여 : 손님, 여행지에서 쓰이는 각 서비스의 할인 쿠폰은 직접 지점에서 상담하신 손님에 한해서 드리고 있으니 꼭 한 번 방문해 주세요. 주소는 홈페이지에 실려 있습니다.
남 : 바빠서 방문할 여유가 없어서요. 저기, 조금 검토해 보고 싶어서 그러는데, 온천 순례 여행 플랜의 팸플릿을 이메일로 보내 주실 수 있나요?

여 : 주소와 연락처를 말씀해 주시면 보내 드리는데요. 용량이 커서 이메일로는 전부 보낼 수 없을 것 같습니다.
남 : 그렇게 대용량인가요? 그럼 내일 시간을 내서 그쪽에 방문하겠습니다.

남자는 이후에 어떻게 합니까?

1. 이메일 주소를 여행사에 가르쳐 준다.
2. 이메일로 서비스 쿠폰을 보내 달라고 한다.
3. 홈페이지에서 여행사의 주소를 확인한다.
4. 홈페이지에서 여행 정보를 확인한다.

2番

スクリプト 6-02

男の学生と女の学生がワークキャンプについて話しています。男の人はこの後、まず何をしなければなりませんか。

女 : 今度の夏休みは海外ワークキャンプを申し込んだら？
男 : ワークキャンプって何？ ボランティア活動のようなもの？
女 : そうなの。色々なプロジェクトがあってね。私が申し込んだのは、被災地の子供たちのための英語キャンプの運営を手伝うことなの。
男 : 僕は英語はだめだけど、建築専攻だから家を建てたり、設計したりするのは手伝えるよ。
女 : 家の修復作業をするプロジェクトもあるのよ。田中君にぴったりね。あ、そうだ。パスポート期限切れしてないかちゃんと確かめてね。
男 : つい最近、更新したよ。やっぱり、予防接種とかってしたほうがいいかな。
女 : そうね。地域や時期によって接種する予防注射の種類が違ってくるから、参加が決定するまで待ったほうがいいわね。
男 : え？ 申し込んだら全員参加できるんじゃないの？
女 : ううん。先着順だからね。私は昨日、申し込んだよ。
男 : じゃ、早く申し込まないと。オンラインで申し込めばいいのかな。
女 : 郵便で送る方法もあるけど、どうせ口座に参加費を振り込まないといけないからね。
男 : じゃ、両方ともスマートフォンでやるか。

男の人はこの後、まず何をしなければなりませんか。

1. パスポートの期限チェックをする
2. 予防接種を受けに病院に行く
3. オンラインで参加申込書を作成する
4. 郵便で申込書と参加費を送る

해석

남학생과 여학생이 워크 캠프에 대해서 이야기하고 있습니다. 남자는 이후에 우선 무엇을 하지 않으면 안 됩니까?

여 : 이번 여름방학은 해외 워크 캠프를 신청하는 게 어때?
남 : 워크 캠프라는 게 뭐야? 자원봉사 활동 같은 거야?
여 : 맞아. 여러 가지 프로젝트가 있거든. 내가 신청한 것은 피해지 아이들을 위한 영어 캠프 운영을 돕는 거야.
남 : 나는 영어는 안 되지만 건축 전공이니까 집을 짓거나 설계하는 것은 도울 수 있어.
여 : 집의 보수 작업을 하는 프로젝트도 있어. 다나카 군에게 딱이네. 아, 맞다. 여권 기한이 지나지 않았나 꼭 확인해.
남 : 아주 최근에 갱신했어. 역시 예방 접종 같은 거 하는 게 좋을까?
여 : 글쎄. 지역이나 시기에 따라서 접종하는 예방주사의 종류가 다르니까, 참가가 결정될 때까지 기다리는 게 좋겠어.
남 : 뭐? 신청하면 전원 참가할 수 있는 게 아니야?
여 : 아냐. 선착순이니까. 나는 어제 신청했어.
남 : 그럼 빨리 신청해야겠다. 온라인으로 신청하면 되는 거지?
여 : 우편으로 보내는 방법도 있지만, 어차피 계좌에 참가비를 입금하지 않으면 안 되니까.
남 : 그럼 둘 다 스마트폰으로 해야겠다.

남자는 이후에 우선 무엇을 하지 않으면 안 됩니까?
1. 여권 기한을 확인한다.
2. 예방 접종을 받으러 병원에 간다.
3. 온라인으로 참가 신청서를 작성한다.
4. 우편으로 신청서와 참가비를 보낸다.

3番

スクリプト 6-03

男の人と女の人が賞状印刷工房で話しています。女の人はこの後、まず何をしますか。

男：いらっしゃいませ。今回はどのようなご用件で……。
女：あの、会社の賞状印刷をご依頼したいんですけど。
男：じゃあ、賞状の文面が入ってるUSBはお持ちになりましたか。
女：はい、持ってきました。あの、会社のロゴをUSBに入れてくるのを忘れてしまって。Eメールで送ってもらうよう、連絡いたしましたので、少し待っていただけますか。
男：それならご心配なく。マルト商社でしたらお得意様ですので、ロゴを保管してあります。印刷のご依頼もお電話やEメールで受け付けているので、わざわざいらっしゃらなくていいんですよ。
女：あ、それは知りませんでした。あの、文字のフォントはどうすればいいんですか。
男：うちは毛筆フォントなんです。文面のサンプルが出来上がりましたら、一度ご確認願います。それから、賞状フォルダーはいつものようにブラックでいいですか。
女：色はいいんですが、合成皮革は破れやすいから、シルク素材のフォルダーに変えるように言われて来たんです。すみませんが、シルクのサンプルを一つもらえますか。
男：もちろんです。皮の方も丈夫なんですがね。あ、サンプル出来ました。

女の人はこの後、まず何をしますか。
1. 賞状の文面のサンプルを見てみる
2. 賞状フォルダーのサンプルを見てみる
3. 会社に送ってもらったロゴを確認する
4. 賞状フォルダーの色を決める

해석

남자와 여자가 상장 인쇄 공방에서 이야기하고 있습니다. 여자는 이후에 우선 무엇을 합니까?

남 : 어서 오세요. 오늘은 어떤 용건이신가요?
여 : 저, 회사의 상장 인쇄를 의뢰하고 싶은데요.
남 : 그럼, 상장의 문면이 들어 있는 USB는 가지고 오셨습니까?
여 : 네, 가져왔습니다. 저, 회사 로고를 USB에 넣어 오는 것을 깜박해서요. 이메일로 보내 달라고 연락했으니까 잠시 기다려 주시겠어요?
남 : 그거라면 걱정 마세요. 마르토상사라면 고객이라서 로고를 보관하고 있습니다. 인쇄 의뢰도 전화나 이메일로 접수하고 있으니 일부러 오시지 않아도 된답니다.
여 : 아, 그건 몰랐습니다. 저, 문자 서체는 어떻게 하면 되나요?
남 : 저희는 모필 서체입니다. 문면 샘플이 완성되면 한번 확인 부탁드릴게요. 그리고 상장 케이스는 평상시대로 검은색이면 됩니까?
여 : 색은 괜찮은데요, 합성피혁은 찢어지기 쉬우니 실크 소재의 케이스로 변경하라고 지시를 받고 왔어요. 죄송하지만, 실크 샘플을 하나 받을 수 있을까요?
남 : 물론입니다. 가죽도 튼튼하긴 한데요. 아, 샘플 완성됐습니다.

여자는 이후에 우선 무엇을 합니까?
1. 상장의 문면 샘플을 본다.
2. 상장 폴더 샘플을 본다.
3. 회사에서 보내준 로고를 확인한다.
4. 상장 폴더 색을 결정한다.

4番

스크립트 🎧 6-04

お母さんと先生が子供のゲーム中毒について話しています。お母さんはこれからどうしますか。

女：先生、一郎が最近テレビゲームに夢中になってしまって、他のことをほったらかしにしているんです。どうしたらいいんですか。

男：男の子は、一度ゲームにはまっちゃうと一日中そのことばっかり考えているんですよね。僕も子供の頃はそうでした。

女：先生はどうやってゲームをやめられたんですか。

男：ハハ、僕もいつもそのことで母親を悩ませてましたよ。結局、母がゲーム機をゴミ箱に捨ててしまったんです。

女：まあ、なんと決断力のあるお母様でいらっしゃいますこと。私も見習わなくては。

男：僕は一郎君より頑固者でしたからね。今考えると、僕をゲーム中毒から救うにはそれしか方法がなかったんだと思いますよ。一郎君の場合は少し違うんじゃないかな。

女：どう違うんでしょうか。

男：一郎君は規則を決めればちゃんと守る子だと思いますよ。ゲームをする時間を決めて、守れなかったら没収することを前提にゲームを認めるのはどうでしょうか。無理矢理没収してしまうと、信頼関係が崩れるかもしれませんよ。

女：守れない時はどうすればいいんでしょうか。

男：守れない時は、3日間没収するなどして親の断固とした態度を見せなくてはなりません。守るべきことを守らないのはいけないことだとわからせるのが効果的だと思いますよ。

女：参考になりました。ありがとうございました。

お母さんはこれからどうしますか。

1. ゲームを理解するために一緒にゲームをしてみる
2. 規則を守ることは重要だということを息子に言って聞かせる
3. ゲーム機を没収してあきらめるようにする
4. 信頼関係を築くためにゲームについて息子と話してみる

해석

어머니와 선생님이 아이의 게임 중독에 대해서 이야기하고 있습니다. 어머니는 이제부터 어떻게 합니까?

여 : 선생님, 이치로가 요새 텔레비전 게임에 푹 빠져서 다른 일은 내팽개치고 있답니다. 어떻게 하면 좋을까요?

남 : 남자아이는 한번 게임에 빠져 버리면 하루 종일 그것만 생각하고 있지요. 저도 어릴 때는 그랬답니다.

여 : 선생님은 어떻게 해서 게임을 그만두시게 됐나요?

남 : 하하, 저도 항상 그 일 때문에 어머니 골치를 썩였었지요. 결국, 어머니가 게임기를 쓰레기통에 버렸답니다.

여 : 어머, 참으로 결단력 있으신 어머니시네요. 저도 배워야겠어요.

남 : 저는 이치로보다 고집이 셌었거든요. 지금 생각해보면 저를 게임 중독에서 구하려면 그것밖에 방법이 없었다고 생각해요. 이치로의 경우는 조금 다르지 않을까요?

여 : 어떻게 다른가요?

남 : 이치로는 규칙을 정하면 잘 지키는 아이라고 생각해요. 게임을 하는 시간을 정하고, 지키지 못하면 몰수하는 것을 전제로 게임을 인정해 주는 것은 어떨까요? 강제로 몰수해 버리면 신뢰 관계가 무너질지도 모릅니다.

여 : 지키지 못할 때는 어떻게 하면 될까요?

남 : 지키지 못할 때는 3일간 몰수하거나 해서 부모의 단호한 태도를 보여주지 않으면 안 됩니다. 지켜야 하는 것을 지키지 않으면 안 된다는 것을 알게 하는 것이 효과적이라고 생각합니다.

여 : 참고가 되었어요. 고맙습니다.

어머니는 이제부터 어떻게 합니까?

1. 게임을 이해하기 위해서 함께 게임을 해 본다.

2. 규칙을 지키는 것은 중요하다는 것을 아들에게 알아 듣도록 말한다.
3. 게임기를 몰수해서 포기하게 한다.
4. 신뢰 관계를 쌓기 위해서 게임에 대해서 아들과 이야기해 본다.

5番

스크립트 6-05

男の人と女の人が新年の計画について話しています。男の人はこれからどうしますか。

女：ここ何年か、新年になるたびに立てる計画があります。ダイエットすることなんですが、いつも三日坊主になってしまうんです。

男：たばこをやめることとダイエットは毎年恒例の計画ですよね。それに、なかなか実行するのが難しい計画でもありますよね。

女：ふたつとも余程強硬な手段を使わないと、いつまで経っても三日坊主に終わってしまいますよね。

男：今年はどうするんですか。今年もやっぱり？

女：そうですね。三度目の正直っていいますか、今度こそできるっていう確信があるんです。でもそのためには木村さんに手伝ってもらわないといけないんです。

男：え？僕に？何でしょう。

女：実は木村さんが勤務しているジムに少し気になる人がいるんです。確か名字は井口だったと思います。その人がいつも何時に来るか調べてほしいんです。

男：え？まあ、僕は受付にいるからそんな事は朝飯前だけど、それとダイエットと何の関係があるんですか。

女：その人が来る時間に合わせて私もジムで運動しようと思ってるんです。彼氏ができる

かもしれないし、ダイエットもできるから一石二鳥でしょう？

男：なるほど。そういうことなら、僕に任せてください。でも、その人に恋人がいたらどうするんですか。

女：もしそうなら、私の計画はおじゃんです。

男の人はこれからどうしますか。
1. 女の人のためにジムの受付に就職する
2. 受付のコンピューターで井口さんのスケジュールを調べる
3. 女の人に告白するためにジムで体を鍛える
4. ジムで朝ごはんを食べてから仕事を始める

해석

남자와 여자가 신년계획에 대해서 이야기하고 있습니다. 남자는 이제부터 어떻게 합니까?

여 : 최근 몇 년간 신년이 될 때마다 세우는 계획이 있습니다. 다이어트하는 것인데 언제나 작심삼일이 되어 버립니다.

남 : 담배를 끊는 것과 다이어트는 매년 상례의 계획이죠. 게다가 좀처럼 실행하는 게 어려운 계획이기도 합니다.

여 : 둘 다 어지간히 강경한 수단을 쓰지 않으면 언제까지고 작심삼일로 끝나 버리고 말지요.

남 : 올해는 어떻게 하실 겁니까? 올해도 역시?

여 : 글쎄요. 삼세번이라고 할까, 이번에야말로 할 수 있다는 확신이 있답니다. 하지만 그러기 위해서는 기무라 씨가 도와주셔야만 해요.

남 : 예? 제가요? 무슨 일이죠?

여 : 실은 기무라 씨가 근무하고 있는 체육관에 좀 신경이 쓰이는 사람이 있어요. 아마 성이 이구치였던 것 같습니다. 그 사람이 항상 몇 시에 오는지 알아봐 줬으면 합니다.

남 : 예? 뭐, 저는 접수처에 있으니까 그런 일은 누워서 떡먹기지만 그것과 다이어트와 무슨 상관이 있는 겁니까?

여 : 그 사람이 오는 시간에 맞춰서 저도 체육관에서 운동을 하려고 합니다. 남자친구가 생길지도 모르고 다이어트도 할 수 있으니까 일석이조지요.

남 : 그렇군요. 그런 일이라면 저한테 맡겨 주세요. 하지만 그 사람한테 애인이 있으면 어떻게 합니까?

여 : 만약 그렇다면 제 계획은 허사로 돌아가는 거죠.

남자는 이제부터 어떻게 합니까?
1. 여자를 위해서 체육관의 접수처에 취직한다.
2. 접수처에 있는 컴퓨터로 이구치 씨의 스케줄을 알아본다.
3. 여자에게 고백하기 위해서 체육관에서 몸을 단련한다.
4. 체육관에서 아침밥을 먹고 나서 업무를 시작한다.

6番

스크립트 6-06

女の人と男の人がヘアースタイルについて話しています。女の人はこれからどうしますか。

女 : ねえ見て。私髪型変えたの。髪が全体的に重くてシャギーにしてもらったんだけど。変かな？
男 : そうだな。全体的に髪のボリューム感がなくなってしまって、なんか寂しい感じがするけど。まあ、まだ見慣れてないからそう感じるんだと思うよ。
女 : それは私に似合わないって意味ね。そうでしょう？
男 : 別にそういうわけじゃないよ。そんなむきになるなよ。気に入らなければその美容院に行って相談してみたら？
女 : そうね。でも今の状態でどう直してもらえばいいんだろう？
男 : そうだな。ボリュームが必要だから、軽くパーマでもしてもらったらどうかな？短いからカールが強いのじゃなくてゆるめにしてくださいって頼むの忘れないように。
女 : いい考えね。それから後ろ髪ももう少し切りそろえてもらおうかしら。
男 : いや、パーマするんだったらそのままにしておいた方がいいんじゃないか。変にいじるともっと短くなっちゃうよ。
女 : そうね。

男 : それからお金に余裕があったら髪を明るく染めるのもいいと思うよ。
女 : それは財布の中身を確認してからにするわね。いいアドバイスありがとう。
男 : どういたしまして。今度はもうブーブーいうなよ。

女の人はこれからどうしますか。
1. 美容院で後ろ髪を切りそろえてもらう
2. 美容院で髪の毛を染めてからパーマをかけてもらう
3. 美容院で髪の毛の長さは今のままでパーマをかけてもらう
4. 美容院で髪の毛を明るく染めてから少し切りそろえてもらう

해석

여자와 남자가 헤어스타일에 대해서 이야기하고 있습니다. 여자는 이제부터 어떻게 합니까?

여 : 저기 나 좀 봐봐. 나 머리 모양 바꿨어. 머리가 전체적으로 무거워서 새기 스타일로 해 달라고 했는데. 이상한가?
남 : 글쎄. 전체적으로 머리의 볼륨감이 없어져서 뭔가 허전한 느낌이 들지만. 뭐 아직 익숙하지 않아서 그렇게 느끼는 것 같아.
여 : 그 말은 나한테 안 어울린다는 뜻이지? 그런 거지?
남 : 딱히 그런 뜻이 아니야. 그렇게 화내지 마. 마음에 안 들면 그 미용실에 가서 상담을 받아보는 게 어때?
여 : 글쎄. 하지만 지금 상태에서 어떻게 고쳐 달라고 하면 좋을까?
남 : 글쎄. 볼륨이 필요하니까 가볍게 파마라도 해 달라고 하면 어떨까? 짧으니까 컬이 강한 것 말고 약한 것으로 해 달라고 부탁하는 것 잊지 말고.
여 : 좋은 생각이네. 그리고 뒷머리도 조금 가지런히 잘라 달라고 할까?
남 : 아니, 파마할 거면 그대로 두는 편이 좋지 않을까? 괜히 건드리면 더 짧아질 거야.
여 : 그렇구나.
남 : 그리고 돈에 여유가 있다면 머리를 밝게 염색하는 것도 좋을 것 같아.
여 : 그건 지갑 속을 확인하고 나서 할게. 좋은 어드바이스 고마워.

남 : 천만에. 이번에는 더 이상 툴툴거리지 마.

여자는 이제부터 어떻게 합니까?

1. 미용실에서 뒷머리를 가지런히 잘라 달라고 한다.
2. 미용실에서 머리를 염색하고 나서 파마를 해 달라고 한다.
3. 미용실에서 머리 길이는 지금 그대로 하고 파마를 해 달라고 한다.
4. 미용실에서 머리를 밝게 염색한 뒤 조금 가지런히 잘라 달라고 한다.

問題 2

page 145

1番

스크립트 6-07

男の人と女の人が映画について話しています。女の人はどうして映画「タイフーン」をまだ観ていませんか。

男 : 最近の映画でおもしろいのってなんだろうね。

女 : 昨日観たＳＦファンタジー、悪くなかったわよ。

男 : そうか。それよりも前から観たいと思ってた映画があるんだけど、ほら3D映画で有名なあれあるでしょう。

女 : あ、「タイフーン」でしょう？今大人気よ。何でもその映画を作るのに10年以上もかかったらしいわね。災害映画だから3Dで観ると迫力満点だそうよ。

男 : 昔と違って3D用のめがねをかけてみても目が疲れないって聞いたけど。

女 : そうね。小学生の時、アニメの3D映画を観たことがあるんだけど、吐き気がして途中で出てきてしまったわ。「タイフーン」は3Dめがねで長時間観ても大丈夫らしいわよ。

男 : ま、とにかく「タイフーン」ってすごい人気だから、予約していかないと席がなさそうだね。

女 : 実は、昨日観ようとしてた映画が「タイフーン」だったんだけど、売り切れてて。立ち見なら入れるって言われたんだけど、3時間もかかるからね。

男 : 見るなら週末の分を予約するしかないんだけど、今からだともう売り切れているかもしれないな。

女 : そうね。じゃあ、もう少し待ってみましょうよ。

男 : そうしようか。

女の人はどうして映画「タイフーン」をまだ観ていませんか。

1. 「タイフーン」よりＳＦファンタジーの映画を観たかったから
2. 観ようとしたが、席がなかったから
3. 男の人が週末に一緒に観ようと誘ったから
4. 観る人が少なくなるまで待つ方が楽に観られると思ったから

해석

남자와 여자가 영화에 대해서 이야기하고 있습니다. 여자는 왜 영화 '타이푼'을 아직 보지 않았습니까?

남 : 요새 영화 중에서 재미있는 것은 뭐가 있을까?
여 : 어제 본 SF 판타지, 나쁘지 않았어.
남 : 그렇구나. 그것보다도 전부터 보고 싶었던 영화가 있는데, 저기 말야 3D 영화로 유명한 그거 있잖아.
여 : 앗, '타이푼' 말하는 거지? 지금 정말 인기 많아. 뭐라더라, 그 영화 만드는데 10년 이상이나 걸렸다며? 재난 영화니까 3D로 보면 박력 만점이래.
남 : 옛날과 달라서 3D용 안경을 쓰고 봐도 눈이 피곤하지 않다고 들었는데.
여 : 맞아. 초등학생 때, 3D 만화영화를 본 적이 있는데, 토할 것 같아서 도중에 나와 버렸어. '타이푼'은 3D 안경으로 장시간 봐도 괜찮다고 하더라.
남 : 뭐, 어쨌든 '타이푼'은 굉장히 인기 있으니까 예약하고 가지 않으면 자리가 없을 것 같아.

여 : 실은, 어제 보려고 했던 영화가 '타이푼'이었는데 매진되었거든. 서서 보는 거라면 들어갈 수 있다고 했지만, 3시간이나 걸리니까….
남 : 본다면 주말 분을 예약할 수밖에 없지만 지금부터라면 벌써 매진됐을지도 몰라.
여 : 그렇겠다. 그럼, 좀 더 기다려 보자.
남 : 그렇게 할까?

여자는 왜 영화 '타이푼'을 아직 보지 않았습니까?

1. '타이푼'보다 SF 판타지 영화를 보고 싶었기 때문에
2. 보려고 했지만, 자리가 없었기 때문에
3. 남자가 주말에 같이 보자고 권했기 때문에
4. 보는 사람이 적어질 때까지 기다리는 편이 편하게 볼 수 있다고 생각했기 때문에

2番

스크립트 6-08

会社で男の人と女の人が飲み会について話しています。女の人が飲み会に行きたがらない一番の理由は何ですか。

男 : 今日飲み会があること、知っていますか。
女 : はい、私はできたらパスしたいんですけどね。抜けると後で何か言われそうだし。
男 : お酒、飲めないんですか。
女 : お酒も飲めないんですが、それよりたばこの臭いが大嫌いなんです。服や髪の毛につく臭いなんか最悪です。飲み会がせっかく盛り上がっても、この臭いが耐えられなくて、長居できないんです。
男 : 私も今禁煙して4ヶ月目なんですが、禁煙する前はたばこの臭いがこんなに不愉快だとは思いもしませんでしたよ。
女 : まあ、そうなんですか。
男 : とりあえず飲み会の場では、我慢して、ジャケットとか、脱げるものは脱いで、なるべく吸う人のそばに近寄らないようにしているんです。
女 : 私は家に帰ると必ずジャケットやコートは臭いが取れるように外に掛けておくんです。臭いを取らずにタンスに入れてしまうと、他の洋服にもその臭いが移ってしまって後で面倒なことになりますからね。
男 : 他の人も、たばこの臭いのせいで色々と苦労しているでしょうね。
女 : 飲み会に行くのって、たばこを吸いに行くのと同じだって思ってる人もいるくらいですからね。

女の人が飲み会に行きたがらない一番の理由は何ですか。

1. 飲み会でお酒を無理矢理飲まされるから
2. たばこの臭いで色々と面倒くさいことが多いから
3. せっかく禁煙しているのに、その決心を守れなくなるから
4. たばこを吸いに行くのだから

해석

회사에서 남자와 여자가 회식에 대해서 이야기하고 있습니다. 여자가 회식에 가고 싶어하지 않는 가장 큰 이유는 무엇입니까?

남 : 오늘 회식이 있는 것 알고 있어요?
여 : 네, 저는 가능하면 패스하고 싶긴 하지만. 빠지면 나중에 무슨 말을 들을 것 같고.
남 : 술, 못 드세요?
여 : 술도 못 마시지만 그것보다 담배 냄새가 너무 싫어요. 옷이나 머리카락에 배는 냄새 같은 건 최악이에요. 회식자리가 모처럼 분위기가 무르익어도, 이 냄새를 견딜 수 없어서 오래 못 있어요.
남 : 저도 지금 금연한 지 넉 달째인데, 금연하기 전에는 담배 냄새가 이렇게 불쾌할 줄 생각도 못했어요.
남 : 어머, 그래요?
남 : 우선 회식자리에서는 참고, 재킷이라든지 벗을 수 있는 것은 벗고 가능한 한 담배 피우는 사람 옆에 가까이 가지 않도록 하고 있어요.
여 : 저는 집에 돌아가면 꼭 재킷이나 코트는 냄새가 빠지도록 밖에 걸어 둬요. 냄새를 빼지 않고 옷장에 넣으면 다른 옷에도 그 냄새가 옮아서 나중에 귀찮게 되거든요.

남 : 다른 사람도 담배 냄새 때문에 여러 가지로 힘들어하고 있겠죠?
여 : 회식자리에 가는 게 담배를 피우러 가는 것과 똑같다고 생각하는 사람도 있을 정도니까요.

여자가 회식에 가고 싶어하지 않는 가장 큰 이유는 무엇입니까?

1. 회식에서 술을 억지로 마시게 하니까
2. 담배 냄새로 여러 가지 귀찮은 일이 많으니까
3. 모처럼 금연을 하고 있는데 그 결심을 지킬 수 없게 되니까
4. 담배를 피우러 가는 것이라서

3番

スクリプト 6-09

男の人二人と女の人が癖について話しています。女の人は癖についてどう思っていますか。

男1：直したくても直せない癖ってありますか。
女　：ありますね。私は緊張したりいらいらしたりすると、つい髪の毛をいじる癖があるんです。
男1：いますね、そういう人。そういう人の近くに行って周りに髪の毛がたくさん落ちていてぎょっとしたことがありますよ。僕の場合、少し恥ずかしいんですが、貧乏ゆすりをするんです。
女　：貧乏ゆすりをすると貧乏神に取り付かれるっていう話もありますからね。まあ、根拠のない話ではありますが、見た目があまりよくないから直した方がいいと思いますよ。
男2：貧乏ゆすりって心理的に不安だったり、欲求不満があるときに表れる癖だって聞きましたが、何か溜まっているストレスでもあるんじゃないんですか。
男1：そうなんですか。原因がわかると直るかもしれませんね。早く直さないと。

男2：僕は、やることがない時、つめを噛む癖があるんです。
女　：まあ、それもまた厄介な癖ですね。
男2：だからいつもつめを短くしてないといけないんです。子供の時はこの癖を直そうとして母がよくつめに苦い薬なんかをつけていましたが、なかなか直りませんね。
女　：つめを噛んでるのも、見た目がよくないですよね。女性の一番嫌う男性の癖が、貧乏ゆすりとつめを噛むことなんです。
男1：だから僕たちまだ結婚できずにいるんですかね、ハハ。

女の人は癖についてどう思っていますか。

1. 貧乏ゆすりは直した方がいいが、つめを噛む癖は自然に直ると思っている
2. 髪をいじる癖も見た目が良くないので直した方がいいと思っている
3. つめを噛む癖は厄介だと思っている
4. 見た目が良くない癖のせいで結婚できないと思っている

해석

남자 두 명과 여자가 버릇에 대해서 이야기하고 있습니다. 여자는 버릇에 대해서 어떻게 생각하고 있습니까?

남1 : 고치고 싶어도 고칠 수 없는 버릇이 있습니까?
여　: 있지요. 저는 긴장하거나 초조해지면 무심코 머리카락을 만지는 버릇이 있어요.
남1 : 있지요, 그런 사람. 그런 사람 근처에 가보니 주변에 머리카락이 많이 떨어져 있어서 흠칫한 적이 있습니다. 저의 경우, 조금 창피한데 다리를 떱니다.
여　: 다리를 떨면 가난을 가져다 준다는 신이 붙는다는 이야기도 있으니까요. 뭐, 근거 없는 이야기이기는 하지만, 보기에 별로 좋지 않으니까 고치는 편이 좋다고 생각해요.
남2 : 다리를 떠는 건 심리적으로 불안하거나 욕구불만이 있을 때 나타나는 버릇이라고 들었습니다만, 뭔가 쌓여 있는 스트레스라도 있는 것이 아닙니까?
남1 : 그렇습니까? 원인을 알면 고쳐질지도 모르겠네요.

빨리 고쳐야겠습니다.
남2 : 저는 할 일이 없을 때 손톱을 깨무는 버릇이 있습니다.
여 : 어머, 그것도 참 성가신 버릇이네요.
남2 : 그래서 언제나 손톱을 짧게 해 놓지 않으면 안 됩니다. 어렸을 때는 이 버릇을 고치려고 어머니가 자주 손톱에 쓴 약 같은 것을 바르셨습니다만, 좀처럼 고쳐지지 않네요.
여 : 손톱을 깨무는 것도 보기 좋지 않죠. 여성이 가장 싫어하는 남성의 버릇이 다리 떠는 것과 손톱을 깨무는 거예요.
남1 : 그래서 우리가 아직 결혼을 못하고 있는 건가요, 하하.

여자는 버릇에 대해서 어떻게 생각하고 있습니까?

1. 다리 떠는 것은 고치는 편이 좋지만, 손톱을 깨무는 버릇은 자연스럽게 고쳐진다고 생각하고 있다.
2. 머리카락을 만지는 버릇도 보기에 안 좋기 때문에 고치는 편이 좋다고 생각하고 있다.
3. 손톱을 깨무는 버릇은 성가시다고 생각하고 있다.
4. 보기에 안 좋은 버릇 때문에 결혼을 못한다고 생각하고 있다.

4番

스크립트 🎧 6-10

男の人と女の人が家の電話について話しています。二人は家の電話をどうすることにしましたか。
男 : 家の電話、なくそうと思ってるんだけど。
女 : いいわよ。別になくても不便じゃないわ。二人とも携帯持ってるし。
男 : じゃあ、今月までってことでいいかい?
女 : そうね。あ、待って。でも、やっぱり残しておいた方がいいかしら。うちのマンションって後ろに山があるから時々受信状態がよくないでしょう? そういう時ってやっぱり家の電話が必要かも。
男 : でも、電話って大抵会社でするだろう?
女 : 私、週末にもお得意様と電話で話すことがあるのよ。あ、料金が問題なら、インターネット電話に替えてみたらどうかしら? 最近のインターネット電話って通話するときの音質も昔より改善されているし、何よりも料金が安いのよ。
男 : でも電話番号変えるとなると、いろいろ手間がかかるだろう?
女 : 知らないの? 今の電話番号をそのまま使えるようにしてくれる会社もあるのよ。携帯からメールも送れるし、海外への電話料金も携帯からかけるより安いのよ。
男 : 僕の友だちがインターネット電話使っているんだけど、時々通話が切れることもあるらしいよ。安いのにはそれなりの理由があるんだって。
女 : どうせなくそうと思ってた家の電話なんだから、そのくらい平気よ。
男 : そうか。後で文句言っても知らないぞ。
女 : 心配ご無用。

二人は家の電話をどうすることにしましたか。

1. デメリットがあるとわかっても、安いからインターネット電話に替えることにした
2. 不便じゃないから携帯だけ使うことにした
3. インターネット電話を使うのはまだ心配なのでやめることにした
4. インターネット電話の方がメリットが少ないので、もとの電話をそのまま使うことにした

해석

남자와 여자가 집 전화에 대해서 이야기하고 있습니다. 두 사람은 집 전화를 어떻게 하기로 했습니까?

남 : 집 전화, 없애려고 생각하고 있는데.
여 : 좋아. 딱히 없어도 불편하지 않아. 두 사람 다 휴대전화 가지고 있고.
남 : 그럼, 이달까지만 사용하는 것으로 괜찮겠지?
여 : 그렇네. 앗, 기다려 봐. 그래도 역시 남겨 두는 편이 좋을지 몰라. 우리 맨션은 뒤에 산이 있어서 가끔 수신상태가 안 좋잖아? 그럴 때는 역시 집 전화가 필요할지도 몰라.

남 : 하지만 전화는 대개 회사에서 하잖아?
여 : 나는 주말에도 우수 고객이랑 전화로 이야기할 때가 있어. 아, 요금이 문제라면 인터넷 전화로 바꿔보면 어떨까? 요새 인터넷 전화는 통화할 때 음질도 옛날보다 개선되었고 무엇보다도 요금이 싸니까.
남 : 하지만 전화번호를 바꾸게 되면 여러 가지로 품이 들잖아.
여 : 모르는구나? 지금 전화번호를 그대로 사용할 수 있게 해 주는 회사도 있어. 휴대전화에서 문자도 보낼 수 있고, 해외에 거는 전화요금도 휴대전화에서 거는 것보다 싸다니까.
남 : 내 친구가 인터넷 전화 사용하고 있는데 가끔 통화가 끊길 때도 있는 모양이야. 싼 데에는 그럴 만한 이유가 있는 거라더라고.
여 : 어차피 없애려고 생각했던 집 전화니까 그 정도는 괜찮아.
남 : 그래? 나중에 불평해도 난 몰라.
여 : 걱정하지 마.

두 사람은 집 전화를 어떻게 하기로 했습니까?
1. 결점이 있는 것을 알고 있어도 싸니까 인터넷 전화로 바꾸기로 했다.
2. 불편하지 않으니까 휴대전화만 사용하기로 했다.
3. 인터넷 전화를 사용하는 것은 아직 걱정이 되기 때문에 그만두기로 했다.
4. 인터넷 전화 쪽이 이점이 적기 때문에 원래 쓰던 전화를 그대로 쓰기로 했다.

5番

스크립트  6-11

お父さんと娘が裁判員制度について話しています。お父さんはどうすることにしましたか。
男：お父さん、裁判員候補に選ばれたみたいだぞ。
女：へえ、本当？じゃあ、お父さんが裁判員になって法廷に立つわけ？
男：まだ候補の段階だよ。公判が始まる前に裁判官に会って面接をしないといけないんだ。

女：もし選ばれたらどうなるの？放棄してもいいわけ？
男：何か特別な事情がない限りは僕たちに拒否権はないんだ。
女：特別な事情って何なの？
男：70歳以上の高齢者だったり、重病だったり、家族の誰かの看病や介護をしないといけないなどの場合には裁判員を辞退してもいいんだ。
女：お父さん、その日はお母さんの病院に行かないといけないでしょう。どうするの？
男：そうだな。僕がいなかったら、お前一人で看病するのって大変だろう？辞退するしかないな。
女：その日は退院前の簡単な検査しかないって言ってたよ。お父さんが必要なのはその次の日だよ。
男：そうか。じゃあ、よろしく頼むな。結果は後で電話で教えるから。

お父さんはどうすることにしましたか。
1. 裁判員を辞退することにした
2. 面接の後、娘に電話することにした
3. 裁判員の仕事が終わったら電話することにした
4. お母さんのいる病院へ行くことにした

해석

아버지와 딸이 재판원 제도에 대해서 이야기하고 있습니다. 아버지는 어떻게 하기로 했습니까?
남 : 아버지가 재판원 후보에 뽑힌 것 같아.
여 : 와, 정말? 그럼 아버지가 재판원이 돼서 법정에 서는 거예요?
남 : 아직 후보 단계야. 공판이 시작되기 전에 재판관을 만나서 면접을 보지 않으면 안 돼.
여 : 만약 뽑히면 어떻게 되는 건데요? 포기해도 되는 건가요?
남 : 뭔가 특별한 사정이 없는 한 우리한테 거부권은 없단다.

여 : 특별한 사정이 뭔데요?
남 : 70세 이상의 고령자이거나, 중병이거나, 가족 중 누군가의 간병이나 간호를 해야만 하는 등의 경우에는 재판원을 사퇴해도 되는 거야.
여 : 아버지, 그날은 어머니 병원에 가지 않으면 안 되잖아요? 어떻게 할 거예요?
남 : 글쎄. 내가 없으면 너 혼자 간병하는 건 힘들겠지? 사퇴할 수밖에 없겠는데.
여 : 그날은 퇴원 전의 간단한 검사밖에 없다고 했어요. 아버지가 필요한 것은 그 다음날이에요.
남 : 그렇구나. 그럼 잘 부탁한다. 결과는 나중에 전화로 가르쳐줄게.

아버지는 어떻게 하기로 했습니까?
1. 재판원을 사퇴하기로 했다.
2. 면접 후 딸에게 전화하기로 했다.
3. 재판원의 일이 끝나면 전화하기로 했다.
4. 부인이 있는 병원에 가기로 했다.

6番

男の人と女の人が子供の目について話しています。女の人はどうして夕方遅くなると言っていますか。

男 : 奈々子、まだ目をこすってるなあ。かゆいのかな。
女 : そうねえ。前髪が長いのかなあ。切ってあげたらかゆがらないかも。どうせ私も夕方、パーマの予約入れてるから一緒に行って切ってもらうわ。
男 : 髪の毛の問題じゃないと思うんだけど。昨日からずっと目をこすっていたぞ。
女 : 本当？目にものもらいができたのかな。それとも、花粉症か何かのアレルギーでもあるのかしら。だってほら、目も少し赤いし、鼻水も出てるわよ。これから、耳鼻咽喉科に連れて行ってみるわ。
男 : そうかな。僕がゆうべまぶたの内側を見てみた時、なんか黒いものが見えたんだ。
女 : まゆげでも中に入ったのかしら。
男 : 今朝も見てみたらそのままだったから、眼科にでも行ってみた方がいいと思うよ。
女 : じゃあ、何もみつからなかったら耳鼻咽喉科に行くわね。それから、今日帰るの遅いから夕食先に食べててね。
男 : はいはい。

女の人はどうして夕方遅くなると言っていますか。
1. 眼科で異常がないと言われたら、耳鼻咽喉科に行って、美容院でパーマをかけて来るから
2. 美容院に行ってから眼科に寄って、異常があったら治療で遅くなるから
3. 眼科に行ってから美容院でパーマをかけてもらって、そのあと耳鼻咽喉科に寄って来るから
4. 耳鼻咽喉科に寄ってから眼科に行って、それから美容院でパーマをかけて来るから

해석

남자와 여자가 아이의 눈에 대해서 이야기하고 있습니다. 여자는 왜 저녁에 늦어진다고 말하고 있습니까?

남 : 나나코, 아직도 눈을 비비고 있네. 가려운 건가?
여 : 그러네. 앞머리가 긴 건가? 잘라 주면 가려워하지 않을지도 몰라. 어차피 나도 저녁에 파마 예약을 잡아 놓았으니 함께 가서 잘라 달라고 할게.
남 : 머리카락 문제가 아닌 것 같은데. 어제부터 계속 눈을 비비고 있었어.
여 : 정말? 눈에 다래끼가 생겼나? 아니면 꽃가루나 뭔가 알레르기라도 있는 걸까? 왜냐하면 봐 봐, 눈도 조금 빨갛고 콧물도 나. 지금 이비인후과에 데려가 볼게.
남 : 그런가? 내가 어젯밤에 눈꺼풀의 안쪽을 봤을 때, 뭔가 검은 것이 보였어.
여 : 눈썹이라도 안에 들어간 건가?
남 : 오늘 아침에 봐도 그대로라서 안과에라도 가 보는 게 좋을 것 같아.
여 : 그럼, 아무것도 발견이 안 되면 이비인후과에 갈게. 그리고 오늘 집에 늦게 오니까 저녁 먼저 먹고 있어.
남 : 예예.

여자는 왜 저녁에 늦어진다고 말하고 있습니까?

1. 안과에서 이상이 없다고 하면 이비인후과에 가고, 미용실에서 파마를 하고 오니까
2. 미용실에 가고 나서 안과에 들르고, 이상이 있다면 치료 때문에 늦어지니까
3. 안과에 간 다음, 미용실에서 파마를 하고 그 후에 이비인후과에 들르고 오니까
4. 이비인후과에 들르고 나서 안과에 가고, 그리고 나서 미용실에서 파마를 하고 오니까

7番

스크립트 6-13

男の人がアルバイト先で起こったことについて話しています。男の人が不満に思っていることは何ですか。

男：飲食店の洗い場でのアルバイトを先月から始めました。食器の数も多いし、割れないように気も使うので、最初のうちは一日が終わると水と汗でびしょびしょになった上にあちこち筋肉痛で大変でした。ですが、一週間もするとコツをおぼえ、水にぬれること以外は仕事に慣れてきました。ところが、年末が近づくにつれてお店のお客さんが増え、洗い場の仕事も思った以上に忙しくなっていきました。厨房に食器洗浄器がありますが、油汚れがひどい場合は洗浄器だけでは汚れがとれず、一つ一つ手で洗う必要があるので、疲れはたまる一方でした。更に不愉快なのは、皿洗いのはずが、人手が足りないときは調理の手伝いまでさせられるという点です。一応ホテルの厨房で勤務していたこともあるので、何とか急ぎの仕事はこなしているのですが、正直いつ音を上げてしまうか分かりません。仕事場が家から近いのが唯一の慰めです。

男の人が不満に思っていることは何ですか。

1. 厨房の仕事に興味がわかないという点
2. 皿洗いより調理場の仕事がしたいという点
3. 皿洗いだけでなく調理の手伝いまでさせられているという点
4. ホテルの厨房でやっていた仕事が懐かしいという点

해석

남자가 아르바이트 장소에서 일어난 일에 대해서 이야기하고 있습니다. 남자가 불만스럽게 생각하고 있는 것은 무엇입니까?

남 : 음식점 설거지칸에서의 아르바이트를 지난달부터 시작했습니다. 식기 수도 많고 깨지지 않도록 신경도 쓰기 때문에 처음에는 하루가 끝나면 물과 땀으로 흠뻑 젖는 데다가 여기저기 근육통으로 힘들었습니다. 하지만 일주일이 지나면서 요령을 익혀서 물에 젖는 것 외에는 일에 익숙해졌습니다. 그런데 연말이 다가옴에 따라 가게에 손님이 늘어서 설거지칸 일도 생각 이상으로 바빠졌습니다. 주방에 식기세척기가 있습니다만, 기름때가 심할 때는 세척기만으로는 때가 빠지지 않아서 일일이 손으로 씻을 필요가 있기 때문에 피곤은 쌓이기만 했습니다. 더욱 불쾌한 것은 설거지만 하기로 했었는데 일손이 모자랄 때는 조리일의 심부름까지 시킨다는 점입니다. 한번 호텔 주방에서 근무한 적도 있기 때문에 어떻게든 급한 일은 해내고 있지만, 솔직히 말해서 언제 손을 들게 될지 모르겠습니다. 일하는 곳이 집에서 가까운 것이 유일하게 위로가 됩니다.

남자가 불만스럽게 생각하고 있는 것은 무엇입니까?

1. 주방 일에 흥미가 생기지 않는다는 점
2. 설거지보다 조리장의 일을 하고 싶다는 점
3. 설거지뿐만 아니라 조리일까지 시킨다는 점
4. 호텔 주방에서 했던 일이 그립다는 점

問題 3

page 148

1番

スクリプト 6-14

大学の先生が話しています。

男：期末試験は無しにするかわりに、レポートを提出してもらいます。夏休みを有意義に過ごしてもらえるように、みなさんには何らかのボランティア活動をしてもらいます。その体験をレポートにしてきてください。他人の体験をあたかも自分の物であるかのように偽ってレポートを書いてはいけません。そういう人には、秋にちゃんとボランティアをやってもらいますので。ボランティア活動の期間は最低３日です。自分の特技を活かした活動なら言うことありません。歌や踊りに自信があったら老人ホームで愛嬌を振り舞いてもいいし、勉強しか能がないという人は孤児院などで子供たちの勉強をみてやってもいいですね。活動に影響を及ぼさない範囲で証拠写真を撮るのもいいかと思います。活動が終わったら、積極性と献身度について、受け入れ先に評価してもらってください。

先生はどういうレポートを書くように言っていますか。

1. ボランティア活動をしたという証拠写真を必ず添付したレポート
2. 自分に合った他人のボランティア活動体験記を真似て書いたレポート
3. 自分に合ったボランティア活動を献身的に行ったことを証明するレポート
4. 必ず自分の特技を活かしたボランティア活動を行ったレポート

해석

대학 교수가 이야기하고 있습니다.

남 : 기말시험을 안 보는 대신에 리포트를 제출해야 합니다. 여름방학을 뜻있게 보낼 수 있도록 여러분들이 어떤 자원봉사활동을 하도록 하겠습니다. 그 체험을 리포트로 작성해서 오십시오. 타인의 체험을 마치 자기 것인 양 위조해서 리포트를 쓰면 안 됩니다. 그런 사람에게는 가을에 제대로 자원봉사 활동을 시킬 예정이니까요. 자원봉사 활동 기간은 최저 3일입니다. 자신의 특기를 살린 활동이라면 더할 나위 없습니다. 노래나 춤에 자신이 있으면 양로원에서 애교를 부려도 되고, 공부밖에 잘하는 것이 없다는 사람은 고아원 등에서 아이들의 공부를 봐 주는 것도 좋습니다. 활동에 영향을 끼치지 않는 범위에서 증거사진을 찍는 것도 좋다고 생각합니다. 활동이 끝나면 적극성과 헌신도에 대해서 자원봉사 활동을 허락해 준 곳에서 평가를 받아오십시오.

교수는 어떤 리포트를 쓰라고 말하고 있습니까?

1. 자원봉사 활동을 했다는 증거사진을 반드시 첨부한 리포트
2. 자신에게 맞는 타인의 자원봉사 활동 체험기를 흉내 내서 쓴 리포트
3. 자신에게 맞는 자원봉사 활동을 헌신적으로 행한 것을 증명하는 리포트
4. 반드시 자신의 특기를 살린 자원봉사 활동을 한 리포트

2番

スクリプト 6-15

警察が高校で話しています。

男：大学生になったら一人暮らしをしようと考えている学生が多いと思います。一人暮らしをする時一番気になるのは防犯に関することです。基本的には備え付けの鍵などで対応は可能ですが、古い建物の場合や、犯罪が多い地域、そして１階に住んでいる場合は、特に防犯に気を配る必要があります。住居侵入の多くは窓から行われてい

るので、窓に補助キーをつけることが重要です。また、ドアに穴を開けてから針金を入れて玄関の鍵を回す、などの方法で侵入される場合もありますので、ドアにカバーをつけるのもいいかと思います。女性の場合は、いざという時のために持ち歩きブザーを携帯するのもいいですね。

男の人は何について説明していますか。
1. 一人暮らしするのに安全な地域
2. 一人暮らしの時期
3. 一人暮らしにあたっての注意点
4. 一人暮らしの面倒くささ

해석

경찰이 고등학교에서 이야기하고 있습니다.

남 : 대학생이 되면 혼자 살려고 생각하고 있는 학생이 많다고 생각합니다. 혼자 살 때 제일 신경 쓰이는 것은 방범에 관한 것입니다. 기본적으로는 설치된 열쇠 등으로 대응이 가능하다만, 오래된 건물의 경우나, 범죄가 많은 지역, 그리고 1층에 살고 있는 경우에는 특히 방범에 유의할 필요가 있습니다. 주거 침입의 대부분은 창문으로부터 행해지고 있기 때문에 창문에 보조키를 다는 것이 중요합니다. 또한, 문에 구멍을 뚫은 뒤 철사를 넣어서 현관 열쇠를 돌리는 등의 방법으로 침입당하는 경우도 있기 때문에 문에 커버를 다는 것도 좋을 거라고 생각합니다. 여성의 경우는 만약을 위해서 가지고 다니는 버저를 휴대하는 것도 좋겠네요.

남자는 무엇에 대해서 설명하고 있습니까?
1. 혼자 살기에 안전한 지역
2. 혼자 사는 시기
3. 혼자 살 때의 주의점
4. 혼자 사는 것의 귀찮음

3番

스크립트 6-16

大学院の教授が話しています。

女：うちの大学院は基本的に英語で行われる授業が少なくないので、ハイレベルな英語を駆使することが求められます。したがって、最後に面接を受けた滝本俊二君は、英語の聴解とエッセイの点数が平均以下であるゆえに大学院で授業を受けることは困難であると思われます。しかし、小論文の内容が独創的かつ論理的です。そこで、指導教授が責任を持って学生を指導するということ、まだ研究生なので、学部で英語の単位を4単位以上取り、英語の実力をつけるということを前提にして、とりあえず今回は例外的に合格としたいと思います。

教授はどう考えていますか。
1. 滝本君は英語の実力がないので不合格だ
2. 滝本君は、何かあった場合、指導教授が責任を取らないといけないので不合格だ
3. 滝本君は大学で英語の講義を受けさせることにして合格だ
4. 滝本君は見事な英語の論文を書いたので合格だ

해석

대학원의 교수가 이야기하고 있습니다.

여 : 우리 대학원은 기본적으로 영어로 실시되는 수업이 적지 않기 때문에, 높은 수준의 영어를 구사하는 것이 요구됩니다. 따라서 마지막에 면접을 본 다키모토 슌지 군은 영어 청해와 에세이 점수가 평균 이하이기 때문에 대학원에서 수업을 받는 것은 곤란하다고 생각됩니다. 하지만 소논문의 내용이 독창적이면서 논리적입니다. 그래서 지도교수가 책임을 지고 학생을 지도한다는 것, 아직 연구생이기 때문에 학부에서 영어 학점을 4학점 이상 따고 영어 실력을 기른다는 것을 전제로 해서, 일단은 이번에는 예외적으로 합격으로 하고 싶다고 생각합니다.

교수는 어떻게 생각하고 있습니까?
1. 다키모토 군은 영어 실력이 없기 때문에 불합격이다.
2. 다키모토 군은 무슨 일이 생기면 지도교수가 책임을 지지 않으면 안 되기 때문에 불합격이다.
3. 다키모토 군은 대학에서 영어 강의를 수강하게 하는 것으로 해서 합격이다.
4. 다키모토 군은 훌륭한 영어 논문을 썼기 때문에 합격이다.

4番

6-17

整形手術をした女の人が話しています。

女：私たちは、テレビできれいな女優さんの姿を見てうっとりすることがよくあります。同時に、あの人はどの部分を整形したんだろうっていう疑問を抱くこともあります。自分も整形すれば画面の中の彼女たちのようにきれいになれるのではないか、という希望を抱き始める人もいるでしょう。世の中はいつからか、目立たないぐらいの整形なら許せるという風潮になってきました。また、長年のコンプレックスが解消されて自分の姿に自信が持てるようになり、性格が前向きになったという人たちもいます。これは、整形が人の外部だけではなくて内部までも変え得るということを表すと言えます。更に、仕事などで容姿がマイナスになるようだったら、整形してもいいと考える人たちもいます。もはや美容整形は当たり前のものになってきたと言えるでしょう。

女の人は主に何について話していますか。
1. 芸能人と美容整形
2. 身近になってきた美容整形
3. 整形技術のマイナス効果
4. 整形手術の盲点

해석

성형수술을 한 여자가 이야기하고 있습니다.

여：우리들은 텔레비전에서 예쁜 여배우의 모습을 보고 황홀해하는 일이 자주 있습니다. 동시에 저 사람은 어느 부분을 성형했을까 하는 의문을 품는 일도 있습니다. 자기도 성형하면 화면 속 그녀들처럼 예뻐질 수 있지 않을까 하는 희망을 품기 시작하는 사람도 있을 것입니다. 세상은 언제부터인가 눈에 띄지 않을 정도의 성형이라면 용서할 수 있다는 풍조가 되기 시작했습니다. 또한, 오랫동안의 콤플렉스가 해소되어 자신의 모습에 자신을 가질 수 있게 되어 성격이 긍정적이 되었다는 사람들도 있습니다. 이것은 성형이 사람의 외부뿐만 아니라 내부까지도 바꿀 수 있다는 것을 나타낸다고 할 수 있습니다. 게다가 직장 등에서 용모가 마이너스가 되는 것 같으면 성형해도 좋다고 생각하는 사람들도 있습니다. 이미 미용성형은 당연한 것이 되었다고 말할 수 있겠지요.

여자는 주로 무엇에 대해서 이야기하고 있습니까?
1. 연예인과 미용성형
2. 친밀해진 미용성형
3. 성형수술의 마이너스 효과
4. 성형수술의 맹점

5番

6-18

医者が患者に話しています。

男：コレステロールとは人間の体内にある脂肪の一種です。コレステロールは脂肪ですので、値が高すぎると体内の血管などが詰まったりして病気の原因になります。コレステロールの値を下げるためには、いくつかの食品を控える必要があります。イクラやタラコなどの「魚卵」、肉の脂身やレバー、バターなどの「動物性脂肪の多い食品」です。しかし、コレステロールは低すぎても体によくありません。コレステロールは体の中の細胞やホルモンを作る大切な成分であるからです。ですから、脂肪分が

含まれている食品には栄養があるものも多いので、全く摂ってはいけないというわけではありません。適度に摂るようにしてください。

医者が取り上げている主な内容はどれですか。

1. 高コレステロールと低コレステロールの値
2. 高コレステロールと低コレステロールの関係
3. コレステロールの値を下げるための献立
4. コレステロールの値を適正に保たないといけない理由

해석

의사가 환자에게 이야기하고 있습니다.

남 : 콜레스테롤이란 인간의 체내에 있는 지방의 일종입니다. 콜레스테롤은 지방이기 때문에 수치가 너무 높으면 체내의 혈관 등이 막히거나 해서 질병의 원인이 됩니다. 콜레스테롤의 수치를 낮추기 위해서는 몇 가지 식품을 제한할 필요가 있습니다. 연어알이나 대구알 등의 '생선알', 고기의 지방이 많은 부위나 간, 버터 등의 '동물성지방이 많은 식품'입니다. 하지만 콜레스테롤은 너무 낮아도 몸에 좋지 않습니다. 콜레스테롤은 몸속의 세포나 호르몬을 만드는 중요한 성분이기 때문입니다. 그래서 지방분이 포함되어 있는 식품에는 영양가가 있는 것도 많기 때문에 전혀 섭취해서는 안 된다는 것은 아닙니다. 적당히 섭취하도록 하세요.

의사가 다루고 있는 주된 내용은 어느 것입니까?

1. 고콜레스테롤과 저콜레스테롤의 수치
2. 고콜레스테롤과 저콜레스테롤의 관계
3. 콜레스테롤의 수치를 낮추기 위한 식단
4. 콜레스테롤의 수치를 적당히 유지해야 하는 이유

6番

스크립트 6-19

会社のCEOが話しています。

男 : わが社は長い間、チョコレートクッキー「マリエット」で皆様から愛されてきました。しかし今回、我々はこのブランドの販売継続が、わが社が今後目指してゆく理念に背くと判断し、「マリエット」の売却を決定いたしました。わが社は「体に優しいチョコレート」をモットーに販売を続けてまいりましたが、チョコレートの食べすぎは子供たちの歯の健康を害するおそれがあるということで、わが社の理念に合わないという結論に達しました。なお、我々は新たにオーガニック食品の販売に乗り出します。来月から「M」というブランドで皆様にご提供させていただくことになりました。

男の人が取り上げている主な内容は何ですか。

1. 消費者の健康と「マリエット」の関係
2. オーガニック製品「M」の広告
3. 会社の理念を貫く経営
4. 会社の経営悪化による売却説

해석

회사의 CEO가 이야기하고 있습니다.

남 : 우리 회사는 오랫동안 초콜릿 쿠키 '마리엣'으로 여러분께 사랑받아 왔습니다. 하지만 이번에 우리들은 이 브랜드의 판매를 계속하는 것이 우리 회사가 이후 지향해 가려는 이념에 반한다고 판단해 '마리엣'의 매각을 결정했습니다. 우리 회사는 '몸에 좋은 초콜릿'을 모토로 판매를 계속해 왔습니다만 초콜릿의 지나친 섭취는 아이들의 치아 건강을 해칠 우려가 있다는 이유로, 우리 회사의 이념에 맞지 않는다는 결론에 이르렀습니다. 한편 우리는 새롭게 유기농 식품 판매에 착수합니다. 다음 달부터 '엠'이라는 브랜드로 여러분께 제공해 드리게 되었습니다.

남자가 다루고 있는 주된 내용은 무엇입니까?

1. 소비자의 건강과 '마리엣'의 관계
2. 유기농 제품 '엠'의 광고
3. 회사의 이념을 관철하는 경영
4. 회사의 경영악화에 따른 매각설

問題 4

page 149

1番

스크립트  6-20

女：論文を仕上げないといけないのですが、忙しすぎて資料を読む時間がありません。
男：1. 現状からして無理です。
　　2. なんとか暇を見つけて読んでいくしかないのでは。
　　3. せっかくの休日なのにね。

해석

여：논문을 완성하지 않으면 안 되는데 너무 바빠서 자료를 읽을 시간이 없습니다.
남：1. 현 상황을 봐서는 무리입니다.
　　2. 어떻게든 짬을 내서 읽어 나갈 수밖에 없는 게 아닌가.
　　3. 모처럼의 휴일인데.

2番

스크립트 6-21

男：かろうじて授業の時間に間に合いました。
女：1. ぎりぎりセーフですね。
　　2. 次の授業の時、持ってきてください。
　　3. お持ちのかばんをみせてください。

해석

남：겨우 수업시간에 맞춰서 들어갔습니다.
여：1. 아슬아슬하게 세이프네요.
　　2. 다음 수업 때 가져오세요.
　　3. 소지하신 가방을 보여 주세요.

3番

스크립트 6-22

女：どうしたの？　そんなだぶだぶのコートなんか着て。
男：1. 結婚式に行ったらごちそうだらけだったんだ。
　　2. 寒くてお父さんのコートを借りてきたんだ。
　　3. 彼女はきっちりした性格なんだ。

해석

여：어떻게 된 거야? 그런 헐렁헐렁한 코트 같은 걸 입고.
남：1. 결혼식에 갔더니 진수성찬 천지였어.
　　2. 추워서 아버지의 코트를 빌려 왔어.
　　3. 그녀는 빈틈없는 성격이야.

4番

스크립트  6-23

男：いい知らせがあるぞ。就職先が決まったんだよ。
女：1. ご迷惑をおかけして申し訳ございません。
　　2. めったに怒らないのにね。
　　3. 何でもすんなりと決まってうらやましいわね。

해석

남：좋은 소식이 있어. 취직자리가 결정되었어.
여：1. 폐를 끼쳐서 죄송합니다.
　　2. 여간해서 화 안 내는데.
　　3. 뭐든지 술술 결정되어서 부럽다.

5番

スクリプト 6-24

女：お腹がすいているだろうと思っておやつを持ってきたわ。
男：1. 今工事中でうるさいんだ。
　　2. なんだかんだいってもやっぱり持つべきものは友達だね。
　　3. 朝から晩までお母さんのご機嫌を取ろうとしてるんだ。

해석

여：배가 고플 것 같아서 간식을 가져왔어.
남：1. 지금 공사중이라서 시끄러워.
　　2. 이러쿵저러쿵 해도 역시 있어야 할 것은 친구구나.
　　3. 아침부터 밤까지 엄마의 비위를 맞추려고 하고 있구나.

6番

スクリプト 6-25

男：汗がなかなか止まらないなあ。お水もらえますか。
女：1. ひょっとして走って来られたんですか。
　　2. そこら中、ごみだらけです。
　　3. 冷や汗かきました。

해석

남：땀이 좀처럼 그치지 않네요. 물을 주시겠어요?
여：1. 혹시 뛰어오신 거예요?
　　2. 그 언저리가 온통 쓰레기투성이입니다.
　　3. 식은땀을 흘렸습니다.

7番

スクリプト 6-26

女：英語の成績がなかなかあがらないの。
男：1. お見事だね。
　　2. いくら努力しても相手にしてもらえないんだ。
　　3. ひたすら単語を覚えるしか道はないと思うよ。

해석

여：영어 성적이 좀처럼 안 오르네요.
남：1. 훌륭하네.
　　2. 아무리 노력해도 상대해 주지 않아.
　　3. 한결같이 단어를 외울 수밖에 방법은 없다고 생각해.

8番

スクリプト 6-27

男：弟は目下恋愛中なんだ。
女：1. 先生にご挨拶でもしたら？
　　2. まあ、若いっていいわね。
　　3. 来週木曜日には会えるのかしら。

해석

남：남동생은 지금 연애 중이야.
여：1. 선생님께 인사라도 하는 게 어때?
　　2. 어머, 젊음이 좋긴 좋구나.
　　3. 다음 주 목요일에는 만날 수 있을까?

9番

スクリプト 6-28

女：明日のお見合いの相手はフェリス出身のお嬢様だそうよ。
男：1. 学生時代に戻りたいね。

> 2. お嬢様はもううんざりだよ。
> 3. もうここにいる意味はないね。

해석

여 : 내일 맞선 상대는 페리스 출신(좋은 집안 출신이란 뜻)의 아가씨래.
남 : 1. 학생시절로 돌아가고 싶다.
　　 2. 좋은 집 아가씨는 이제 지겨워.
　　 3. 더 이상 여기 있을 의미가 없네.

10番

스크립트 6-29

> 女 : 木村さんはどうして顔色が悪いんですか。
> 男 : 1. 先生に叱られると思っておどおどしているんですよ。
> 　　 2. 今日のご用件は何ですか。
> 　　 3. しっかりしてください。

해석

여 : 기무라 씨는 왜 안색이 안 좋아요?
남 : 1. 선생님께 혼날 거라고 생각해서 벌벌 떨고 있는 겁니다.
　　 2. 오늘의 용건은 무엇입니까?
　　 3. 정신 차리세요.

11番

스크립트 6-30

> 女 : 試験の結果が明日出ると思うと、はらはらしますね。
> 男 : 1. 花より団子ですよ。
> 　　 2. 昨日食べ過ぎてお腹が痛いんです。
> 　　 3. まったく緊張しますね。

해석

여 : 시험 결과가 내일 나온다고 생각하니 조마조마하네요.
남 : 1. 금강산도 식후경입니다.
　　 2. 어제 과식해서 배가 아픕니다.
　　 3. 정말로 긴장되네요.

12番

스크립트 6-31

> 男 : 週末遊びに行こうって友だちがうるさいんだよ。
> 女 : 1. 先約があるってきっぱり断らないと。
> 　　 2. 最近、隣の人静かになったわね。
> 　　 3. ねそべってないで早く起きなさい。

해석

남 : 주말에 놀러 가자고 친구들이 시끄러워.
여 : 1. 선약이 있다고 딱 잘라서 거절해야지.
　　 2. 요새, 옆집 사람 조용해졌네.
　　 3. 드러누워 있지 말고 빨리 일어나.

13番

스크립트 6-32

> 女 : 商売を始めても、ことごとく失敗してしまうんです。
> 男 : 1. その商品はまあまあですね。
> 　　 2. ついてないんですね。
> 　　 3. 楽しみにしています。

해석

여 : 장사를 시작해도 모조리 실패해 버립니다.
남 : 1. 그 상품은 그저 그러네요.
　　 2. 운이 없네요.
　　 3. 기대하고 있겠습니다.

14番

スクリプト 6-33

女：何か体が痛くて昨日の夜は一睡もできなかったの。

男：1. たばこでも一服してこようか。
　　2. 華奢でほっそりしているんだ。
　　3. そういえばげっそりしているね。

해석

여 : 왠지 몸이 아파서 어젯밤은 한숨도 못 잤어.

남 : 1. 담배라도 한대 피우고 올까?
　　2. 가냘프고 홀쭉하구나.
　　3. 그러고 보니 야위었네.

問題 5 page 150

1番

スクリプト 6-34

スーパーで店の人がシリアルについて話しています。

女1：ダイエット中の女性の方、低カロリーの玄米シリアルをご利用なさるのはいかがでしょうか。栄養バランスがよく、低カロリーの食事をご自分で作るのは大変ですが、栄養バランスが考えられたシリアルを食べれば、手軽で効果的なダイエットが期待できます。一方男性の方。飲みすぎや食べすぎで胃の調子が悪い、コレステロールの値が知らぬ間に高くなっていた、などでお悩みの方。このカロリーとコレステロールゼロのシリアルをお試しになってはいかがでしょうか。食欲のないお子様には、このフルーツシリアルやチョコシリアル。お子様のカロリーが気になるなら、この低カロリーチョコシリアルもございます。

男　：僕、このところ、お腹が出てきた気がするんだけど。

女2：気がするどころじゃないわよ。体重も増えたんじゃないの？

男　：そうかもしれないな。そのせいかな。体がだるいんだ。

女2：食事の調節でもしたら？ほら、カロリーとコレステロールゼロのシリアルが出てるじゃない。買って行きましょうよ。

男　：いや、何かおいしくなさそうだな。長続きしないよ。子供の低カロリーのでいいや。

女2：それじゃあ、いつまでたってもスリムになれないわよ。

男　：はいはい。シリアル食べるのに慣れたら変えるよ。

女2：知らないわよ。

男の人はどのシリアルを買いますか。

1. カロリーゼロのシリアル
2. 低カロリーのチョコシリアル
3. 玄米シリアル
4. 低カロリーのフルーツシリアル

해석

슈퍼마켓에서 점원이 시리얼에 대해서 이야기하고 있습니다.

여1 : 다이어트 중인 여성분, 저칼로리의 현미시리얼을 이용하시는 것은 어떠십니까? 영양 밸런스가 좋고 저칼로리의 식사를 스스로 만드는 것은 힘들지만, 영양 밸런스가 고려된 시리얼을 먹으면 손쉽고 효과적인 다이어트를 기대할 수 있습니다. 한편, 남성분. 과음이나 과식으로 위의 상태가 나쁘고 콜레스테롤 수치가 모르는 사이에 높아져 있었다는 등의 이유로 고민이신 분. 이 칼로리와 콜레스테롤 제로의 시리얼을 한번 드셔 보시는 것은 어떠십니까? 식욕이 없는 자녀분에게는 이 후르츠시리얼이나 초코시리얼이 있습니다. 자녀분의 칼로리가 신경 쓰이면 이 저칼로리 초코시리얼도 있습니다.

남　: 나 요즘, 배가 나온 것 같은 느낌이 드는데.
여2 : 느낌 정도가 아니야. 체중도 늘지 않았어?
남　: 그럴지도 몰라. 그 탓인가? 몸이 나른해.
여2 : 식사 조절이라도 하는 게 어때? 봐 봐, 칼로리와 콜레스테롤 제로인 시리얼이 나왔잖아. 사 가자.
남　: 아니, 뭔가 맛이 없어 보인다. 오래 못 먹어. 아이들용의 저칼로리면 되겠어.
여2 : 그러면 언제까지고 날씬해지지 않아.
남　: 예예. 시리얼 먹는 것에 익숙해지면 바꿀게.
여2 : 난 모른다.

남자는 어느 시리얼을 삽니까?

1. 칼로리 제로의 시리얼
2. 저칼로리의 초코시리얼
3. 현미 시리얼
4. 저칼로리의 후르츠시리얼

2番

스크립트　6-35

女の人が電気製品について話しています。
女1 : 電気製品を安く買いたいなら、2月、3月は避けた方がいいでしょう。転勤、転職、入学、卒業シーズンなので引っ越しが多く、製品を購入しようとする人も少なくないはずです。従って値引きは期待できません。年末ギリギリまで待てば、クリスマス以降かなり値を下げますが、それでも売れなかった商品が1月には残っていることになります。あくまで商品が残っていればの話ですが、捨て値で売られることも珍しくありません。それから、8月も意外と安くなります。もうすでに暑い時期なので店を訪れる客が少ないからです。
女2 : へえ、8月が安いとは思わなかったわね。暑いからエアコンとか扇風機とか買いに行きそうなのにね。
男　: みんな暑くなる前に買いに行くんじゃないかな。
女2 : そうかもしれないわね。
男　: 家の電子レンジ、買い替えようと思っているんだけど。もうすぐ年が変わるから待ってみるか。
女2 : そうね。でも来年になっちゃうといい品物がなくなってるんじゃないかな。やっぱり今年中に買いましょうよ。
男　: わかったよ。

女の人はいつ電子レンジを買うつもりですか。

1. 今年の12月の末
2. 来年の1月
3. 今年の8月
4. 来年の2月か3月

해석

여자가 전자제품에 대해서 이야기하고 있습니다.

여1 : 전자제품을 싸게 사고 싶다면 2, 3월은 피하는 편이 좋을 것입니다. 전근, 전직, 입학, 졸업 시즌이기 때문에 이사가 많고 제품을 구입하려고 하는 사람도 적지 않을 것입니다. 따라서 가격을 깎는 것은 기대할 수 없습니다. 연말이 다 될 때까지 기다리면 크리스마스 이후 꽤 가격을 내립니다만, 그래도 팔리지 못한 상품이 1월에는 남아 있게 됩니다. 어디까지나 상품이 남아 있는 것을 전제로 한 이야기이지만, 헐값으로 팔리는 일도 흔합니다. 그리고 8월에도 의외로 싸집니다. 이미 더운 시기이기 때문에 가게를 방문하는 손님이 적기 때문입니다.

여2 : 어머, 8월에 싸다고는 생각 못했었는데. 더우니까 에어컨이라든지 선풍기를 사러 갈 것 같은데.
남　: 모두 더워지기 전에 사러 가지 않을까?
여2 : 그럴지도 모르겠네.
남　: 우리 집 전자레인지, 새로 바꾸려고 생각하고 있는데. 이제 곧 해가 바뀌니까 기다려 볼까?
여2 : 그래. 하지만 내년이 되면 좋은 물건이 없지 않을까? 역시 올해 사자.

남 : 알았어.

여자는 언제 전자레인지를 살 작정입니까?
1. 올해 12월 말
2. 내년 1월
3. 올해 8월
4. 내년 2월이나 3월

3番

スクリプト 6-36

町内会で女の人が地震について話しています。

女1：地震が起きた時に備えて、日ごろからラジオや非常食を覚えやすくて持ち出しやすいところに準備しておくことが重要です。できれば消火器を、台所など火を使う場所に置いておくといいでしょう。ただ、あまりにも火元に近いところに置いておくと、いざという時、危険で近寄れない可能性があるので、火元から少し離しておく必要があります。また、お風呂の残り湯は常にためておくといいでしょう。非常時に消火用や洗い物用などとして使えるからです。更に、学校の体育館や教会など、災害にあった場合の非難場所を事前に決めておくことも重要です。

男 ：うちはどうだ？この前用意した非常食はちゃんと持ち出しやすいところにしまっておいたか。

女2：はいはい。二階の押入れにしっかりと入れてあります。

男 ：二階？もし屋根でも崩れたら取りにいけないぞ。玄関の近くに移した方がいいよ。下駄箱なんかいいんじゃないかな。

女2：量が多くてそんなところに入らないわよ。玄関の近くで探してみるわ。

男 ：そうか。じゃあ、しっかり頼むぞ。俺に何かできることないか。

女2：さっき、非常時って水不足になるおそれがあるって言ってたでしょう？

男 ：そうだな。じゃあ、お風呂に入り終わったら栓を抜かずに出ればいいんだな。

質問1　女の人は非常食をどこに入れますか。
1. 2階の押入れ
2. 1階の下駄箱
3. 2階の倉庫
4. 1階の押入れ

質問2　地震に備えて男の人は何をすればいいですか。
1. 台所の水を貯めておく
2. お風呂の水を残しておく
3. お風呂の水を残さないようにする
4. 洗面台の水を貯めておく

해석

반상회에서 여자가 지진에 대해서 이야기하고 있습니다.

여 1 : 지진이 일어났을 때를 대비해서 평소에 라디오나 비상식량을 기억하기 쉽고 꺼내기 쉬운 곳에 준비해 두는 것이 중요합니다. 가능하면 소화기를 부엌 등 불을 사용하는 곳에 놔 두면 좋겠지요. 다만 불 있는 곳에 너무 가까운 장소에 두면 유사시에 위험해서 가까이 못 갈 가능성이 있기 때문에, 불 있는 데서 조금 거리를 둘 필요가 있습니다. 또한, 목욕탕의 남은 물은 언제나 담아 두는 것이 좋겠습니다. 비상시에 소화용이나 세탁용으로 사용할 수 있기 때문입니다. 그리고 학교 체육관이나 교회 등 재해를 당했을 경우의 피난처를 사전에 정해 놓는 것도 중요합니다.

남 : 우리 집은 어떤가? 이전에 준비해 둔 비상식량은 제대로 꺼내기 쉬운 곳에 넣어 두었나?

여 2 : 예예. 2층의 벽장에 확실히 넣어 두었어요.

남 : 2층? 만약 지붕이라도 무너지면 가지러 못 가잖아. 현관 근처로 옮기는 편이 좋아. 신발장 같은 데가 좋지 않을까?

여2 : 양이 많아서 그런 곳에는 안 들어가요. 현관 근처에서 찾아볼게요.
남 : 그런가. 그럼, 확실히 하도록 부탁할게. 내가 뭐 할 수 있는 일 없나?
여2 : 아까 비상시에는 물 부족이 될 우려가 있다고 했었잖아요?
남 : 그렇지. 그럼, 끝나면 마개를 빼지 말고 나오면 되는 거지?

질문1 여자는 비상식량을 어디에 넣습니까?
1. 2층 벽장
2. 1층 신발장
3. 2층 창고
4. 1층 벽장

질문2 지진에 대비해서 남자는 무엇을 하면 됩니까?
1. 부엌 물을 담아 둔다.
2. 욕조 물을 남겨 둔다.
3. 욕조 물을 남기지 않도록 한다.
4. 세면대의 물을 담아 둔다.

파이널 테스트 ❷   7-00

問題 1

page 152

1番

스크립트 7-01

エンターテインメントの会社で社長と社員が会議で話しています。女の人はこれからどうしますか。

女：ここ3年間の国内販売量の変化をグラフでまとめてみました。

男：説明をお願いするよ。

女：3年とも、販売量が増加したのは7月になってからです。新人歌手のデビューが7月だったのがその主な理由であると考えられます。デビューと同時に曲が売れだしたんです。しかし、秋頃からは低迷状態が続いて冬の間も販売量は増加していません。

男：そうか。秋から冬にかけての販売量を伸ばす作戦を立てないとな。

女：一番効果があるのは、ドラマや映画の主題歌を歌うことだと思います。ドラマや映画がヒットすると歌もつられて人気が出るという傾向にありますから、実力のある歌手を発掘するのが重要ですね。

男：そうか。うちにいる歌手の中ではいないのかな。まずは、所属歌手の実力をもう一度見直すことから始めないと。

女：もちろん、そうするつもりではいますが。今いる歌手たちだけではちょっと……。圧倒的な歌唱力というのは天性のものだと思うんです。

男：もし、ドラマや映画の人気が出なかったらどうなるのかな？

女：ドラマや映画の人気が低迷しても、歌だけ生き残ったケースがけっこうありました。

だからこそ実力のある歌手が必要なんです。
男：そうか。この件は君が責任を持って進めてくれ。
女：はい、かしこまりました。

女の人はこれからどうしますか。
1. 大ヒットするドラマや映画を探してみる
2. 実力のある新人歌手を探してみる
3. 会社にいる歌手の中で実力者を探してみる
4. ドラマや映画産業に進出する計画を練る

해석

연예 기획사에서 사장과 사원이 회의에서 이야기하고 있습니다. 여자는 이제부터 어떻게 합니까?

여 : 최근 3년 간 국내 판매량의 변화를 그래프로 정리해 봤습니다.
남 : 설명을 부탁하네.
여 : 3년 다 판매량이 증가한 것은 7월이 되고 나서부터입니다. 신인 가수의 데뷔가 7월이었던 것이 그 주된 이유라고 생각됩니다. 데뷔와 동시에 곡이 팔리기 시작했습니다. 하지만 가을 무렵부터는 침체 상태가 계속돼서 겨울 동안에도 판매량은 증가하지 않았습니다.
남 : 그렇군. 가을부터 겨울에 걸친 판매량을 늘리는 작전을 세워야겠군.
여 : 가장 효과가 있는 것은 드라마나 영화의 주제가를 부르는 것이라고 생각합니다. 드라마나 영화가 히트하면 노래도 덩달아 인기가 생긴다는 경향이 있기 때문에 실력이 있는 가수를 발굴하는 것이 중요합니다.
남 : 그렇군. 우리 회사에 있는 가수 중에는 없는 건가? 우선은 소속 가수의 실력을 다시 한 번 재검토하는 것부터 시작해야겠군.
여 : 물론, 그럴 생각입니다만. 지금 있는 가수들만으로는 좀…. 압도적인 가창력이라는 것은 타고 나는 것이라고 생각하거든요.
남 : 만약 드라마나 영화가 인기를 얻지 못하면 어떻게 되는 거지?
여 : 드라마나 영화의 인기가 시들하더라도 노래만 살아남은 케이스가 꽤 있었습니다. 그러니까 더욱 실력 있는 가수가 필요한 겁니다.
남 : 그렇군. 이 건은 자네가 책임을 가지고 진행하게.
여 : 네, 알겠습니다.

여자는 이제부터 어떻게 합니까?
1. 대히트하는 드라마나 영화를 찾아본다.
2. 실력 있는 신인 가수를 찾아본다.
3. 회사에 있는 가수 중에서 실력자를 찾아본다.
4. 드라마나 영화 산업에 진출할 계획을 짠다.

2番

스크립트 🎧 7-02

ドーム球場の近くで女の人と男の人が話しています。男の人はこれからまず何をしますか。

女：平日でも今日の試合はチケットが売り切れてるでしょうね。
男：そうだろうね。両方とも人気のあるチームだからね。でもね、どうしても観たいっていう人のための救済措置がちゃんとあるんだ。
女：え？本当？そんなのがあるの？
男：ドーム球場の前に大きなスクリーンがあるらしいんだよ。ほら、あそこだ。あの前で弁当持込みのパブリックビューイングができるらしいよ。
女：人も少ないし、空を見ながら開放的な気分で応援できて素敵ね。でも、スクリーンに試合が放送されてないけど本当に見れるの？今の時間だと、試合の真っ最中のはずなのに。スタッフの人に聞いてみたら？
男：選手交代でもしてるんじゃないの？あ、地面が濡れてるね。少しずつ雨が降ってきてるよ。
女：あ、立て札に何か書いてあるわよ。えーと、「チケットが売り切れてない場合はスクリーンで試合は放送されません」だって。
男：そうか。だから放送されてないんだ。どうする？天井席でもいい？
女：うん。雨が土砂降りになりそうだけど、天気予報ですぐ止むって言ってたよね。まさ

か試合中止にはならないでしょうね。
男：ドーム球場だよ、ここは。でも雨がひどくなりそうだから、一応、傘を買ってから行こうか。

男の人はこれからまず何をしますか。
1. 雨がひどくなるので傘を買ってドームに行く
2. スタッフの人にチケットが余っているか聞いてみる
3. 売れ残ったチケットを買いに行く
4. 試合中止になるかもしれないので家に帰る

해석

돔 구장 근처에서 여자와 남자가 이야기하고 있습니다. 남자는 이제부터 우선 무엇을 합니까?

여 : 평일이라도 오늘 시합은 티켓이 매진됐겠지?
남 : 그렇겠지. 양쪽 다 인기 있는 팀이니까. 하지만 어떻게든 보고 싶다는 사람들을 위한 구제 조치가 확실히 있어.
여 : 뭐? 정말? 그런 게 있어?
남 : 돔 구장 앞에 커다란 스크린이 있다더라. 봐, 저기야. 저 앞에서 도시락을 지참하고 공공관람을 할 수 있대.
여 : 사람도 적고, 하늘을 보면서 개방적인 기분으로 응원할 수 있어서 멋지네. 하지만 스크린에 시합이 방송되고 있지 않은데 정말로 볼 수 있는 거야? 지금 시간이면 한창 시합 중일 텐데 말야. 직원한테 물어보는 게 어때?
남 : 선수 교대라도 하고 있는 게 아닐까? 아, 지면이 젖어 있네. 비가 조금씩 내리고 있어.
여 : 아, 팻말에 뭔가 써져 있어. 음~. '티켓이 매진되지 않은 경우에는 스크린에서 시합은 방영되지 않습니다'라네.
남 : 그렇구나. 그래서 방송되지 않은 거네. 어떻게 할래? 꼭대기 자리라도 괜찮겠어?
여 : 응. 비가 억수 같이 쏟아질 것 같지만, 일기예보에서 금방 그친다고 했잖아. 혹시 시합 중지가 되지는 않겠지?
남 : 돔 구장이야, 여기는. 하지만 비가 심해질 것 같으니까 일단 우산을 산 다음에 갈까?

남자는 이제부터 우선 무엇을 합니까?
1. 비가 심해지기 때문에 우산을 사서 돔에 간다.
2. 직원에게 티켓이 남아 있는지 물어본다.
3. 팔다 남은 티켓을 사러 간다.
4. 시합 중지가 될지도 모르므로 집에 돌아간다.

3番

스크립트 🎧 7-03

会社で男の人と女の人が話しています。女の人はこの後、まず何をしますか。

女：おはよう。最近、新型のコンピューターウイルスが流行ってるんでしょう？
男：そうなんだよ。だからコンピューターの電源を付ける前にインターネットの電源を切る方がいいって聞いたよ。
女：そうなの。じゃあ、今日からでも気をつけなきゃ。
男：それから、Eメールの添付ファイルを通して感染が広がるそうだから、送信者を知っている場合やEメールの添付ファイルの受信を予定している場合を除いては、Eメールの添付ファイルを開いてはいけないらしいよ。
女：迷惑メールは迷わずゴミ箱に直行ね。
男：その方が安全だよ。それと、ウイルスは、グリーティングカード、またはオーディオやビデオファイルなどの添付ファイルに隠れて侵入してくることもあるらしいから気をつけてね。
女：あ、それでかな。私の結婚式の招待状に返事をしてくれる人が少なくておかしいなあって思ってたところなの。結婚のあいさつをビデオに撮って招待状に添付して送ったの。
男：みんな怖くてメールを開いてないんだね。
女：そうみたいね。じゃ、ビデオのファイルを消してから送り直そうかな。
男：もったいないよ。せっかく撮ったのに。もう一度、ファイルは添付せずに、メールで招待状送ったことを知らせたらいいんじゃない？
女：いい方法ね。コンピューターで仕事のメールチェックしてからするわ。

女の人はこの後、まず何をしますか。

1. ビデオファイルを消した招待状をEメールで送り直す
2. コンピューターをつける前にインターネットの電源を切る
3. 結婚式の挨拶ビデオを文字メッセージで送る
4. Eメールで招待状を送ったことを文章のみで知らせる

해석

회사에서 남자와 여자가 이야기하고 있습니다. 여자는 이후에 우선 무엇을 합니까?

여 : 안녕? 요즘 신형 컴퓨터 바이러스가 유행하고 있다면서?
남 : 그렇다니깐. 그래서 컴퓨터 전원을 켜기 전에 인터넷 전원을 끄는 게 좋다고 들었어.
여 : 그렇구나. 그럼 오늘부터라도 조심해야지.
남 : 그리고 이메일의 첨부 파일을 통해서 감염이 퍼진다고 하니 보낸 사람을 알고 있는 경우나 이메일 첨부 파일을 받을 게 있는 경우를 제외하고는 이메일의 첨부 파일을 열어서는 안 돼.
여 : 스팸메일은 망설이지 말고 휴지통으로 직행이네.
남 : 그러는 편이 안전하지. 그리고 바이러스는 인사 카드, 또는 오디오나 비디오 파일 등의 첨부 파일에 숨어서 침입하는 경우도 있다고 하니 조심해.
여 : 아, 그래서인가? 내 결혼식 초대장에 답장을 주는 사람이 적어서 이상하다고 생각하던 참이었어. 결혼 인사를 비디오로 찍어서 초대장에 첨부해서 보냈거든.
남 : 모두 무서워서 메일을 안 열었구나.
여 : 그런 것 같네. 그럼 비디오 파일을 지우고 다시 보낼까?
남 : 아깝잖아. 모처럼 찍었는데. 다시 한 번 파일은 첨부하지 말고 메일로 초대장을 보낸 것을 알리면 되지 않을까?
여 : 좋은 방법이네. 컴퓨터로 업무 메일을 확인하고 나서 할게.

여자는 이후에 우선 무엇을 합니까?

1. 비디오 파일을 지운 초대장을 이메일로 다시 보낸다.
2. 컴퓨터를 켜기 전에 인터넷의 전원을 끈다.
3. 결혼식 인사 비디오를 문자 메시지로 보낸다.
4. 이메일로 초대장을 보낸 것을 문장으로만 알린다.

4番

스크립트 🎧 7-04

電車の駅で女の人と男の人が話しています。これから女の人が急いでしないといけないことは何ですか。

女　：どうしよう。私のかばん。電車の中に置いてきちゃった。
男1：まったく。そんなにそそっかしくてどうするんだよ。早く駅員さんに聞いてみよう。
女　：あのー、すみません。たった今出発した電車の中にかばんを忘れてしまったんですが、どうすればいいですか。
男2：今なら、次の駅の担当者に電話すれば間に合うかもしれないですね。何両目に乗ったのか覚えてますか。
男1：えーと。たしか後ろから3両目だと思います。白い布のかばんを探してください。
男2：わかりました。
男1：かばんの中に何が入ってるの？
女　：かばんの中には現金5万円とカードと写真が入ってるわ。あと、携帯電話と小物入れがあるはずよ。
男2：あのー。3両目にかばんらしきものはなかったらしいですよ。
女　：大変だ。もう誰かもってっちゃったのかなあ。カードの紛失届けを出さなくちゃ。

これから女の人が急いでしないといけないことは何ですか。

1. 警察署にカードの紛失届けを申し込みに行く
2. 次の駅の担当者に電話する
3. カード会社に電話をする
4. 駅の忘れ物センターに盗難届けを出す

해석

전철역에서 여자와 남자가 이야기하고 있습니다. 이제부터 여자가 서둘러 해야 하는 일은 무엇입니까?

여 : 어떡하지? 내 가방. 전철 안에 두고 내려 버렸어.
남1 : 참나. 그렇게 덜렁대서 어떻게 할 거야. 빨리 역무원한테 물어보자.
여 : 저기 실례합니다. 지금 막 출발한 전철 안에 가방을 두고 내렸는데요, 어떻게 하면 되나요?
남2 : 지금이라면 다음 역 담당자한테 전화하면 늦지 않게 전철을 잡을 수 있을지도 모르겠네요. 몇 번째 칸에 탔는지 기억하세요?
남1 : 음. 아마 뒤에서 세 번째 칸인 것 같아요. 하얀색 천 가방을 찾아 주세요.
남2 : 알겠습니다.
남1 : 가방 안에 뭐가 들어 있어?
여 : 가방 안에는 현금 5만 엔하고 신용카드하고 사진이 들어 있어. 그리고 휴대전화랑 자질구레한 것들을 넣는 작은 가방이 있을 거야.
남2 : 저기. 세 번째 칸에 가방처럼 보이는 것은 없었다고 하는데요.
여 : 큰일났네. 벌써 누가 가져 갔나 봐. 신용카드 분실신고를 해야지.

이제부터 여자가 서둘러 해야 하는 일은 무엇입니까?

1. 경찰서에 신용카드 분실신고를 신청하러 간다.
2. 다음 역의 담당자에게 전화한다.
3. 신용카드 회사에 전화한다.
4. 역의 분실물 센터에 도난신고를 한다.

5番

スクリプト 7-05

会社で女の人と男の人が話しています。女の人はどうすることにしましたか。

男：明日から週末にかけて大雪が降るらしいですね。
女：そのようですね。明日からの教育セミナーは延期した方がいいかしら。
男：あ、新入社員のセミナーですか。たしか小泉さんが担当でしたよね。
女：そうなんです。今回のセミナーは地方の子会社からの参加も予定されているんですが、大雪じゃあ本社に集合というのは無理かもしれませんね。
男：じゃあ、遠隔セミナーをしてみるのはどうですか。
女：遠隔セミナーですか。電話会議ならすでに導入されていますが。私、カメラに向かって話すのは慣れてなくて……。
男：大丈夫。一回慣れると自信がつきますよ。
女：でも、参加者の反応が直接伝わらないし、社員たちがちゃんと聞いているのかこちらから確認できないから緊張感が落ちるという欠点があるのではないでしょうか。
男：それは大丈夫ですよ。こちらからも相手が見えるシステムになっているんです。社員一人一人の表情はもちろん、しわまでも確認できますよ。
女：そうなんですか。じゃあ、前向きに考えてみます。午後の会議で案件として取り上げますので、その時詳細な説明お願いできますか。
男：はい、わかりました。

女の人はどうすることにしましたか。

1. 会議で女の人が遠隔セミナーについての詳しい説明をすることにした
2. 遠隔セミナーを開くことにした
3. 会議で男の人に電話セミナーについての詳しい説明をさせることにした
4. 会議で男の人に遠隔セミナーについての詳しい説明をさせることにした

해석

회사에서 여자와 남자가 이야기하고 있습니다. 여자는 어떻게 하기로 했습니까?

남 : 내일부터 주말에 걸쳐서 눈이 많이 내린다고 하네요.
여 : 그런 것 같네요. 내일부터 있을 교육 세미나는 연기하

는 편이 좋을까요?
남 : 아, 신입사원 세미나 말입니까? 아마 고이즈미 씨가 담당이었죠?
여 : 그렇습니다. 이번 세미나는 지방의 자회사에서도 참가가 예정되어 있습니다만, 눈이 많이 온다면 본사에 모이는 것은 무리일지도 모르겠네요.
남 : 그럼, 원격 세미나를 해보는 것은 어떻습니까?
여 : 원격 세미나 말입니까? 전화회의라면 이미 도입되어 있는데. 저는 카메라를 향해서 말하는 것은 익숙치 않아서….
남 : 괜찮아요. 한번 익숙해지면 자신이 생길 거예요.
여 : 하지만 참가자의 반응이 직접 전달이 안 되고 사원들이 제대로 듣고 있는지 이쪽에서 확인이 안 되니까 긴장감이 떨어지는 결점이 있지 않을까요?
남 : 그건 괜찮아요. 이쪽에서도 상대가 보이는 시스템으로 되어 있습니다. 사원 한 사람 한 사람의 표정은 물론 주름까지도 확인할 수 있어요.
여 : 그래요? 그럼, 긍정적으로 생각해 보겠습니다. 오후 회의에서 안건으로 다룰 테니까 그때 상세한 설명을 부탁할 수 있을까요?
남 : 네, 알겠습니다.

여자는 어떻게 하기로 했습니까?
1. 회의에서 여자가 원격 세미나에 대한 상세한 설명을 하기로 했다.
2. 원격 세미나를 열기로 했다.
3. 회의에서 남자에게 전화 세미나에 대한 상세한 설명을 시키기로 했다.
4. 회의에서 남자에게 원격 세미나에 대한 상세한 설명을 시키기로 했다.

6番

スクリプト 7-06

大学でグループ発表について学生たちが話しています。男の人はまず何をしなければいけませんか。

男 : 僕はグループ発表、あまりしたくないんだよな。一人で発表させてもらえないのかな。
女1 : 一人一人やってると、終わるまで何ヶ月もかかるのよ。何ヶ月も発表ばかりするなんてまっぴらよ。
男 : グループで発表すると成績つけるときどうするんだろう。ちゃんとした評価をしてくれるのかな。
女1 : 先生も中心になって進めている学生と、何もしないで遊んでいる学生との見分けぐらいつくと思うから何も問題ないと思うけど。
女2 : それに、一人でやるより協力してやった方がより大きな成果を生み出すことだってあるんだから。
男 : それでも、僕はどうも納得がいかないんだよ。先生が評価するときだって、個人をそれぞれ評価して点数をつける方が楽だと思うんだけどな。
女2 : 就職したら研修でグループ発表をすることが多いのよ。あらかじめ、社会を経験するいい機会だと思わない？
男 : なるほど。そう言われればそうかもしれないな。先生に今回の発表は抜けるって言っておいたんだけど、撤回しないといけないな。間に合えばいいんだけど。
女1 : まだ大丈夫じゃない？それよりも入れるグループがあるかどうかわからないわよ。
男 : そうか。それが先か。まいったな。

男の人はまず何をしなければいけませんか。
1. グループのメンバーになれるように発表の準備をする
2. メンバーになれるグループを探してみる
3. 先生にグループ発表に参加すると言いに行く
4. 先生にグループ発表をする理由を聞きに行く

해석
대학에서 그룹 발표에 대해서 학생들이 이야기하고 있습니다. 남자는 우선 무엇을 하지 않으면 안 됩니까?

남 : 나는 그룹 발표, 별로 하고 싶지 않아. 혼자서 발표할 수 없을까?

여1 : 한 사람씩 하면 끝날 때까지 몇 달이나 걸려. 몇 달이나 발표만 하다니 딱 질색이야.

남 : 그룹으로 발표하면 성적 매길 때 어떻게 하는 거지? 제대로 된 평가를 해 주는 건가?

여1 : 교수님도 중심이 되어서 진행시키는 학생과 아무것도 하지 않고 놀고 있는 학생을 구별하는 것쯤은 하실 테니까 아무 문제 없을 것 같은데.

여2 : 게다가 혼자서 하는 것보다 협력해서 하는 편이 보다 큰 성과를 내는 경우도 있어.

남 : 그래도 나는 아무래도 납득이 안 가. 교수님이 평가할 때도 개인을 각각 평가해서 점수를 매기는 게 편할 것 같은데.

여2 : 취직하면 연수 받을 때 그룹 발표하는 일이 많아. 미리 사회를 경험하는 좋은 기회라고 생각하지 않니?

남 : 그렇구나. 그런 말을 들으니 그럴지도 모르겠네. 교수님께 이번 발표는 빠진다고 말해 놨는데 철회해야겠네. 너무 늦지 않았으면 좋으련만.

여1 : 아직 괜찮은 거 아냐? 그것보다도 들어갈 수 있는 그룹이 있을지 어떨지 모르겠네.

남 : 그렇구나. 그게 먼저구나. 곤란하게 됐네.

남자는 우선 무엇을 하지 않으면 안 됩니까?

1. 그룹의 멤버가 될 수 있도록 발표 준비를 한다.
2. 멤버가 될 수 있는 그룹을 찾아본다.
3. 교수님께 그룹 발표에 참가한다고 말하러 간다.
4. 교수님께 그룹 발표를 하는 이유를 물어보러 간다.

問題 2

1番

스크립트 7-07

男の人と女の人がクリスマスのプレゼントのことで話しています。女の人はどういう手違いがあったと思っていますか。

女 : おとといインターネットのショッピングサイトで買った子供用のコンピューターあるでしょう？たった今、品切れだって電話があったの。急いでもあしたのクリスマスには間に合わないんだって。

男 : なんだよ。今更困るよ。誰からの電話だったんだい？

女 : 製造業者からだったわ。

男 : おかしいな。注文する時、サイトの方に電話までして確認したんだぞ。注文してもかまわないって言ってたぞ。

女 : じゃあ、その時は、在庫があったのかしら。

男 : うーん。今考えてみると、本人たちもあるかどうか確認せずに無理に注文を受けたんじゃないかな。

女 : そんなー。そんな事ありえないわよ。大手の会社がそんな無責任な事を言うわけないわよ。

男 : じゃあ、なにか手違いでもあったのかな。

女 : 今思い出したんだけどさ。さっき電話でね、ショッピングサイトの方から連絡をもらったのが昨日だって言ってたわ。たぶん注文を受けた時には準備していた品物が全部売れてしまっていたんじゃないかな。

男 : そうかもな。僕がインターネットで注文したのが夜の11時だったんだ。製造業者の方に注文が入ったのが次の日だったんだな。それでも……なんか釈然としないなあ。昨日、間に合わないとわかった時点で連絡してくれればよかったのに。

女の人はどういう手違いがあったと思っていますか。

1. ショッピングサイト側が品物の在庫を確認しなかった

2. 在庫がないのに、製造業者が注文を受けてしまった
3. ショッピングサイト側が製造業者に注文を入れなかった
4. ショッピングサイトに注文した時にすでに品物の在庫はなかった

해석

남자와 여자가 크리스마스 선물에 대해서 이야기하고 있습니다. 여자는 어떤 착오가 있었다고 생각하고 있습니까?

여 : 그저께 인터넷 쇼핑사이트에서 산 어린이용 컴퓨터 있잖아? 지금 막 품절이라고 전화가 왔어. 서둘러도 내일 크리스마스에는 맞출 수 없다고 하네.
남 : 뭐야. 이제 와서 곤란해. 누구한테서 전화 온 거야?
여 : 제조업자한테서 온 거야.
남 : 이상하네. 주문할 때 사이트 쪽에다 전화까지 해서 확인했잖아. 주문해도 상관없다고 했는데.
여 : 그럼, 그때는 재고가 있었던 건가?
남 : 음. 지금 생각해 보니 본인들도 있는지 어떤지 확인하지 않고 무리하게 주문을 받은 게 아닐까?
여 : 그럴 리가. 그런 일 있을 수 없어. 큰 회사가 그런 무책임한 말을 할 리 없어.
남 : 그럼, 뭔가 착오라도 있었던 걸까?
여 : 지금 생각났는데 말이야. 아까 전화에서 쇼핑사이트 쪽에서 연락을 받은 게 어제라고 했어. 아마 주문을 받았을 때에는 준비해 놨던 물건이 전부 팔려 버린 게 아닐까?
남 : 그럴지도 모르겠네. 내가 인터넷에서 주문한 것이 밤 11시였거든. 제조업자 쪽으로 주문이 들어간 것이 다음 날이었구나. 그래도… 뭔가 석연치 않은데. 어제 제시간에 못 맞출 것이라고 안 시점에 연락해 주면 좋을 텐데.

여자는 어떤 착오가 있었다고 생각하고 있습니까?

1. 쇼핑사이트 측이 물건의 재고를 확인하지 않았다.
2. 재고가 없는데 제조업자가 주문을 받아 버렸다.
3. 쇼핑사이트 측이 제조업자에게 주문을 넣지 않았다.
4. 쇼핑사이트에 주문했을 때 이미 물건의 재고는 없었다.

2番

스크립트 7-08

女の人たちがブランド物のかばんについて話しています。女の人が友達にかばんのことを頼んだ理由は何ですか。

女1：まあ、これってアウィンのかばんじゃない？どうしたの？
女2：実はね、へそくりを株式投資したら3倍に膨らんでね。ブランド物のかばんを買ってもいくらかあまるくらい大当たりだったの。
女1：すごいわね。このかばんって限定販売で世界に10個しかないと言われてるんじゃないの？相当高いはずよ。一体どれくらいもうけたの？
女2：ごめん。それは秘密よ。それよりね、相談したいことがあるのよ。夫にこのかばん買ったこと知られたら返品しろって言うに決まってるの。だからね、これあなたに貸してもらったことにしていい？
女1：ええ？いつかばれるわよ。正直に話した方がいいんじゃないの？別に盗んだお金で買ったわけでもないし。
女2：大金でかばんを買ったっていうのが問題なのよ。彼ってお金ができたら全部貯金してしまう人だからね。いつかは夫もかばんのことに気づくと思うけど、気づいた時にはもう遅いという風に……。
女1：何回も使ったから返品できないって作戦ね？
女2：その通り。だから悪いけど、協力お願い。
女1：分かったわ。でもあなたも必死よね。そんなに不便な思いをしてまでかばんを守りたいのね。私だったら、なんとか夫を丸め込むけどね。

女の人が友達にかばんのことを頼んだ理由は何ですか。
1. 夫にかばんのことを知られたくないから
2. 限定販売で買ったかばんで貴重だから
3. 友達が夫を説得することができると言うから
4. 夫がブランド物のかばんが嫌いだから

해석

여자들이 명품 가방에 대해서 이야기하고 있습니다. 여자가 친구에게 가방에 관한 일을 부탁한 이유는 무엇입니까?

여1 : 어머, 이거 아원의 가방 아니야? 어떻게 된 거야?
여2 : 실은 말야, 비상금으로 주식에 투자했더니 3배로 부풀었거든. 명품 가방을 사도 얼마 남을 정도로 대성공이었어.
여1 : 굉장하다. 이 가방은 한정판매라서 세계에서 10개밖에 없다고 하지 않아? 상당히 비쌀텐데. 도대체 얼마나 번거야?
여2 : 미안. 그건 비밀이야. 그것보다도 의논할 게 있어. 남편한테 이 가방 산 거 알려지면 반품하라고 할 게 뻔해. 그래서 말인데, 이거 너한테 빌린 것으로 말해놔도 돼?
여1 : 뭐? 언젠가는 들통날 텐데. 솔직히 말하는 게 좋지 않아? 뭐 훔친 돈으로 산 것도 아니고.
여2 : 큰돈으로 가방을 샀다는 게 문제인 거야. 남편은 돈이 생기면 전부 저금해 버리는 사람이니까. 언젠가는 남편도 가방에 대해서 눈치챌 거라고 생각하지만 눈치챘을 때는 이미 늦었다는 식으로….
여1 : 몇 번이나 사용했으니까 반품은 못 한다는 작전이구나?
여2 : 맞아. 그러니까 미안하지만 협력 부탁해.
여1 : 알았어. 하지만 너도 참 필사적이다. 그렇게 마음을 불편하게 하면서까지 가방을 지키고 싶은 거야? 나라면 어떻게든 남편을 설득할 텐데.

여자가 친구에게 가방에 관한 일을 부탁한 이유는 무엇입니까?

1. 남편에게 가방 산 것을 알리고 싶지 않아서
2. 한정판매로 산 가방이어서 귀중하니까
3. 친구가 남편을 설득할 수 있다고 해서
4. 남편이 명품 가방을 싫어해서

3番

스크립트 7-09

男の人と女の人がお見合いをしています。女の人は男の人についてどう思っていますか。

男 : 写真で見るよりずっと美人でいらっしゃいますね。
女 : ありがとうございます。柳田さんこそ実物の方が男らしいですよ。
男 : はは。最近の女性はヨン様のように優しい顔を好むと言うのでね。写真を撮る時洋服やヘアースタイルをヨン様風にしてもらったんです。
女 : そうだったんですか。でも写真と実物のギャップがありすぎると、お見合いの時少し騙された気がするっていう人もいますよね。
男 : あっ、すみません。別にそんなつもりじゃなかったんですけどね。最初から悪い印象を与えてしまいましたね。
女 : あの、私は一般的なことを言っているんですよ。柳田さんはそんなに差がありませんよ。誤解しないでくださいね。
男 : そうですか。僕も写真のことでこんなに慌てたのははじめてですよ。
女 : まあ、外見と違って繊細な方なんですね。私の周りには鈍い人ばっかりで、無神経さにあきれ返ったこともあるんですよ。
男 : 僕は姉が二人で弟が一人いるんです。姉たちの影響で少し女性的な面があるかもしれませんね。それに、鈍感だと四人兄弟の競争の中で生き残れませんよ。
女 : まあ、ご兄弟もそんなにいらっしゃるんですか。私は一人娘なんでいつも兄弟が多い家族をうらやましく思っていました。

女の人は男の人についてどう思っていますか。

1. 男らしくてずうずうしいと思っている
2. 鈍くて無神経なタイプだ思っている
3. 細かく気を使うタイプだと思っている
4. 男らしくて自分を偽る人だと思っている

해석

남자와 여자가 선을 보고 있습니다. 여자는 남자에 대해서 어떻게 생각하고 있습니까?

남 : 사진으로 보는 것보다 훨씬 미인이시네요.
여 : 감사합니다. 야나기다 씨야말로 실물이 더 남자다우세요.
남 : 하하. 요새 여성들은 온사마처럼 온화한 얼굴을 좋아한다고 해서. 사진을 찍을 때 옷이라든지 헤어스타일을 온사마풍으로 해 달라고 했답니다.
여 : 그러셨어요? 하지만 사진과 실물의 차이가 너무 나면 선 볼 때 조금 속은 것 같은 느낌이 든다는 사람도 있지요.
남 : 앗, 죄송합니다. 딱히 그러려고 한 게 아닌데. 처음부터 나쁜 인상을 주고 말았네요.
여 : 저기, 저는 일반적인 이야기를 하고 있는 거예요. 야나기다 씨는 그렇게 차이가 없어요. 오해하지 마세요.
남 : 그렇습니까? 저도 사진 때문에 이렇게 당황스러웠던 것은 처음입니다.
여 : 어머, 겉모습과 다르게 섬세한 분이신가 봐요. 제 주변에는 둔한 사람만 있어서 무신경한 성격에 기가 막혔던 적도 있어요.
남 : 저는 누나가 두 명, 남동생이 한 명 있습니다. 누나들의 영향으로 조금 여성적인 면이 있을지도 모르겠네요. 게다가 둔하면 4형제 간의 경쟁 속에서 살아남을 수 없거든요.
여 : 어머, 형제도 그렇게 계세요? 저는 외동딸이라서 언제나 형제가 많은 가족을 부럽게 생각했어요.

여자는 남자에 대해서 어떻게 생각하고 있습니까?

1. 남자답고 뻔뻔하다고 생각하고 있다.
2. 둔하고 무신경한 타입이라고 생각하고 있다.
3. 섬세하게 신경을 쓰는 타입이라고 생각하고 있다.
4. 남자답고 자신을 속이는 사람이라고 생각하고 있다.

4番

스크립트 7-10

行政区域の変更について男の人と女の人が話しています。二人はどうして山川市になった方がいいと言っていますか。

男 : マンションの入り口に置いてあるアンケート、チェックしたか。
女 : え？何のアンケート？
男 : ほら、行政区域をどちらに変えた方がいいかっていうアンケートだよ。
女 : どういう内容なの？
男 : 僕たちの住んでいる大城町を山川市にするか海波市にするかのアンケートだよ。
女 : そうねえ。今の大城町の役所って少し遠いところにあるからね。山川市に併合されたら確かに役所は歩いていけるところにあるから楽だわ。海波市になったら、役所の場所は今とそんなに変わらないわね。
男 : じゃあ、山川市にするか。
女 : ちょっと待って。海波にはね、安くてプログラムがしっかりしているカルチャーセンターがあるの。海波の住民しか利用できないのよ。それも捨てがたいわね。どうしましょう。
男 : 早く決めろよ。締め切りは明日の正午だぞ。僕は山川の方がいいな。山川市役所の中にただで利用できるジムがあるんだ。
女 : 山川の方が色々とメリットがあるわね。じゃあ、あなた。下に行って山川の方にサインしてきてくださいな。

二人はどうして山川市になった方がいいと言っていますか。

1. プログラムが充実しているカルチャーセンターを利用できるから
2. 役所にカルチャーセンターがあるから

3. 無料のジムが役所に近いところにあるから
4. 役所が近くて無料のジムがあるから

해석

행정구역 변경에 대해서 남자와 여자가 이야기하고 있습니다. 두 사람은 왜 야마카와시가 되는 편이 좋다고 말하고 있습니까?

남 : 맨션 입구에 놓여 있는 앙케트, 체크했어?
여 : 응? 무슨 앙케트?
남 : 있잖아, 행정구역을 어느 쪽으로 바꾸는 편이 좋은가 하는 앙케트야.
여 : 무슨 내용이야?
남 : 우리들이 살고 있는 오시로 마을을 야마카와시로 할지 우미나미시로 할지에 관한 앙케트야.
여 : 글쎄. 지금의 오시로 마을의 관청은 좀 먼 곳에 있으니까. 야마카와시로 합병되면 분명히 관청은 걸어서 갈 수 있는 곳에 있으니까 편하겠다. 우미나미시가 되면 관청 장소는 지금과 그렇게 변함이 없겠네.
남 : 그럼, 야마카와시로 할까?
여 : 잠깐 기다려봐. 우미나미에는 싸고 프로그램이 제대로 짜여진 문화센터가 있어. 우미나미 주민밖에 이용할 수 없어. 그것도 버리기 아까운데. 어떻게 하지?
남 : 빨리 정해. 마감일은 내일 정오야. 나는 야마카와가 좋겠어. 야마카와 시청 안에 무료로 이용할 수 있는 체육관이 있거든.
여 : 야마카와 쪽이 여러모로 이득이 많네. 그럼, 여보. 밑에 가서 야마카와 쪽에 사인하고 와.

두 사람은 왜 야마카와시가 되는 편이 좋다고 말하고 있습니까?

1. 프로그램이 충실한 문화센터를 이용할 수 있으니까
2. 관청 안에 문화센터가 있으니까
3. 무료 체육관이 관청과 가까운 곳에 있으니까
4. 관청이 가깝고 무료 체육관이 있으니까

5番

스크립트 🎧 7-11

男の人と女の人が車の中で話しています。男の人が言っている正しい内容はどれですか。

男 : いやー。すごい雪だなあ。もっと早く出発すればよかったな。
女 : どうしましょう。道路があんなに込んでいるわ。
男 : これじゃあ、家まで何時間もかかってしまうぞ。日が暮れてしまうと積もった雪が凍って道が滑りやすくなるだろうし。まだ陽があるうちに家に着かないと大変だぞ。
女 : ねえ、前の方見て。事故でもあったのかな。救急車やレッカー車が来ているし、何台か身動き取れないみたいよ。
男 : 急坂にひっかかったんだな。路面が滑るから一度止まるとタイヤが空回りして最後まで登りきれないんだよ。あせって前へ進もうとすると変な方向に進んでしまって接触事故を起こす可能性もあるし。気をつけないと。バックするのも視野が十分に確保できないから危険だぞ。
女 : じゃあ、坂があるときってどうすればいいの?
男 : そうだな。坂を登るときは止まらずにいっきに駆け上がることがポイントかな。そのためには前の車と十分な距離をとって余裕を持って進むようにしないと。
女 : それでも、もし止まっちゃったらどうするの?
男 : その時は誰かさんに後ろから押してもらうしかないな。
女 : えー? その誰かさんってもしかして私のこと? やだよ。寒いもん。
男 : 心配するな。運転歴20年のこの僕に任せておきな。

男の人が言っている正しい内容はどれですか。

1. 早く出発してもどうせ車が込んでいて家に早くつけない
2. 坂を登る途中で止まってしまったら、後ろに下がればいい

3. 坂を登る時、途中で止まると立ち往生してしまう恐れがある
4. 坂を登る時、早く登れるように前の車のすぐ後ろにくっついて進むといい

해석

남자와 여자가 차 안에서 이야기하고 있습니다. 남자가 말하고 있는 올바른 내용은 어느 것입니까?

남 : 와~. 굉장한 눈이네. 좀 더 일찍 출발할걸 그랬어.
여 : 어떻게 하지? 도로가 저렇게 막혀 있네.
남 : 이렇게 되면 집까지 몇 시간이나 걸리겠어. 날이 저물면 쌓인 눈이 얼어서 길이 미끄러지기 쉬워질 테고. 아직 해가 남아 있을 때 집에 도착하지 않으면 큰일인데.
여 : 저기, 앞을 봐 봐. 사고라도 있었던 걸까? 구급차와 견인차가 와 있고 차 몇 대는 꼼짝 못하는 것 같은데.
남 : 가파른 비탈길에 걸렸구나. 노면이 미끄러우니까 한번 멈추면 타이어가 공회전해서 끝까지 못 올라가게 되거든. 조급하게 앞으로 나아가려고 하면 이상한 방향으로 가게 되어서 접촉사고를 일으킬 가능성도 있고. 조심해야 돼. 후진하는 것도 시야를 충분히 확보할 수 없어서 위험해.
여 : 그럼, 언덕이 있을 때는 어떻게 하면 되는 거야?
남 : 글쎄. 언덕을 오를 때는 멈추지 말고 한 번에 올라가는 게 포인트라고 할까. 그러기 위해서는 앞차와 충분한 거리를 두고 여유를 갖고 나아가지 않으면 안 돼.
여 : 그래도 만약 멈춰 버리면 어떻게 해?
남 : 그때는 누군가한테 뒤에서 밀어 달라고 할 수밖에 없지.
여 : 뭐? 그 누군가라는 게 혹시 나를 말하는 거야? 싫어. 춥단 말야.
남 : 걱정하지 마. 운전경력이 20년인 나한테 맡겨.

남자가 말하고 있는 올바른 내용은 어느 것입니까?

1. 일찍 출발해도 어차피 차가 막혀 있어서 집에 일찍 도착할 수 없다.
2. 언덕을 오르는 도중에 멈춰 버리면 뒤로 물러나면 된다.
3. 언덕을 오를 때 도중에 멈추면 오도가도 못하게 될 우려가 있다.
4. 언덕을 오를 때 빨리 오를 수 있도록 앞차의 바로 뒤에 붙어서 나아가면 된다.

6番

스크립트 🎧 7-12

男の人と女の人が話しています。二人の会話の中に現れる草食男子とはどんな人ですか。

女：最近ね、彼氏が浮気しているようなの。
男：どうして？何かあったのか。
女：あのね、いつも自分の方から積極的にデートに誘っていた人がね、最近は電話もあまりくれないし、私からデートに誘ってもあまり乗り気じゃないのよ。前はファッションセンスもなかった人がお洒落になってるし、先週から習い事も始めたようなの。
男：習い事？何を習っているの？
女：聞いて驚かないでね。クッキー教室に通っててね、母の日のプレゼントを準備してるんだって。
男：なんか変だな。他に女ができたっていうより、自分自身が女っぽくなってるな。
女：あなたはそう思うの？私は心配なんだけど。
男：なんか最近流行ってる草食男子のような気がするんだけど。
女：え？そういえば急に家族思いになってね、私よりお母さんって感じで一度けんかしたことがあるのよ。
男：しかも君のことより自分自身を磨くことに夢中なんだろ？それだよ、それ。草食男子だよ。
女：うそ。信じられないわ。
男：彼氏とちゃんと話し合った方がいいと思うよ。

二人の会話の中に現れる草食男子とはどんな人ですか。

1. 女の人に積極的にデートを誘う人
2. 女の人より男の人といる方が楽しい人
3. 恋愛より自分の趣味生活を重視する人
4. 浮気をしている人

해석

남자와 여자가 이야기하고 있습니다. 두 사람의 대화 중에 나오는 초식남이란 어떤 사람입니까?

여 : 요즘 말이야, 남자친구가 바람 피우고 있는 것 같아.
남 : 왜? 무슨 일 있었어?
여 : 있잖아, 늘 자기 쪽에서 적극적으로 데이트 하자고 했었던 사람이 말이야, 요즘은 전화도 별로 없고, 내가 데이트 하자고 해도 별로 내켜하지 않아. 전에는 패션센스도 없었던 사람이 멋쟁이가 되고, 지난주부터 뭔가 배우기 시작한 것 같아.
남 : 뭐가 배운다고? 뭘 배우고 있는데?
여 : 듣고 놀라지 마. 쿠키 강습에 다니는데, 어머니날 선물을 준비하고 있대.
남 : 뭔가 이상한데. 다른 여자가 생겼다기보다는 자기 자신이 여자처럼 되고 있네.
여 : 너는 그렇게 생각하니? 나는 걱정인데.
남 : 뭔가 요새 유행하고 있는 초식남 같은 느낌이 드는데.
여 : 뭐? 그러고 보니 갑자기 가족을 챙기는 사람이 돼서는 말야. 나보다도 엄마가 우선이라는 느낌이 들어서 한 번 싸운 적이 있어.
남 : 게다가 너보다 자기자신을 가꾸는 일에 열중한다 이거지? 그거야 그거. 초식남이야.
여 : 정말? 믿을 수 없어.
남 : 남자친구랑 제대로 이야기를 나누는 게 좋을 것 같아.

두 사람의 대화 중에 나오는 초식남이란 어떤 사람입니까?

1. 여자에게 적극적으로 데이트를 청하는 사람
2. 여자보다 남자와 있는 편이 즐거운 사람
3. 연애보다 자신의 취미생활을 중시하는 사람
4. 바람을 피우고 있는 사람

7番

스크립트 7-13

男の人と女の人が保険について話しています。男の人はどうして早く決定するように言っていますか。

男 : 年金保険に加入しようと思ってるんだけど。
女 : また? 今払ってる保険だけでも負担が大きいのに。
男 : いや、今の保険だけでは老後にもらえる年金が足りないと思うんだ。ゆとりある老後を満喫するためにはもう少しの努力が必要だよ。
女 : でももし病気になったり死んでしまったりした場合はどうなるの?
男 : 60歳以前に何か起こった場合は、保険金が出るんだよ。そのお金は配偶者と子供たちが受け取ることになっているんだ。
女 : ただでさえ生活が苦しいのに、また保険に入るなんてまっぴらごめんだわ。それに私の家系って早死にする人が多いの。私もいつどうなるかわからないって思いもあるわ。だから、正直言って、今を楽しみたいの。
男 : 何縁起でもないこと言ってるんだ。僕はただ老後、子供たちに頼らずに二人で旅行でもしながらのんびりと暮らしたいだけなんだよ。
女 : あなたの気持ち、わかってるけど……。もう少し考えさせて。
男 : 早く決めろよ。今年中に決めないといけないんだ。
女 : どうして?
男 : どうせ加入するなら友達の保険に入ろうと思ってるんだ。なにやら今年の成約件数1位まであと少しらしいんだ。僕たちが後押ししてあげれば間違いなく金メダルが取れるといっていたぞ。

男の人はどうして早く決定するように言っていますか。

1. 来年になると保険に入れなくなるから
2. 友達の保険の営業実績が上がるから
3. 来年になって病気にかかるかもしれないから
4. 現在を楽しみたいから

해석

남자와 여자가 보험에 대해서 이야기하고 있습니다. 남자는 왜 빨리 결정하라고 말하고 있습니까?

남 : 연금보험에 가입하려고 생각하고 있는데.
여 : 또? 지금 내고 있는 보험만으로도 부담이 큰데.
남 : 아니, 지금 보험만 가지고는 노후에 받을 수 있는 연금이 모자란다고 생각하거든. 여유 있는 노후를 만끽하기 위해서는 좀 더 노력이 필요해.
여 : 하지만 만약 병에 걸리거나 죽거나 한 경우에는 어떻게 되는 거야?
남 : 60세 이전에 무슨 일이 생겼을 때는 보험금이 나오는 거야. 그 돈은 배우자와 자식들이 받도록 되어 있지.
여 : 그렇지 않아도 생활이 힘든데 또 보험을 들다니 정말 질색이야. 게다가 우리 집안은 일찍 죽는 사람이 많아. 나도 언제 어떻게 될지 모른다는 생각이 든다니까. 그러니까 솔직히 말해서 지금을 즐기고 싶어.
남 : 재수 없는 소리하지 마. 나는 그냥 노후에 자식들에게 의지하지 않고 둘이서 여행이라도 하면서 느긋하게 지내고 싶은 것뿐이야.
여 : 당신 마음, 잘 알지만… 조금 더 생각해 볼게.
남 : 빨리 결정해. 올해 안에 결정하지 않으면 안 돼.
여 : 왜?
남 : 어차피 가입한다면 친구 보험에 들려고 생각하고 있거든. 뭐라더라, 올해 계약 성립 건수 1등까지 조금 남았다고 하더라고. 우리가 후원해 주면 틀림없이 금메달을 딸 수 있다고 했어.

남자는 왜 빨리 결정하라고 말하고 있습니까?

1. 내년이 되면 보험에 들 수 없게 되니까
2. 친구의 보험 영업 실적이 올라가니까
3. 내년에 병에 걸릴지도 모르니까
4. 현재를 즐기고 싶으니까

問題 3

page 158

1番

스크립트 7-14

教室で先生がホームページの画面の配色について話しています。

女 : 最近、目が悪い学生たちが増えているようです。一番の原因としては、過度なインターネット使用があげられます。インターネットの様々なページを見ていると、時々背景と文字の色がほぼ同色というページを見かけます。例えば、黒の背景にダークグレーの文字という配色は本当に読むのがつらいです。また、黒い背景に明るいピンク系の文字を使っているページも非常に目に負担がかかります。サイトを作ったからには読んでもらいたいという気持ちは誰にもあるはずですが、それなら目に負担がかからないような配色を心掛けてもらいたいものです。文字が読みやすい配色としては白い背景に黒い文字が一番いいと思われがちですが、実際は、白い画面は長時間見ていると目に疲労を感じさせてしまうのです。ですから、背景の色は白系統のやわらかい色を使うにしても、周りにアクセントになるやさしい色を置いてあげるといいと思います。

先生はどう考えていますか。

1. 画面の配色は読みやすいように黒色の背景に灰色の文字を使うといい
2. 画面の配色は読みやすいように黒色の背景にピンク色の文字を使うといい
3. 白は目に優しい色なので白の背景に灰色の文字を使うといい
4. 白の背景に黒い文字の画面を長時間見ると目が疲れる

해석

교실에서 선생님이 홈페이지의 화면 배색에 대해서 이야기하고 있습니다.

여 : 최근에 눈이 나쁜 학생들이 늘고 있는 것 같습니다. 가장 큰 원인으로는 과도한 인터넷 사용을 들 수 있습니다. 인터넷의 여러 페이지를 보고 있으면 가끔 배경과 문자 색이 거의 같은 색인 페이지를 봅니다. 예를 들면 검은 배경에 어두운 회색 문자 배색은 정말로 읽기 힘듭니다. 또한, 검은 배경에 밝은 핑크 계열의 문자를 사용하고 있는 페이지도 눈에 매우 부담이 됩니다. 사이트를 만든 이상에는 누군가가 읽어 줬으면 하는 마음은 누구에게나 있을 텐데, 그렇다면 눈에 부담이 되지 않는 배색에 유의해 주었으면 합니다. 문자가 읽기 쉬운 배색으로는 하얀 배경에 검은 문자가 가장 좋다고 생각되기 쉽지만, 실제로는 하얀 화면은 장시간 보고 있으면 눈에 피로를 느끼게 합니다. 따라서 배경색은 흰색 계통의 온화한 색을 사용하더라도 주변에 악센트가 될 만한 부드러운 색을 쓰면 좋을 것 같습니다.

선생님은 어떻게 생각하고 있습니까?

1. 화면 배색은 읽기 쉽도록 검은색 배경에 회색 문자를 쓰면 좋다.
2. 화면 배색은 읽기 쉽도록 검은색 배경에 핑크색 문자를 쓰면 좋다.
3. 흰색은 눈에 부담을 주지 않는 색이기 때문에 흰색 배경에 회색 문자를 쓰면 좋다.
4. 흰색 배경에 검은 문자인 화면을 장시간 보면 눈이 피곤해진다.

2番

先生が授業中にエコ・クッキングについて話しています。

女 : エコ・クッキングとは、地球に暮らす私たち一人一人が、環境のことを考えて、「買い物」「料理」「片づけ」をすることです。では、私たちができることは何でしょうか。まず、食材は多くのエネルギーが要るハウス栽培は避け、旬のものを利用します。材料を買う時、量はあまらないように人数分だけ買いましょう。過剰包装されたものはなるべく避けたほうがいいでしょう。料理をする時も食器を洗う時も節水を心がけましょう。また、洗い物のときは、アクリルたわしを使って洗剤や石鹸の使用を控えるようにしましょう。最後に残り物は、再利用できるものは別の容器にきれいに移して、ゴミの量を減らします。

先生が話している主な内容は何ですか。

1. エコクッキングの意味
2. エコクッキングを日常生活で実践する方法
3. エコクッキングと買い物
4. エコクッキングの複雑さ

해석

선생님이 수업 중에 에코쿠킹에 대해서 이야기하고 있습니다.

여 : 에코쿠킹이란 지구에 사는 우리들 한 사람 한 사람이 환경을 생각해서 '장보기' '요리' '정리'를 하는 것입니다. 그러면 우리들이 할 수 있는 일은 무엇일까요? 우선 식재료는 많은 에너지가 필요한 하우스 재배는 피하고, 제철 재료를 이용합니다. 재료를 살 때 양은 남지 않도록 인원수분만 삽시다. 과잉포장 된 것은 될 수 있으면 피하는 것이 좋겠습니다. 요리를 할 때도 식기를 씻을 때도 절수를 유념합시다. 또한, 설거지할 때는 아크릴 수세미를 사용해서 세제나 비누의 사용을 자제하도록 합시다. 마지막으로 남은 음식은 재이용 할 수 있는 것은 다른 용기에 깨끗하게 옮겨서 쓰레기 양을 줄입니다.

선생님이 이야기하고 있는 주된 내용은 무엇입니까?

1. 에코쿠킹의 의미
2. 에코쿠킹을 일상생활에서 실천하는 방법
3. 에코쿠킹과 장보기
4. 에코쿠킹의 복잡함

3番

スクリプト 7-16

男の人が講演会で説明しています。

男：みなさんは、「プライバシーマーク制度」と呼ばれる制度があることをご存じですか。「プライバシーマーク制度」は、財団法人日本情報処理開発協会が、個人情報を適切に取り扱うことのできる企業や団体を審査し認定する制度です。個人情報の保護と管理に積極的に取り組んでいることを認められた企業や団体は、「プライバシーマーク」というロゴマークを獲得し、消費者にアピールすることが出来ます。「個人情報」を安心して提供するために、その企業や団体などの事業者がプライバシーマークを取得しているか確認してみることをお勧めいたします。

男の人が取り上げている主な内容は何ですか。

1. プライバシーをアピールする方法
2. プライバシーと個人情報
3. プライバシーマーク制度の意味
4. プライバシーマークをアピールする方法

해석

남자가 강연회에서 설명하고 있습니다.

남：여러분은 '프라이버시 마크 제도'라고 불리는 제도가 있는 것을 알고 계십니까? '프라이버시 마크 제도'는 재단법인 일본 정보처리 개발협회가 개인정보를 적절하게 취급할 수 있는 기업이나 단체를 심사해서 인정하는 제도입니다. 개인정보의 보호와 관리에 적극적으로 대처하고 있는 것을 인정받은 기업이나 단체는 '프라이버시 마크'라고 하는 로고마크를 획득해서 소비자에게 어필할 수 있습니다. '개인정보'를 안심하고 제공하기 위해서 그 기업이나 단체 등의 사업자가 프라이버시 마크를 취득하고 있는지 확인해 볼 것을 권장합니다.

남자가 다루고 있는 주된 내용은 무엇입니까?

1. 프라이버시를 어필하는 방법
2. 프라이버시와 개인정보
3. 프라이버시 마크 제도의 의미
4. 프라이버시 마크를 어필하는 방법

4番

スクリプト 7-17

男の人がある年金保険について家族に話しています。

男：年金保険に入るなら今年中に加入しといた方がいいよ。なぜなら来年発表される平均寿命が今のものより高くなると言われているからなんだ。つまりこういうことだ。終身保険というのは死ぬ直前まで年金がもらえることになってるんだ。つまり保険会社は僕たちがあの世に行くまで年金を支払いつづけないといけないってことなんだ。でも平均寿命が延びるってことは、僕たちが長生きする可能性が今よりも高くなるってことだろ。保険会社としては、どこかで延びた寿命の分を埋め合わせる必要がある。そこで、考案した方法の一つが、毎月払う年金を下げるというものなんだ。5千万円の保険に入ってる場合、平均寿命85歳で計算して毎月59万円もらえるとしよう。もし来年の平均寿命が90歳だと仮定すると、毎月もらえる金額は56万円に下がってしまうんだ。

男の人は何について話していますか。

1. 年金保険の知られざる危険性
2. 平均寿命の上昇が年金保険に及ぼす影響
3. 年金保険に入らないといけない理由
4. 保険会社のサービスの質的向上

해석

남자가 어느 연금보험에 대해서 가족에게 이야기하고 있습니다.

남 : 연금보험에 들려면 올해 중에 가입해 두는 것이 좋아. 왜냐하면 내년에 발표될 평균수명이 지금 것보다 높아진다고 하니까. 즉, 이런 내용이야. 종신보험이라고 하는 것은 죽기 직전까지 연금을 받을 수 있게 되어 있어. 다시 말해서 보험회사는 우리들이 저 세상에 갈 때까지 연금을 계속해서 지불해야 한다는 뜻이지. 하지만 평균수명이 늘어난다는 것은 우리들이 오래 살 가능성이 지금보다도 높아진다는 말이지? 보험회사로서는 늘어난 수명의 분량을 어딘가에서 채워넣어야 할 필요가 있어. 그래서 고안한 방법 중의 하나가 매달 지불하는 연금을 낮춘다는 것이지. 5천만 엔의 보험에 들어 있을 경우, 평균수명 85세로 계산해서 매달 59만 엔을 받는다고 치자. 만약 내년의 평균수명이 90살이라고 가정하면 매달 받을 수 있는 금액은 56만 엔으로 내려가 버리는 거야.

남자는 무엇에 대해서 이야기하고 있습니까?

1. 연금보험의 알려지지 않은 위험성
2. 평균수명의 상승이 연금보험에 미치는 영향
3. 연금보험에 들지 않으면 안 되는 이유
4. 보험회사 서비스의 질적 향상

5番

スクリプト 7-18

女の人が紅白歌合戦について話しています。

女：紅白歌合戦とはNHKが毎年12月31日の夜に生放送する、紅白対抗形式の音楽番組です。女性が紅組、男性が白組になってそれぞれのヒット曲やパフォーマンスで競います。かつては紅白歌合戦の舞台に立つことが歌手にとっての最高の名誉だとされていた時代もありましたが、歌手が自由にできない、紅白歌合戦という番組自体が気に入らないなどの理由で辞退する歌手も出て来ています。大物の歌手の中には、出場を拒むことで自分のステータスを高める人もいるという点が興味深いです。また、出場を辞退し続けていた大物歌手の参加によって番組の視聴率が上がることもあるそうです。

女の人が取り上げている内容として合っているのは何ですか。

1. 紅白歌合戦と番組編成の意味
2. 大物歌手が紅白歌合戦への出場を拒否する意味
3. 紅白歌合戦で紅組、白組に分かれることの意味
4. 新人の歌手が紅白歌合戦への出場を拒否する理由

해석

여자가 홍백가합전에 대해서 이야기하고 있습니다.

여 : 홍백가합전이란 NHK가 매년 12월 31일 밤에 생방송하는 홍백 대항 형식의 음악 프로그램입니다. 여성이 홍팀, 남성이 백팀이 되어서 각각 히트곡이나 퍼포먼스로 경쟁을 합니다. 이전에는 홍백가합전의 무대에 서는 것이 가수에게 있어서 최고의 명예라고 여겨지던 시대도 있었습니다만, 가수가 자유롭게 할 수 없고, 홍백가합전이라고 하는 프로그램 자체가 마음에 들지 않는다는 등의 이유로 사퇴하는 가수도 나오고 있습니다. 대형 가수 중에는 출연을 거부하는 것으로 자신의 지위를 높이는 사람도 있다는 점이 흥미롭습니다. 또한, 출연을 계속 사양하던 대형 가수의 참가에 의해서 프로그램의 시청률이 오르는 경우도 있다고 합니다.

여자가 다루고 있는 내용과 일치하는 것은 무엇입니까?

1. 홍백가합전과 프로그램 편성의 의미
2. 대형 가수가 홍백가합전의 출연을 거부하는 의미
3. 홍백가합전에서 홍팀, 백팀으로 나뉘는 것의 의미
4. 신인 가수가 홍백가합전의 출연을 거부하는 이유

6番

スクリプト 🎧 7-19

女の人が指圧教室で話しています。

女：慢性的な肩こりでお悩みの方は、よく指圧を試してみたいとおっしゃいます。ですが指圧のやり方は人によって様々で、ときにはかなり痛いこともあります。なんとなく痛いほうが効いているような気がするので、多くの方がその痛みにじっと耐えているようですね。では、指圧は痛いほど効き目があるのでしょうか。刺激の強い指圧を受けた体は、痛さから体を守るために筋肉を固くしてしまいます。そうすると、深部に力が届かず、表面だけの刺激で終ってしまい、深い所のコリが取れません。本来の指圧とは、身体が圧力を受け入れやすいようにゆっくりと力を加え、深部のコリまでも取れるようにするものなのです。

女の人が言っている主な内容は何ですか。
1. 慢性的な肩こりの苦しさ
2. 指圧の驚くべき効果
3. 効果的な指圧方法
4. 指圧の痛みに耐えることの重要さ

해석

여자가 지압 강습에서 이야기하고 있습니다.

여 : 만성적인 어깨 결림으로 고민하시는 분은 곧잘 지압을 해보고 싶다고 말씀하십니다. 하지만 지압 방법은 사람에 따라 가지각색으로 가끔 꽤 아플 때도 있습니다. 왠지 아픈 편이 효과가 있는 것 같은 느낌이 들어서 많은 분들께서 그 통증을 꾹 참고 계시는 것 같네요. 그러면 지압은 아픈 만큼 효과가 있는 걸까요? 자극이 강한 지압을 받은 몸은 통증으로부터 몸을 지키기 위해서 근육을 딱딱하게 만들어 버립니다. 그러면 심부에 힘이 닿지 않고 표면만의 자극으로 끝나 버려서 깊은 곳의 결림이 풀어지지 않습니다. 본래 지압이란 몸이 압력을 받아들이기 쉽도록 천천히 힘을 가해서 심부의 결림까지도 풀어지도록 하는 것입니다.

여자가 말하고 있는 주된 내용은 무엇입니까?
1. 만성적인 어깨 결림의 고통
2. 지압의 놀랄 만한 효과
3. 효과적인 지압 방법
4. 지압의 통증을 견디는 것의 중요성

問題 4　page 159

1番

스크립트 🎧 7-20

男：おめでとうございます！ 受賞の喜びを一言お願いします。

女：1. これから出かけるところです。
　　2. うれしさのあまり声も出ません。
　　3. まだ未練が残っているんです。

해석

남 : 축하드립니다! 수상의 기쁨을 한마디 부탁합니다.
여 : 1. 이제부터 나갈 참입니다.
　　2. 기쁜 나머지 목소리도 안 나오네요.
　　3. 아직 미련이 남아 있습니다.

2番

스크립트 🎧 7-21

女：あの人、つまらないことで怒鳴っていましたね。

男：1. なんなりとお申しつけください。
　　2. 一目見て気に入りました。
　　3. 彼とて人間ですからね。

해석

여 : 저 사람, 하찮은 일에 목소리를 높이고 있었네요.
남 : 1. 무엇이든 분부하여 주십시오.
　　2. 한눈에 마음에 들었습니다.

3. 그 사람도 인간이니까요.

3番

스크립트 7-22

女：あんなに堂々と人前でつばを吐くなんて。
男：1. まったく、近頃の高校生ときたら。
　　2. まったく見つかりません。
　　3. きっと前からそう思っていたんですよ。

해석

여：저렇게 당당하게 사람 앞에서 침을 뱉다니.
남：1. 정말이지, 요새 고등학생은.
　　2. 전혀 발견되지 않습니다.
　　3. 틀림없이 전부터 그렇게 생각했던 겁니다.

4番

스크립트 7-23

女：二日酔いで大変だと思いますが、午後の引越しを手伝ってくださいませんか。
男：1. 一緒に旅行に行った仲なのに、覚えてないんですか。
　　2. いくら僕に体力があるとはいえ、そこまでする元気はありません。
　　3. 言うに言えない事情があるかもしれません。

해석

여：숙취로 힘들 거라고 생각하는데요, 오후에 있을 이사를 도와주지 않겠습니까?
남：1. 함께 여행을 간 사이인데 기억 못하세요?
　　2. 아무리 나에게 체력이 있다고 해도 그렇게까지 할 힘은 없습니다.
　　3. 말하고 싶어도 말할 수 없는 사정이 있을지도 모르겠습니다.

5番

스크립트 7-24

男：彼女は何でも自分で決めてしまうきらいがあるんで困ってしまいます。
女：1. 私はそんなに彼女が嫌いじゃありません。
　　2. 3度目の正直です。
　　3. 一度一言言ってみたらどうですか。

해석

남：그녀는 뭐든지 자기 스스로 결정해 버리는 경향이 있어서 곤란합니다.
여：1. 저는 그렇게 그녀가 싫지 않습니다.
　　2. 이번에는 확실하겠지요.
　　3. 한번 한마디 해 보는 게 어때요?

6番

스크립트 7-25

女：私が得意な料理と言えば、せいぜいうどんとカレーといったところです。
男：1. それだけでも大したものです。
　　2. そんなことへっちゃらです。
　　3. まるで夢の中の出来事のようです。

해석

여：제가 잘하는 요리라고 하면 기껏해야 우동과 카레 정도입니다.
남：1. 그것만으로도 대단한 겁니다.
　　2. 그런 일 아무렇지도 않아요.
　　3. 마치 꿈속에서 일어난 일 같습니다.

7番

> スクリプト 🎧 7-26

女：みんなの前で転んでしまった時の恥ずかしさといったらなかったよ。

男：1. せいぜいがんばってみるんだね。
　　2. それは気の毒にね。
　　3. 話し上手ですね。

해석

여 : 모두 있는 앞에서 넘어졌을 때는 정말이지 창피했어.

남 : 1. 힘껏 열심히 해 봐.
　　2. 그것 참 안됐다.
　　3. 말을 참 잘하시네요.

8番

> スクリプト 🎧 7-27

女：お父さん、コンビニに行って夜食でも買って来るわ。

男：1. 電話がかかってきたら、僕につないでくれ。
　　2. 何でも一生懸命な人間になってくれ。
　　3. 一人で行くなんてもってのほかだ。

해석

여 : 아빠, 편의점에 가서 야식이라도 사올게.

남 : 1. 전화가 걸려오면 나를 바꿔 줘.
　　2. 무엇이든지 열심히 하는 사람이 되어 줘.
　　3. 혼자서 가다니 당치도 않아.

9番

> スクリプト 🎧 7-28

女：どうしたの？顔色悪いし、目の下が黒いよ。

男：1. いやー。心配事があって、最近睡眠もろくに取れなくてね。
　　2. 去年にくらべて目が良くなりました。
　　3. さんざん待たせておいて、今更来られないなんて。

해석

여 : 무슨 일이야? 안색이 안 좋고 눈밑이 검어.

남 : 1. 글쎄. 걱정거리가 있어서 요새 잠도 제대로 못 자서….
　　2. 작년에 비해 눈이 좋아졌습니다.
　　3. 실컷 기다리게 해놓고선 지금 와서 못 온다니.

10番

> スクリプト 🎧 7-29

男：大変申し訳ございませんが、本日のセールは夜の10時をもって終わらせていただきます。

女：1. 次回からはマイバッグを持ってきてください。
　　2. これは私にぴったりのジーパンです。
　　3. もう少し早く来ればよかったわ。

해석

남 : 정말 죄송합니다만, 오늘 세일은 밤 10시로 끝내겠습니다.

여 : 1. 다음부터는 장바구니를 가지고 오세요.
　　2. 이것은 나에게 딱 맞는 청바지입니다.
　　3. 조금 더 일찍 올걸 그랬네.

11番

스크립트 7-30

女：試験の結果がいいか悪いかはさておき、彼女がテストの途中で泣いた理由は何ですか。
男：1. 筆記用具は家に置いてきてください。
　　2. 今他の先生が理由を聞いているところです。
　　3. いてもいなくても同じです。

해석

여：시험 결과가 좋은지 나쁜지를 떠나서 그녀가 시험 도중에 운 이유는 무엇입니까?
남：1. 필기용구는 집에 놓고 오세요.
　　2. 지금 다른 선생님이 이유를 묻고 있는 중입니다.
　　3. 있으나 없으나 똑같습니다.

12番

스크립트 7-31

男：彼女はさっきから何か言いたげな顔をしてますね。
女：1. 一般的にはそう言われています。
　　2. これは素人の技術ですね。
　　3. まったくじれったいですね。

해석

남：그녀는 아까부터 뭔가 말하고 싶은 듯한 표정을 하고 있네요.
여：1. 일반적으로는 그렇게들 말합니다.
　　2. 이것은 아마추어의 기술이네요.
　　3. 정말이지 속이 타네요.

13番

스크립트 7-32

男：今日、先生の帰国祝いのパーティーがあるんですが。
女：1. 思ったより地味ですね。
　　2. 出席できませんのであしからず。
　　3. なにとぞご遠慮お願いします。

해석

남：오늘 선생님 귀국 축하 파티가 있는데요.
여：1. 생각보다 수수하네요.
　　2. 출석 못하니 양해해 주십시오.
　　3. 아무쪼록 삼가 주십시오.

14番

스크립트 7-33

女：案の定、桜井さんは徹夜で作業していました。
男：1. 案外、細かい性格かもしれませんよ。
　　2. 僕はかろうじて卒業できました。
　　3. あのお歳でなんでそんなに無理できるのか聞いてみたいですね。

해석

여：생각대로 사쿠라이 씨는 밤을 새서 작업하고 있었어요.
남：1. 의외로 꼼꼼한 성격일지도 모르겠네요.
　　2. 나는 겨우 졸업할 수 있었습니다.
　　3. 저 나이에 어찌 저렇게 무리할 수 있는지 물어보고 싶네요.

問題 5

page 160

1番

スクリプト 🎧 7-34

お天気キャスターが放送で天気予報を伝えています。

女1：明日の関東地方は冬晴れになる見込みです。山沿いは雪がちらつくところもあるでしょう。Uターンラッシュへの影響が懸念されます。風は冷たいですが、日差しが届いて初詣日和になると予想されます。あさっては北方からの寒気が張り出してくる影響で、朝の最低気温は東京でも氷点下になる見込みです。午後からは大雪のおそれもあるので出勤の際はくれぐれも暖かくしてお出かけください。車でお出かけの際は、チェーンのご用意をお忘れなく。この寒さは当分続く見込みです。

男　：明日は朝早く出発した方がいいぞ。Uターンラッシュに雪まで降られたら、初詣は無理かも知れないな。

女2：そうね。あさっては会社に出ないといけないし。明日疲れちゃうと、会社で大変でしょう？

男　：あさっての出勤も大変だぞ。車は家に置いていった方がいいかもしれないな。そうなると、お土産はどうしようかな？

女2：あさっては無理よ。一日ぐらい遅れても誰も文句言わないわよ。

男　：そうだな。あと、初詣は近所で済まそうか。遠くまで行くとなると色々準備しないといけないしな。

女2：そうね。まあ、初詣は様子を見てからにしましょう。家に着くのが何時になるかも分からないんだから。

男　：それもそうだ。

二人は明日どうすると言っていますか。
1. 初詣をするために早めに用事を済ませる
2. 明日になって初詣に行けたら行くことにする
3. 会社に持っていくお土産の準備をする
4. 近所で初詣を済ませることにする

해석

기상캐스터가 방송에서 일기예보를 전하고 있습니다.

여1：내일 관동 지방은 맑고 쾌청한 겨울 날씨가 될 전망입니다. 산기슭에는 눈이 살짝 내리는 곳도 있겠습니다. 귀경길 혼잡에 따른 영향이 걱정됩니다. 바람은 차갑습니다만 햇빛이 비춰서 새해 참배하러 가기에 좋은 날씨가 될 것으로 예상됩니다. 모레는 북쪽에서 추위가 밀려오는 영향으로 아침 최저기온은 도쿄에서도 영하로 떨어질 것으로 예상됩니다. 오후부터는 눈이 많이 내릴 우려도 있으므로 출근시에는 아무쪼록 따뜻하게 하고 외출하시길 바랍니다. 차로 외출할 때는 체인 준비를 잊지 마세요. 이 추위는 당분간 계속될 전망입니다.

남　：내일은 아침 일찍 출발하는 게 좋겠어. 귀경길 혼잡에 눈까지 내리면 새해 참배는 무리일지도 모르겠어.

여2：그렇겠다. 모레는 회사에 출근하지 않으면 안 되고. 내일 피곤하면 회사에서 힘들잖아?

남　：모레 출근도 큰일이야. 차는 집에 두고 가는 편이 좋을지도 모르겠네. 그렇게 되면 선물은 어떻게 할까?

여2：모레는 무리야. 하루 정도 늦어도 아무도 불평하지 않을 거야.

남　：그렇겠네. 그리고 새해 참배는 근처에서 해결해야겠다. 멀리까지 가게 되면 여러 가지로 준비해야 되니까.

여2：그래. 뭐 새해 참배는 상황을 보고 나서 하자. 집에 도착하는 게 몇 시가 될지도 모르니까.

남　：그것도 그러네.

두 사람은 내일 어떻게 한다고 말하고 있습니까?
1. 새해 참배를 하기 위해서 일찌감치 용무를 끝낸다.
2. 내일이 되어서 새해 참배를 갈 수 있으면 가기로 한다.
3. 회사에 가져갈 선물 준비를 한다.
4. 근처에서 새해 참배를 해결하기로 한다.

2番

스크립트 🎧 7-35

女の人がテレビでお祝いのプレゼントについて説明しています。

女1: もうすぐ卒業・入学シーズンとなります。卒業とともに子供たちは新しい世界へとはばたきますから、誰もが緊張と期待で胸がいっぱいのはずです。このような大切な時期だけに、卒業祝いはもらう相手から喜ばれるものを用意したいものです。しかし相手の好みを知るのが難しい時には、商品券や現金が無難だと思います。金額は一万円程度が相場ではありますが、不安な場合は多めに入れてもかまいません。卒業して就職する場合は「就職祝い」と書けばいいのですが、大学受験に失敗して浪人が決まっているという場合や、進路がまだ決まっていない場合は、「卒業祝い」として贈ります。また、大学院などに進んで勉強を続けるという場合は、「合格祝い」として贈ればいいですね。

男: 友達の息子さんの卒業式、来週って言ってたね。

女2: そうなの。圭介君って大学卒業したら留学するらしいわよ。でも大学院に進むか語学コースに入るかまだ決まってないみたい。

男: そうか。まだ勉強が終わってないのか。大変だな。

女2: そうよね。お祝いは何がいいかしら。男の子だから何が好きかよくわからないわね。変なもの贈るより現金をあげた方が喜ぶでしょうね。

男: そうだな。

二人は何のために贈りものを準備していますか。

1. 友達の息子の浪人決定を祝うため
2. 友達の息子の大学卒業を祝うため
3. 友達の息子の就職を祝うため
4. 友達の息子の大学院合格を祝うため

해석

여자가 텔레비전에서 축하 선물에 대해서 설명하고 있습니다.

여1: 이제 곧 졸업·입학 시즌이 됩니다. 졸업과 함께 아이들은 새로운 세계로 나아가므로 누구든지 긴장과 기대로 가슴이 벅찰 것입니다. 이렇게 중요한 시기이니만큼, 졸업 축하 선물은 받는 상대가 좋아하는 것을 준비하고 싶습니다. 하지만 상대의 취향을 알기 어려울 때는 상품권이나 현금이 무난하다고 생각합니다. 금액은 만 엔 정도가 시세기는 하지만, 불안할 경우에는 조금 많이 넣어도 상관없습니다. 졸업해서 취직할 경우에는 '취직 축하'라고 쓰면 되지만, 대학 수험에 실패해서 재수가 결정되어 있는 경우나 진로가 아직 정해져 있지 않을 경우에는 '졸업 축하'로서 선물합니다. 또한 대학원 등에 진학해서 공부를 계속한다고 하는 경우에는 '합격 축하'로서 선물을 하면 됩니다.

남: 친구 아들 졸업식, 다음 주라고 했지?

여2: 응. 게이스케는 대학 졸업하면 유학간다고 하더라고. 하지만 대학원에 진학할지 어학 코스로 들어갈지 아직 결정 안 했나봐.

남: 그렇구나. 아직 공부가 안 끝난 건가? 힘들겠네.

여2: 그러게. 축하 선물은 뭐가 좋을까? 남자아이니까 무엇을 좋아하는지 잘 모르겠어. 이상한 걸 선물하는 것보다 현금을 주는 편이 좋겠지?

남: 그렇지.

두 사람은 무엇 때문에 선물을 준비하고 있습니까?

1. 친구 아들의 재수 생활 결정을 축하하기 위해
2. 친구 아들의 대학 졸업을 축하하기 위해
3. 친구 아들의 취직을 축하하기 위해
4. 친구 아들의 대학원 합격을 축하하기 위해

3番

スクリプト 7-36

郵便局の人が記念切手について話しています。

女1：今度の記念切手は冬季オリンピックに出場する選手たちの写真を載せました。数が多いのは人気種目であるフィギュアスケートの市川選手の切手です。これは老若男女を問わず人気があります。また女性の方に特に人気なのは金メダルが期待されているスキージャンプの早瀬選手の切手です。そして冬季オリンピックの他にも、毎年恒例の冬のグリーティング切手もご用意いたしました。こちらはクリスマスカードや冬のごあいさつなど、様々なイベントに合わせてご利用頂けます。切手は50円と80円の二種類がございます。1シートは5枚セットです。販売はシート単位でいたしますのでお間違えのないようにお願い申し上げます。

女2：今年は何を買おうかしら。去年のふるさと切手は大ヒットだったわ。葉書にはって送ったらみんな葉書の内容よりも切手の方に興味津津だったの。

男　：うーん。去年はアニメの切手をはったらみんなに子供っぽいって笑われたからな。どうしようかな。

女2：誰に送るつもりなの？

男　：いつもお世話になっている人とか友だちにクリスマスカード送るつもりなんだけど。

女2：じゃあ、「今年も色々とありがとうございました、来年もよろしくお願いします」って感じの切手でいいんじゃない？

男　：そうだな。決めた。それにしよう。僕は80円の2シートでいいや。

女2：私はスケート同好会のみんなにカード送ろうと思ってるから、彼らが喜びそうな切手にするわ。送る人が多いから、80円のを4シート買うわ。

質問1　男の人はどの切手を買って、いくら払わなければいけませんか。

1. 冬季オリンピックの切手、500円
2. 冬のグリーティング切手、800円
3. 冬のグリーティング切手、500円
4. 冬季オリンピックの切手、800円

質問2　女の人はどの切手を買って、いくら払わなければいけませんか。

1. フィギュアスケートの切手、1,000円
2. ジャンプスキーの切手、1,600円
3. ジャンプスキーの切手、1,000円
4. フィギュアスケートの切手、1,600円

해석

우체국 직원이 기념우표에 대해서 이야기하고 있습니다.

여 1 : 이번 기념우표는 동계올림픽에 출전하는 선수들의 사진을 실었습니다. 수가 많은 것은 인기종목인 피겨 스케이트의 이치카와 선수의 우표입니다. 이것은 남녀노소 불문하고 인기가 있습니다. 또 여성분께 특히 인기가 많은 것은 금메달이 기대되고 있는 스키점프의 하야세 선수 우표입니다. 그리고 동계올림픽 외에도 매년 나오는 겨울 인사 우표도 준비했습니다. 이것은 크리스마스 카드나 겨울 인사 등, 각종 이벤트에 맞춰서 이용하실 수 있습니다. 우표는 50엔과 80엔짜리 두 종류가 있습니다. 1시트는 5장 세트입니다. 판매는 시트 단위로 하니 착오가 없으시길 바랍니다.

여 2 : 올해는 무엇을 살까. 작년의 고향 우표는 대히트였어. 엽서에 붙여서 보냈더니 모두 엽서의 내용보다도 우표 쪽에 흥미진진이었어.

남　 : 음~. 작년에는 만화 우표를 붙였더니 모두가 유치하다고 웃었거든. 어떻게 하지?

여 2 : 누구한테 보낼 생각이야?

남　 : 늘 신세지고 있는 사람이나 친구한테 크리스마스 카드를 보낼 생각인데.

여 2 : 그럼, '올해도 여러 가지로 감사했습니다. 내년에도 잘 부탁합니다'라는 느낌의 우표면 되는 거 아냐?

남 : 그렇지. 결정했어. 그것으로 해야겠다. 나는 80엔짜리 2시트면 되겠어.

여 2 : 나는 스케이트 동호회의 모두한테 카드를 보내려고 생각하니까 그들이 좋아할 만한 우표로 할거야. 보낼 사람이 많으니까 80엔짜리를 4시트 사야지.

질문 1 남자는 어느 우표를 사서 얼마를 지불해야 합니까?
1. 동계올림픽 우표, 500엔
2. 겨울 인사 우표, 800엔
3. 겨울 인사 우표, 500엔
4. 동계올림픽 우표, 800엔

질문 2 여자는 어느 우표를 사서 얼마를 지불해야 합니까?
1. 피겨스케이트 우표, 1000엔
2. 점프스키 우표, 1600엔
3. 점프스키 우표, 1000엔
4. 피겨스케이트 우표, 1600엔

파이널 테스트 ❸ 🎧 8-00

問題 1

page 162

1番

스크립트 🎧 8-01

会社で女の先輩と男の後輩が話しています。男の後輩はこれからまず何をしますか。

男 : 新製品の発表会で使ったレンタル衣装って今日までに返却するんですよね。宅急便、呼びますね。

女 : うちの会社はさおとめ宅急便を利用してるの。ここに電話番号あるわよ。あ、それと借りた衣装が全部揃ってるかちゃんと確かめてね。

男 : 何度も確認してから箱に入れましたから心配ご無用ですよ。

女 : 信じていいのね。あと、住所は本店じゃなくて東京支店の住所を書かないと、担当者にちゃんと届かないわよ。

男 : 担当者の名刺に書いてある住所のところに送ればいいんですよね。

女 : そう。レンタルの領収書をファックスで送ってもらわないといけないから、業者の方に住所の確認がてら連絡してみてね。

男 : はい、宅急便呼んでから電話します。

女 : 今日中に経費の明細書を総務課に渡さないといけないから、呼ぶ前にお願いね。

男 : はい。でも確か領収書はホームページでプリントアウトできるって言ってましたよ。それも一緒に確かめてみます。

女 : お願いね。包装し終わったら会社のアドレスシールを貼ればいいわ。送り先の住所しっかりチェックしてから貼ってね。

男 : かしこまりました。

男の後輩はこれからまず何をしますか。
1. 宅配業者に電話する
2. レンタル業者に電話する
3. 段ボール箱の中身を確認する
4. 段ボール箱にアドレスシールを貼る

해석

회사에서 여자 선배와 남자 후배가 이야기하고 있습니다.

남 : 신제품 발표회에서 사용한 대여 의상은 오늘까지 반납하는 거죠? 택배 부를게요.

여 : 우리 회사는 사오토메택배를 이용하고 있어. 여기에 전화번호 있어. 아, 그리고 빌린 의상이 전부 다 있는지 확실히 확인해 봐.

남 : 몇 번이나 확인하고 나서 상자에 넣었으니까 걱정할 필요 없어요.

여 : 믿어도 되는 거지? 그리고 주소는 본점이 아니라 도쿄지점 주소를 쓰지 않으면 담당자한테 제대로 배달되지 않을 거야.

남 : 담당자 명함에 써 있는 주소로 보내면 되는 거죠?

여 : 그래. 대여 영수증을 팩스로 받지 않으면 안 되니까 업자 쪽에 주소 확인 겸 연락해 봐.

남 : 네, 택배 부르고 나서 전화하겠습니다.

여 : 오늘 중에 경비 명세서를 총무과에 줘야 하니까 부르기 전에 부탁해.

남 : 네. 그런데 분명히 영수증은 홈페이지에서 출력할 수 있다고 했어요. 그것도 함께 확인해 볼게요.

여 : 부탁해. 포장이 다 끝나면 회사 주소 스티커를 붙이면 돼. 보내는 곳 주소 제대로 확인하고 나서 붙여.

남 : 알겠습니다.

남자 후배는 이제부터 우선 무엇을 합니까?
1. 택배업자에게 전화한다.
2. 대여업자에게 전화한다.
3. 포장박스의 내용물을 확인한다.
4. 포장박스에 주소 스티커를 붙인다.

2番

スクリプト 8-02

会社で男の人と女の人が話しています。女の人はこの後、何をしなければなりませんか。

男：吉本さん。昨日提出した事業報告書って旧書式で作成したの？

女：はい。会社のホームページの書類様式サイトでダウンロードした書式なんですけど、何か問題でもあるんですか。

男：うん。旧書式では報告内容が十分でないことがあるんだよ。最新の書式でダウンロードして提出し直さないといけないよ。

女：じゃあ、今すぐプリントしてきます。

男：あ、そう言えば今プリンターがインク切れしてるんだった。ダウンロードは僕に任せて、君は真っ先に予備のインクをもらって補充してくれ。それから、南君がミーティングが終わり次第、決算報告の補足内容をメールで送るはずだから報告書はそれ確認してから書き直して。

女：あの、重要な内容なら直接会って話を聞いてきましょうか。

男：いや、彼はまだミーティングの真っ最中なんだ。それに、会うとしたらメールを確認してからの方が内容を説明し直す手間が省けると思うよ。報告書の締め切りは午後3時までだから急いでね。

女：はい。わかりました。

男：今度は報告書出す前に、僕に持ってきて。最終チェックするから。

女：はい。そうします。

女の人はこの後、何をしなければなりませんか。
1. 決算報告のEメールをチェックする
2. 南さんに会ってEメールの内容を聞いてくる
3. 会社のサイトで報告書の様式をダウンロードする

4. 予備のインクを取りに行く

해석

회사에서 남자와 여자가 이야기하고 있습니다.

남 : 요시모토 씨. 어제 제출한 사업 보고서는 옛날 서식으로 작성한 건가?

여 : 네. 회사 홈페이지 서류 양식 사이트에서 다운로드한 서식인데요, 뭔가 문제라도 있나요?

남 : 응. 옛날 서식으로는 보고 내용이 충분치 않은 경우가 있거든. 최신 서식으로 다운로드해서 다시 제출하지 않으면 안 돼.

여 : 그럼, 지금 당장 프린트해 오겠습니다.

남 : 아, 그러고 보니 지금 프린터가 잉크 부족이야. 다운로드는 나한테 맡기고 자네는 제일 먼저 예비 잉크를 받아다 보충해 줘. 그리고 미나미 군이 미팅이 끝나는 대로 결산 보고의 보충 내용을 메일로 보내줄 테니까 보고서는 그거 확인하고 나서 다시 써.

여 : 저기, 중요한 내용이라면 직접 만나서 이야기를 듣고 올까요?

남 : 아니, 그는 아직 한창 미팅 중이야. 게다가 만날 거라면 메일을 확인하고 나서 만나는 편이 내용을 다시 설명하는 수고가 덜어질 거야. 보고서 마감은 오후 3시까지니까 서둘러.

여 : 네. 알겠습니다.

남 : 이번에는 보고서 내기 전에 나한테 가져와. 최종 확인할 테니까.

여 : 네. 그렇게 하겠습니다.

여자는 이후 무엇을 하지 않으면 안 됩니까?

1. 결산 보고 이메일을 확인한다.
2. 미나미 씨를 만나서 이메일 내용을 듣고 온다.
3. 회사 사이트에서 보고서 양식을 다운로드한다.
4. 예비 잉크를 가지러 간다.

3番

스크립트 🎧 8-03

洋服屋で店長と店員が話しています。店員はこの後、まず何をしなければなりませんか。

女 : 店長、今日は午後から休暇なので、午前中にやっておかないといけない仕事をおっしゃっていただけますか。

男 : あ、そうだったね。それじゃあ、マネキンに着せる新製品のコーディネートをお願いするよ。春を連想させる配色でね。

女 : はい。じゃあ、配色決まったらマネキンに全部着せておけばいいですね。

男 : いや、太田さんにはお客様が返品した洋服の状態をチェックしてもらうのと、在庫商品の確認の方をお願いできるかな。マネキンに着せるのは、後でバイトの学生にやらせてもいいと思うから。新入りだけど、けっこう仕事のノウハウがあるみたいで色々頼れるよ。

女 : そうですか。じゃあ、これから倉庫に行って在庫商品の状態と数量を調べてみますね。

男 : えと、在庫量は本店に報告しないといけないから会社の在庫管理サイトに登録しといて。昨日返品された洋服の数量確認してからするんだよ。

女 : わかりました。開店前にしないといけませんよね。

男 : そうなんだけど、マネキンの方をやり終わったらでいいからね。

女 : はい、店長。

男 : あ、そうだ。バイトさん来たらマネキンの艶出しも一緒にお願いするよ。

女 : はい、かしこまりました。

店員はこの後、まず何をしなければなりませんか。

1. マネキンをきれいに磨く
2. マネキンに着せる洋服を整える
3. 洋服の在庫量を管理サイトに登録する
4. 返品された洋服の状態をチェックする

해석

옷가게에서 점장과 점원이 이야기하고 있습니다. 점원은 이후 우선 무엇을 하지 않으면 안 됩니까?

여 : 점장님, 오늘은 오후부터 휴가라서 오전 중에 해 둬야 할 일을 말씀해 주시겠어요?

남 : 아, 그랬지. 그럼, 마네킹에 입힐 신제품 코디를 부탁해. 봄을 연상시키는 배색으로 말이지.

여 : 네. 그럼 배색이 정해지면 마네킹에 전부 입혀두면 되는 거죠?

남 : 아니, 오타 씨한테는 손님이 반품한 옷의 상태를 확인하는 거랑 재고 상품 확인 쪽을 부탁할 수 있을까? 마네킹에 입히는 건 나중에 아르바이트 학생을 시켜도 될 것 같으니까. 신입이지만 꽤 일의 노하우가 있는 것 같아서 여러 가지로 의지가 되네.

여 : 그래요? 그럼 지금부터 창고에 가서 재고 상품의 상태와 수량을 조사해 볼게요.

남 : 저기, 재고량은 본점에 보고해야 하니까 회사 재고 관리 사이트에 등록해 둬. 어제 반품된 옷의 수량을 확인하고 나서 해.

여 : 알겠습니다. 개점 전에 해야 하죠?

남 : 그렇긴 한데, 마네킹 쪽을 다 하고 나서 하면 되니까.

여 : 네, 점장님.

남 : 아, 참. 아르바이트생이 오면 마네킹의 광을 내는 것도 같이 부탁할게.

여 : 네. 알겠습니다.

점원은 이후 우선 무엇을 하지 않으면 안 됩니까?

1. 마네킹을 깨끗이 닦는다.
2. 마네킹에 입힐 옷을 정리한다.
3. 옷의 재고량을 관리 사이트에 등록한다.
4. 반품된 옷의 상태를 확인한다.

4番

スクリプト 8-04

大学で先生と男の留学生が話しています。男の留学生はこの後、まず何をしますか。

女 : 今日午後5時から名心大学の歴史博物館の見学に行くツアーがあります。金さんの論文にも参考になると思うから参加した方がいいですよ。

男 : あ、はい。カフェテリアの掲示板にツアーの案内が貼ってあるのを見ました。あの、申込みはどうすればいいですか。

女 : 「団体見学申込書」を書いて教務室に提出します。出発する前までに出せばいいですよ。

男 : じゃあ、お昼休みの後出してもいいですよね。ツアーの前に何か用意するものはありますか。

女 : そうですね。弥生時代の美術史についての専門書を読んでみるのも悪くないですよ。予め読んでおくと見学の内容をすぐに理解できるからね。

男 : はい。じゃあ、これからひとっ走りして図書館で借りてきます。

女 : ちょっと待って。私にとっておきのいい本があります。貴重な書籍なのでめったに誰かに貸してあげたりしないんですけどね。授業始まる前に研究室に寄って持っていってください。

男 : 本当ですか。ありがとうございます。ツアーには先生も参加なさるんですか。

女 : ええ。行きますよ。私が引率教師ですからね。それから、申込書に指導教授のサインが必要ですから、来る時それを持ってきてください。

男 : わかりました。

男の留学生はこの後、まず何をしますか。

1. 図書館で歴史の本を借りに行く
2. 教務室に行って申込書を出す
3. 先生の研究室に行って本を借りる
4. 申込書を取りに教務室に行く

해석

대학교에서 교수와 남자 유학생이 이야기하고 있습니다. 남자 유학생은 이후 우선 무엇을 합니까?

여 : 오늘 오후 5시부터 명심대학 역사박물관 견학을 가는 투어가 있습니다. 김 씨 논문에도 참고가 될 것 같으니 참가하는 편이 좋아요.

남 : 아, 네. 카페 게시판에 투어 안내가 붙어 있는 것을 봤습니다. 저기, 신청은 어떻게 하면 됩니까?

여 : '단체 견학 신청서'를 써서 교무실에 제출해요. 출발하기 전까지 내면 돼요.
남 : 그럼 점심시간 후에 내도 되는 거죠? 투어 전에 뭔가 준비할 게 있습니까?
여 : 글쎄요. 야요이 시대의 미술사에 관한 전문서를 읽어보는 것도 나쁘지 않아요. 미리 읽어두면 견학 내용을 금방 이해할 수 있을 테니까.
남 : 네. 그럼 지금부터 잠깐 도서관에 달려가서 빌려 오겠습니다.
여 : 잠깐 기다려봐요. 나한테 소중하게 간직해 온 책이 있어요. 귀중한 책이라서 좀처럼 누군가에게 빌려주거나 하지 않는데요. 수업 시작하기 전에 연구실에 들러서 가져가세요.
남 : 정말요? 감사합니다. 투어에는 교수님도 참가하시나요?
여 : 네. 갑니다. 제가 인솔교사니까요. 그리고 신청서에 지도교수 사인이 필요하니까 올 때 그것을 가져오세요.
남 : 알겠습니다.

남자 유학생은 이후에 우선 무엇을 합니까?
1. 도서관에 역사책을 빌리러 간다.
2. 교무실에 가서 신청서를 낸다.
3. 선생님 연구실에 가서 책을 빌린다.
4. 신청서를 가지러 교무실에 간다.

5番

スクリプト 🎧 8-05

昆虫ショップで男の店員と女の人が話しています。女の人はこれから家に帰って何をしますか。

女 : あの、カブトムシの産卵セットの幼虫ってずっとそのままにしておいてもいいんでしょうか。今の容器がだいぶ狭そうなんですけど。
男 : ある程度育ったら幼虫は取り出して別の飼育ケースに入れて管理した方がいいですよ。まあ、小さい幼虫だったらプリンカップなどの小さめの容器に入れてもかまいませんけど。
女 : あら、プリンカップみたいなものでいいんですね。
男 : はい。体が大きくなったら1.5リットルのペットボトルの容器に入れ替えることをおすすめします。さなぎになった事を確認し易いですから。
女 : 実はもうそんなに小さくはないんですよ。
男 : じゃあ、大きめの容器に入れた方がよく育ちますよ。それから、容器の中の土は固めすぎると酸欠になってしまうので、一度入れ替えた方がいいですね。当店で売ってるきのこの土は水分も十分で栄養満点なので自信を持っておすすめします。
女 : そう言えば、家にある土って買って間もないんですけど、入れ替えた方がいいでしょうか。
男 : 買って間もないなら、乾燥を防ぐだけでも大丈夫ですよ。それと、室内の温度は常に20度〜25度を保つようにしてください。
女 : それは問題ないと思いますけど。
男 : 幼虫の飼育は時間がかかりますから、忍耐強く待つことですね。

女の人はこれから家に帰って何をしますか。
1. 幼虫の飼育ケースの土を入れ替える
2. 幼虫をプリンカップに入れ替える
3. 幼虫をペットボトルに入れ替える
4. 室内の温度をチェックする

해석

곤충 가게에서 남자 점원과 여자가 이야기하고 있습니다. 여자는 지금부터 집에 돌아가서 무엇을 합니까?

여 : 저기, 장수풍뎅이 산란세트의 유충은 계속 그 상태로 두어도 되는 건가요? 지금 용기가 꽤 좁아 보이는데요.
남 : 어느 정도 자라면 유충은 꺼내서 별도의 사육 케이스에 넣어서 관리하는 편이 좋아요. 뭐, 작은 유충이라면 푸딩컵 같은 작은 용기에 넣어도 상관없지만요.
여 : 어머, 푸딩컵 같은 것에 넣어도 괜찮은 거군요.
남 : 네. 몸이 커지면 1.5리터짜리 페트병 용기에 바꿔 넣는 것을 권장합니다. 번데기가 된 것을 확인하기 쉬우니까요.

여 : 실은 이미 그렇게 작지 않아요.
남 : 그럼, 큰 용기에 넣는 편이 잘 자랄 거예요. 그리고 용기 안 흙은 너무 굳어 있으면 산소 부족이 되기 때문에 한 번 바꿔 넣는 게 좋아요. 저희 가게에서 팔고 있는 버섯 흙은 수분도 충분하고 영양 만점이라서 자신 있게 추천합니다.
여 : 그러고 보니 집에 있는 흙은 산 지 얼마 안 됐지만, 그래도 바꿔 넣는 게 좋을까요?
남 : 산 지 얼마 안 됐다면 건조해지는 걸 막는 것만으로도 충분합니다. 그리고 실내 온도는 언제나 20~25도를 유지하도록 해 주세요.
여 : 그건 문제없을 거예요.
남 : 유충 사육은 시간이 걸리니까 인내심을 가지고 기다려야 합니다.

여자는 지금부터 집에 돌아가서 무엇을 합니까?

1. 유충 사육 케이스의 흙을 바꿔 넣는다.
2. 유충을 푸딩컵에 바꿔 넣는다.
3. 유충을 페트병에 바꿔 넣는다.
4. 실내 온도를 확인한다.

6番

스크립트 8-06

女のキュレーターと男の人が話しています。男の人はこれからまず何をしますか。

女 : 来週の美術展の準備はちゃんと整ってるかしら？ 画家のデビュー10周年を記念する美術展だからお客様でかなり混むわよ。警備員の手配はちゃんとしてあるの？
男 : はい。前回評判良かった警備会社にまたお願いしました。
女 : その会社だったら信頼できるだろうけど、前回とは絵の配置やお客様の導線が違うから、前もって打ち合わせをする必要があるわね。
男 : じゃあ、絵の配置が決まり次第、連絡いたします。うちの職員には朝のミーティングで配置の指示をなさるんですよね。
女 : いいえ。これから雑誌のインタビューがあるのよ。美術展の宣伝しなくちゃね。午前のミーティングは悪いけど私なしでお願いね。展示物の設置はそれほど難しくないから。絵は平均的な身長の人の目線くらいの高さに合わせてかければいいの。どの辺に何の絵をかけるか話し合いをして内容をまとめたものを私の机の上に置いといてくれるかな。
男 : はい、わかりました。
女 : 午後のミーティングで絵をどこに配置するか最終決定をするから。あ、そうだ。インタビューで使う美術展のパンフレット、急いで年度別に揃えてくれる？ あと、ガイド役のアルバイトの面接もよろしくね。
男 : あ、そのことなんですけど。面接の方は林さんの方が適任者だと思うんですが。
女 : あら、そうなの？ じゃあ、少し考える時間をちょうだい。
男 : すみません。

男の人はこれからまず何をしますか。

1. 雑誌のインタビューの準備をする
2. 警備会社に連絡を取る
3. アルバイトの面接の担当を変える
4. 展示物の配置を決める会議の準備をする

해석

여자 큐레이터와 남자가 이야기하고 있습니다. 남자는 지금부터 우선 무엇을 합니까?

여 : 다음 주 미술전 준비는 제대로 되고 있겠지? 화가의 데뷔 10주년을 기념하는 미술전이니까 손님으로 꽤 붐빌 거야. 경비원 준비는 제대로 되어 있어?
남 : 네. 지난번에 평판이 좋았던 경비회사에 다시 부탁했습니다.
여 : 그 회사라면 신뢰가 가지만, 지난번과는 그림 배치나 손님 동선이 다르니까 미리 사전 협의를 할 필요가 있어.
남 : 그럼, 그림 배치가 결정되는 대로 연락할게요. 우리 직원에게는 아침 회의에서 배치에 관한 지시를 하실 거지요?

여 : 아니. 지금부터 잡지 인터뷰가 있거든. 미술전 선전을 해야지. 오전 미팅은 미안하지만 나 빼고 부탁해. 전시물 설치는 그렇게 어렵지 않으니까. 그림은 평균 신장을 가진 사람의 시선 정도의 높이에 맞춰서 걸면 돼. 어디에 무슨 그림을 걸지 협의해서 내용을 정리한 것을 내 책상 위에 올려놔 줄 수 있을까?
남 : 네, 알겠습니다.
여 : 오후 미팅 때 그림을 어디에 배치할지 최종 결정할 테니까. 아, 참. 인터뷰에서 쓸 미술전 팜플릿, 서둘러서 연도별로 모아 주겠어? 그리고 가이드역의 아르바이트생 면접도 잘 부탁해.
남 : 아, 그 일 말인데요. 면접 쪽은 하야시 씨 쪽이 적임자라고 생각합니다만.
여 : 어머, 그래? 그럼, 잠시 생각할 시간을 줘.
남 : 죄송합니다.

남자는 지금부터 우선 무엇을 합니까?

1. 잡지 인터뷰 준비를 한다.
2. 경비회사에 연락한다.
3. 아르바이트 면접 담당을 바꾼다.
4. 전시물의 배치를 결정하는 회의를 준비한다.

問題 2

1番

스크립트　8-07

女の人がテレビの教養番組で話しています。女の人は受験勉強の息抜きとして読書をすすめる主な理由が何だと言っていますか。
女：大学の受験勉強の息抜きとして、私は読書を第一におすすめします。息抜きとして身についた読書習慣は、社会人になっても役に立つ能力を養ってくれて一挙両得だと言えます。読書をすることによって「理解力」「速読力」「想像力」を得られるということはよく知られています。長い文章を読んですばやく本の内容を把握し、要約までするスキルは、毎日欠かさず本を読むことで身につけられます。こうした能力は、社会で難解な業務処理をさらっとこなす有能な人材になれる原動力を与えてくれます。また、本の内容からその後のストーリー展開がどうなるか予測したり、文章の感動を間近で感じるために読者は想像の翼を広げることになります。「想像力」は「新しい何かを作り出す能力」につながり、社会で奇抜なアイディアを作り出す力を養ってくれます。このように読書は大学受験のみならず大学以降の生活にも役に立つと言えるのです。

女の人は受験勉強の息抜きとして読書をすすめる主な理由が何だと言っていますか。
1. 受験勉強のストレスの経験を社会生活に活かせるから
2. 大学生活では読書が必要なくなるから
3. 社会生活で必要不可欠な能力が養えるから
4. 有能な社会人になるためには読書するしかないから

해석

여자가 TV 교양프로그램에서 이야기하고 있습니다. 여자는 수험 공부의 휴식으로서 독서를 권장하는 주된 이유가 무엇이라고 말하고 있습니까?

여 : 대학 수험 공부의 휴식으로 저는 독서를 제일로 추천합니다. 휴식을 통해서 습득한 독서 습관은 사회인이 되어서도 도움이 되는 능력을 길러 주어 일거양득이라고 할 수 있습니다. 독서를 함으로써 '이해력' '속독력' '상상력'을 얻을 수 있다는 사실은 잘 알려져 있습니다. 긴 문장을 읽고 재빨리 책의 내용을 파악하고 요약까지 하는 기술은 매일 빠뜨리지 않고 책을 읽음으로써 습득할 수 있습니다. 이러한 능력은 사회에서 난해한 업무 처리를 산뜻하게 처리하는 유능한 인재가 될 수 있는 원동력을 부여해줍니다. 또한, 책의 내용에서 그 후의 이야기 전개가 어떻게 될지 예측하거나, 문장의 감동을 가까이서 느끼기 위해 독자는 상상의 날개를 펼치게 됩니다. '상상력'은 '새로운 뭔가를 만들어

내는 능력'으로 이어져 사회에서 기발한 아이디어를 만들어내는 힘을 길러줍니다. 이렇게 독서는 대학 수험뿐만 아니라 대학 이후의 생활에도 도움이 된다고 말할 수 있습니다.

여자는 수험 공부의 휴식으로서 독서를 권장하는 주된 이유가 무엇이라고 말하고 있습니까?

1. 수험 공부의 스트레스 경험을 사회 생활에 활용할 수 있으므로
2. 대학생활에서는 독서가 필요 없어지므로
3. 사회생활에서 필요 불가결한 능력을 키울 수 있으므로
4. 유능한 사회인이 되기 위해서는 독서를 하는 수밖에 없으므로

2番

スクリプト 8-08

会社で男の社員と女の社員が話しています。男の人は自分だけのプレゼンテーションの秘訣は何だと言っていますか。

女：プレゼンテーションって何回やってもやるたびに緊張するわね。

男：僕も発表する前までストレスでおどおどするタイプでね、直前まで居ても立ってもいられない状態が続くから他の仕事はできなくて毎回大変だよ。

女：そうなの？でも印象的なプレゼンでいつも上司に褒められてるじゃない。何か克服する秘訣でもあるの？

男：それが、僕は本番に強いタイプなんだ。みんなの前に立った途端、自信に溢れて口達者になるんだから自分でも不思議なんだ。

女：へえ。でもそれって秘訣って言わないわよね。私はあがり症がひどくて毎回発表する内容を完璧に丸暗記しないと頭の中が白紙状態になってしまうのよ。

男：でも丸暗記だと、聞き手を説得したり感動

を与えるには物足りないんじゃないかな。

女：実は私もそう思うの。そろそろこの方法も限界かなって思っているのよね。演技教室にでも通わないといけなのかな。

男：それよりスポーツを始めたらどう？一人でやる運動じゃなくて試合に出て相手と競い合うスポーツだよ。僕もずいぶん前から水泳をやってるんだ。最初は試合の前の緊張感もいやだったし、試合の途中に何回も諦めたいと思ったことがあったけど、水泳を続けてるうちにだんだんと本番の緊張感を克服していって試合を楽しめるようになったんだ。これが仕事の面でも通じるものがあるのかもしれないね。

女：何だ。それだったのね。努力に勝るものはないわね。

男の人は自分だけのプレゼンテーションの秘訣は何だと言っていますか。

1. スポーツでの競い合いを楽しむこと
2. プレゼンの内容を丸暗記して完璧に準備すること
3. 一人でもいいから緊張をほぐすためにスポーツを始めること
4. 生まれつきメンタルが強いこと

해석

회사에서 남자 사원과 여자 사원이 이야기하고 있습니다. 남자는 자신만의 발표 비결이 무엇이라고 말하고 있습니까?

여 : 발표는 몇 번을 해도 할 때마다 긴장하게 돼.

남 : 나도 발표하기 전까지 스트레스 때문에 벌벌 떠는 타입이라서 말야, 직전까지 앉을 수도 설 수도 없는 상태가 계속되니까 다른 일은 할 수 없어서 매번 힘들어.

여 : 그렇구나. 하지만 인상적인 발표로 늘 상사에게 칭찬을 받고 있잖아. 뭔가 극복하는 비결이라도 있어?

남 : 그게, 나는 실전에 강한 타입이야. 모두 앞에 선 순간 자신감이 넘쳐서 달변가가 되니까 나 스스로도 참 신기해.

여 : 그렇구나. 하지만 그건 비결이라고 할 수 없네. 나는 울

렁증이 심해서 매번 발표할 내용을 완벽하게 통째로 외우지 않으면 머릿속이 백지상태가 돼 버리거든.
남 : 하지만 통째로 외우게 되면 듣는 이를 설득하거나 감동을 주는 데는 좀 부족하지 않을까?
여 : 실은 나도 그렇게 생각해. 슬슬 이 방법도 한계인가 생각하고 있어. 연기 강습이라도 다녀야 하나?
남 : 그것보다 스포츠를 시작하는 게 어때? 혼자서 하는 운동이 아니라 시합에 나가서 상대와 경쟁하는 스포츠 말이야. 나도 꽤 전부터 수영을 하고 있어. 처음에는 시합 전 긴장감도 싫었고, 시합 도중에 몇 번이나 그만두고 싶다고 생각한 적이 있었지만, 수영을 계속하는 중에 점점 실전의 긴장감을 극복해 가면서 시합을 즐길 수 있게 되었어. 이것이 업무 면에서도 통하는 데가 있는지도 모르겠네.
여 : 뭐야. 그거였네. 노력하는 것보다 나은 것은 없지.

남자는 자신만의 발표 비결이 무엇이라고 말하고 있습니까?

1. 스포츠에서의 경쟁을 즐기는 것
2. 발표 내용을 통째로 외워서 완벽하게 준비하는 것
3. 혼자서라도 좋으니까 긴장을 풀기 위해 스포츠를 시작하는 것
4. 선천적으로 정신력이 강한 것

3番

스크립트 8-09

ご服屋で男の店員と女の人が話しています。女の人が去年着付けコンサルタントの試験に落ちた理由は何だと言っていますか。

女 : すみません。ちょっと試着してみてもいいですか。
男 : もちろんです。あの、お客様。衣服の上から羽織るだけでもよろしいですか。女性店員が只今不在中なので着付けのお手伝いができないんです。
女 : あ、着付けなら私一人でも大丈夫です。自分の成人式のときも、着付けでバイト料を稼いだこともあるくらいですから。
男 : あ、そうですか。じゃあ、もしかして今和服関連のお仕事をなさってるんですか。
女 : いいえ。ただ和服が好きで、和服を他人に着せるのに喜びを感じるくらいで満足しています。
男 : でも才能がもったいないから、着物コンサルタントの資格などを取ったらどうですか。実務経験がお有りでしたら、受験資格も十分ですので年末の試験に挑戦できますよ。
女 : はい、それは知ってるんですが。実は恥ずかしながら、去年二次試験で落ちたんです。筆記試験に難なく通って油断したせいか、二次の実技試験で帯の結び方を間違う決定的なミスをしてしまって。実務経験があるから着付けには自信があったんですけどね。予備講座を受講して基礎から勉強し直そうかなって思ってるところなんです。
男 : それは本当に惜しかったですね。諦めずに再挑戦なされば次はきっと合格しますよ。
女 : 励ましのお言葉、ありがとうございます。

女の人が去年着付けコンサルタントの試験に落ちた理由は何だと言っていますか。

1. 実務経験が足りなかったから
2. 着付けの順番を間違えたので
3. 着付けの仕方を間違えたので
4. 着付けに自信がなかったから

해석

기모노 가게에서 남자 점원과 여자가 이야기하고 있습니다. 여자는 작년에 복식 컨설턴트 시험에 떨어진 이유가 뭐라고 말하고 있습니까?

여 : 실례합니다. 좀 입어 봐도 될까요?
남 : 물론입니다. 저기, 손님. 옷 위에다 걸쳐 입는 것만으로도 괜찮으신가요? 여성 점원이 지금 부재중이라서 옷 입는 걸 도와드릴 수가 없어서요.
여 : 아, 옷 입는 거라면 저 혼자서도 괜찮습니다. 제 성인식 때도 기모노 입혀주는 걸로 아르바이트해서 돈을 번 적도 있을 정도니까요.

남 : 아, 그러세요? 그럼, 혹시 지금 기모노 관련 일을 하고 계신가요?

여 : 아니요. 그냥 기모노를 좋아해서 기모노를 다른 사람에게 입혀주는 것에 희열을 느끼는 정도로 만족하고 있습니다.

남 : 하지만 재능이 아까우니까 기모노 컨설턴트 자격 같은 걸 따는 건 어떠세요? 실무 경험이 있으시면 수험 자격도 충분하니까 연말 시험에 도전할 수 있어요.

여 : 네, 그건 알고 있는데요. 실은 창피하게도 작년에 2차 시험에서 떨어졌거든요. 필기시험에 어려움 없이 통과해서 방심을 했는지 2차 실기시험에서 띠 묶는 방법을 틀리는 결정적인 실수를 해 버려서. 실무 경험이 있어서 기모노 입히는 것에는 자신이 있었는데. 예비 강좌를 수강해서 기초부터 다시 공부를 할까 생각하고 있는 중이에요.

남 : 그거 정말 아까웠네요. 포기하지 말고 재도전하시면 다음에는 꼭 합격할 거예요.

여 : 격려 말씀 감사합니다.

여자는 작년에 복식 컨설턴트 시험에 떨어진 이유가 뭐라고 말하고 있습니까?

1. 실무 경험이 부족했기 때문에
2. 기모노를 입히는 순서를 틀렸기 때문에
3. 기모노를 입히는 방법을 틀렸기 때문에
4. 기모노 입히는 것에 자신이 없었기 때문에

4番

スクリプト 8-10

男の人と女の人が大根の芽について話しています。女の人は発芽しなかった理由は何だと言っていますか。

女：智子が学校から大根の種をもらってきたの。家で育てて観察日記を書いてきなさいって言われたらしいわ。

男：そうか。僕も小学生の頃、宿題で出されて悪戦苦闘した覚えがあるよ。智子はちゃんと育ててるの？

女：それがね。もらってきて5日目なんだけど、なかなか発芽しなくてはらはらしてるのよ。見逃してるところがないか説明書を何度も繰り返して読んでみたんだけど、何を間違えているのか見当もつかないの。宿題の締切の日は近づいているのに、苛立ってしょうがないわ。

男：やっぱり子供の宿題って言うより親の宿題になっちゃってるね。あ、そうだ。種を一晩水につけて吸収させる方が発芽しやすいんだよ。知ってた？

女：うん、もちろん。脱脂綿を敷いた平たいお皿に移してからも水を十分やったわ。溢れるくらいにね。

男：溢れるくらい？ よく腐らなかったね。

女：後から減らしたからね。とにかく乾燥しないように水に十分浸しておくのが重要だって聞いたから水分を保つように気をつけたわ。でもほら、みてよ。全然芽生えしないのよ。

男：あれ？ これって大根の種？ 玄米の粒に見えるんだけど。

女：え？ 本当？ どうしよう。学校でもらった穀物と混ざってたみたいね。どうりで芽が出ないわけね。また一からやり直しだわ。

男：でも原因がわかってよかったじゃないか。

女の人は発芽しなかった理由は何だと言っていますか。

1. 水をやり過ぎて腐ってしまったから
2. 大根の種だと思ってたのが玄米の粒だったから
3. 種をもらってすぐ水に入れておかなかったから
4. 種を説明書通りに育てなかったから

해석

남자와 여자가 무싹에 대해서 이야기하고 있습니다. 여자는 싹이 나지 않은 이유가 뭐라고 말하고 있습니까?

여 : 도모코가 학교에서 무씨를 받아왔어. 집에서 키워서 관찰일기를 써 오라고 한 모양이야.

남 : 그래? 나도 초등학교 때 숙제로 내줘서 악전고투한 기억이 있어. 도모코는 제대로 키우고 있어?

여 : 그게 말이야. 받아온 지 5일째인데, 좀처럼 싹이 나지 않아서 애가 타고 있어. 뭐 놓친 게 없나 설명서를 몇 번이나 반복해서 읽어봤는데, 뭘 틀렸는지 도대체 알 수가 없어. 숙제 마감일은 다가오고 있는데 초조해 죽겠네.

남 : 역시 아이의 숙제라고 하기보단 부모의 숙제가 돼 버렸네. 아, 맞다. 씨를 하룻밤 물에 담가 흡수시키는 쪽이 발아하기 쉬워. 알고 있었어?

여 : 응, 물론이지. 탈지면을 깐 평평한 접시에 옮기고 나서도 물을 충분히 줬어. 넘칠 정도로 말야.

남 : 넘칠 정도로? 용케 안 썩었네.

여 : 나중에 덜어냈으니까. 어쨌든 마르지 않도록 물에 충분히 적시는 게 중요하다고 들어서 수분을 유지하도록 조심했어. 근데 자 봐봐. 전혀 싹이 안 나.

남 : 어? 이거 무씨야? 현미 낱알로 보이는데.

여 : 뭐? 정말? 어쩌지? 학교에서 받은 곡물이랑 섞였나 보네. 그래서 싹이 안 난 거구나. 또 처음부터 다시 해야겠네.

남 : 그래도 원인을 알아서 다행이네.

여자는 싹이 나지 않은 이유가 뭐라고 말하고 있습니까?

1. 물을 너무 많이 줘서 썩어 버렸기 때문에
2. 무씨라고 생각한 것이 현미 낱알이기 때문에
3. 씨를 받고 바로 물에 넣어두지 않았기 때문에
4. 씨를 설명서대로 키우지 않았기 때문에

5番

스크립트 🎧 8-11

テレビでレポーターが男の人にインタビューをしています。男の人は桜丘町が住みよい町になった理由が何だと言っていますか。

女：今日は6年連続住みやすい町として選ばれた桜丘町からのインタビューです。町内会の役員でいらっしゃる元消防士の江川圭一様をご招待いたしました。こんにちは。あの、江川さんは今どんなお仕事をなさっていらっしゃるんですか。

男：私は町内会で防犯防災推進委員会の仕事を任されています。消防士の頃のノウハウを活かして、町の防災と防犯に関する相談役としての役割を果たしています。

女：素晴らしいお仕事をなさってますね。桜丘町が住みやすい町になった背景について教えていただけますか。

男：はい。町内会を構成している役員たちの殆どが現役を引退しており、私のように自分の才能や知識を活かして住みよい街づくりのために力を注いでいます。元々、町内会の仕事は報酬が少なく割に合わないということで、町内会の役員に進んでなりたがる人は殆どいません。この町も強盗事件が頻繁に起こった6年前まではそうでした。それが、事件のせいで町のイメージが悪くなることを心配した住民たちが、警察に頼るだけではなく自ら、町を守ろうということで団結して町内会活動の活性化を促したんです。おかげで安全で住みよい街づくりのために、町内会を始めとする住民の皆様が町の仕事に尽力しています。町内会の役員に選ばれてもそれを拒む人がほとんどいないので、町の運営が順調に行われているとも言えますね。

男の人は桜丘町が住みよい町になった理由が何だと言っていますか。

1. 現役の仕事をしている町内会の役員たちががんばっているから
2. 町内会の役員たちが受け取る報酬が増えたから
3. 町内会の役員を選ぶ選挙システムがいいから
4. 町内会の役員を任せられる人が大勢いるから

해석

TV에서 리포터가 남자에게 인터뷰를 하고 있습니다. 남자는 사쿠라가오카 마을이 살기 좋은 마을이 된 이유가 뭐라고 말하고 있습니까?

여 : 오늘은 6년 연속으로 살기 좋은 마을로 뽑힌 사쿠라가오카 마을에서의 인터뷰입니다. 주민자치회 임원이신 전 소방관 에가와 게이치 씨를 소개해 드리겠습니다. 안녕하세요? 저, 에가와 씨는 지금 어떤 일을 하고 계시나요?

남 : 저는 주민자치회에서 방범방재추진위원회 일을 맡고 있습니다. 소방관 시절의 노하우를 살려서 마을의 방재와 방범에 관한 상담역으로서의 역할을 다하고 있습니다.

여 : 훌륭한 일을 하고 계시네요. 사쿠라가오카 마을이 살기 좋은 마을이 된 배경에 대해서 알려주시겠어요?

남 : 네. 주민자치회를 구성하고 있는 임원들의 대부분이 현역에서 은퇴했고, 저처럼 자기 자신의 재능이나 지식을 살려서 살기 좋은 마을 만들기를 위해서 힘을 쏟고 있습니다. 원래 주민자치회 일은 보수가 적어서 수지가 안 맞기 때문에 주민자치회 임원을 나서서 하고 싶어하는 사람은 거의 없습니다. 이 마을도 강도 사건이 빈번하게 일어난 6년 전까지는 그랬습니다. 그러던 것이 사건 때문에 마을 이미지가 나빠지는 것을 걱정한 주민들이 경찰에만 의지할 것이 아니라 스스로 마을을 지키겠다는 마음으로 단결해서 주민자치회 활동의 활성화를 촉진한 것입니다. 덕분에 안전하고 살기 좋은 마을 만들기를 위해서 주민자치회를 비롯한 주민 여러분이 마을 일에 힘쓰고 있습니다. 주민자치회 임원으로 뽑혀도 그걸 거절하는 사람이 거의 없어서 마을 운영이 순조롭게 이루어지고 있다고도 말할 수 있겠네요.

남자는 사쿠라가오카 마을이 살기 좋은 마을이 된 이유가 뭐라고 말하고 있습니까?

1. 현역으로 일을 하고 있는 주민자치회 임원들이 힘을 쓰고 있어서
2. 주민자치회 임원들이 받는 보수가 늘어나서
3. 주민자치회 임원을 뽑는 선거 시스템이 좋아서
4. 주민자치회 임원을 맡길 수 있는 사람이 많이 있어서

6番

스크립트 🎧 8-12

会社で男の人と女の人が休暇について話しています。女の人はどうして今年は旅行に行けないと言っていますか。

女 : 橋本さん。会社の休暇方針が変わったのを聞きましたか。今年から年2回の長期休暇が義務付けられるそうですよ。

男 : そのようですね。それに、休まなくてもお金が戻ってくるわけでもないから、休暇を取らないと損ですよ。夏のバカンス計画を立て直さないと。休暇が長くなって旅行先も予算も変更せざるを得ませんね。

女 : そうですね。有給休暇でもないのに休暇期間を長く取れっていうからまったく理不尽ですよ。予算オーバーにならないように、バカンスシーズンを避けて旅行に行こうとしたら会社の出張と重なってしまって二進も三進もいかない状態ですよ。行くなら来年の方がいいかもしれません。

男 : うちも似たようなもんです。来年は息子の受験準備で長期休暇は無理なんですよ。だから今年は何があっても海外旅行に行くって強く言い張っているんです。それで、しょうがなく旅費が高いシーズンに行く羽目になりました。

女 : そうですか。でもそれは仕方ありませんね。

男 : 林さんはどうしますか。もうすぐ新製品の発売で忙しくなりますから、今のうちに計画立てて早く行ってきた方がいいですよ。

女 : そうですね。でも休暇計画なんか立てないといけないほど遠出はしませんから。十分な旅費が貯まったら、どうするかゆっくり考えます。

女の人はどうして今年は旅行に行けないと言っていますか。

1. どうせ会社の出張先と旅行先が重なるから
2. 来年旅行に行く計画が立ててあるから
3. 海外旅行の計画が無駄になったから
4. 予算不足で旅行は無理だから

해석

회사에서 남자와 여자가 휴가에 대해서 이야기하고 있습니다. 여자는 왜 올해는 여행을 갈 수 없다고 말하고 있습니까?

여 : 하시모토 씨. 회사 휴가 방침이 바뀐 거 들었어요? 올해부터 연 2회의 장기 휴가가 의무화된대요.

남 : 그런 것 같네요. 게다가 쉬지 않아도 돈이 환급되는 것도 아니니까 휴가를 잡지 않으면 손해예요. 여름 휴가 계획을 다시 세워야겠어요. 휴가가 길어져서 여행지도 예산도 변경하지 않을 수 없겠어요.

여 : 그렇네요. 유급 휴가도 아닌데 휴가 기간을 길게 잡으라고 하니 정말 불합리해요. 예산 초과가 되지 않도록 바캉스 시즌을 피해서 여행을 가려고 했더니 회사 출장과 겹쳐져서 이러지도 저러지도 못하는 상태예요. 간 다면 내년에 가는 편이 좋을지도 모르겠어요.

남 : 우리 집도 비슷한 상황이에요. 내년에는 아들 수험 준비로 장기 휴가는 무리거든요. 그래서 올해는 무슨 일이 있어도 해외여행을 가겠다고 강하게 우겨대고 있어요. 그래서 어쩔 수 없이 여행 경비가 비싼 시즌에 가게 됐어요.

여 : 그래요? 하지만 그건 어쩔 수 없네요.

남 : 하야시 씨는 어떻게 할 거예요? 이제 곧 신제품 발표로 바빠질 테니까 늦기 전에 계획을 세워서 빨리 다녀오는 편이 좋겠어요.

여 : 그렇네요. 하지만 휴가 계획 같은 거 세우지 않으면 안 될 정도로 멀리 가지는 않을 거니까. 충분한 여행 경비가 쌓이면 어떻게 할지 천천히 생각하려고요.

여자는 왜 올해는 여행을 갈 수 없다고 말하고 있습니까?

1. 어차피 회사의 출장지와 여행지가 겹쳐서
2. 내년에 여행을 갈 계획이 세워져 있어서
3. 해외여행 계획을 망쳐서
4. 예산 부족으로 여행이 무리라서

7番

스크립트 8-13

ラジオで女の人が人工知能テクノロジーについて話しています。女の人は、人工知能ロボットが人間のミュージシャンの代わりになれないのは、ロボットに何が不足しているからだと言っていますか。

女：ニュースで人工知能テクノロジーによって将来消える職業について聞いたことがあります。生き残ると予想されているのは、小説家や漫画家のように微妙な感情表現や想像力が要求される職業なのだそうです。私はミュージシャンという職業も人工知能の代わりにはなれないと思います。というのは、歌手を追いかけるファンは曲だけが好きなのではなく、好きな歌手がその曲を歌っているからこそ、その曲に惹かれるのだと思うからです。同様に、人間が人工知能ロボットに魅力を感じてロボットの歌に魅了されるということが起こり得るのかについては疑問を感じます。また、舞台でミュージシャンがその場の雰囲気によって感情任せに歌を変えて歌ったり演奏したりしながら、ファンとコミュニケーションを取ることはよくある光景です。果たして人間とロボットがそのような即興的な感情交流ができるでしょうか。心の触れ合いが欠如しているのに、ロボットの音楽が人間の心を癒すことが可能であるのか疑問です。

女の人は、人工知能ロボットが人間のミュージシャンの代わりになれないのは、ロボットに何が不足しているからだと言っていますか。

1. 人間を感動させる歌唱力
2. 人間の身体の傷を癒す能力

3. 人間の心を読み取って魅了する能力
4. 人間の表情を読む能力

해석

라디오에서 여자가 인공지능 기술에 대해서 이야기하고 있습니다. 여자는 인공지능 로봇이 인간 뮤지션을 대체할 수 없는 것은 로봇에게 무엇이 부족하기 때문이라고 말하고 있습니까?

여 : 뉴스에서 인공지능 기술에 의해서 장래에 사라질 직업에 대해서 들은 적이 있습니다. 살아남을 것으로 예상되는 것은 소설가나 만화가와 같이 미묘한 감정 표현이나 상상력이 요구되는 직업이라고 합니다. 나는 뮤지션이라는 직업도 인공지능으로 대체될 수 없다고 생각합니다. 왜냐하면 가수를 따라다니는 팬은 곡만을 좋아하는 게 아니라 좋아하는 가수가 그 곡을 부르고 있기 때문에 더욱 그 곡에 끌리는 것이라고 생각하기 때문입니다. 마찬가지로 인간이 인공지능 로봇에 매력을 느끼고 로봇의 노래에 매료되는 일이 일어날 수 있는지에 대해서는 의문을 느낍니다. 또한, 무대에서 뮤지션이 현장 분위기에 따라 감정에 충실하게 노래를 바꿔 부르거나 연주하면서 팬과 소통을 하는 일은 흔히 있는 광경입니다. 과연 인간과 로봇이 그러한 즉흥적인 감정 교류가 가능할까요? 마음의 교류가 결여되어 있는데 로봇의 음악이 인간의 마음을 치유할 수 있을지 의문입니다.

여자는 인공지능 로봇이 인간 뮤지션을 대체할 수 없는 것은 로봇에게 무엇이 부족하기 때문이라고 말하고 있습니까?

1. 인간을 감동시키는 가창력
2. 인간 신체의 상처를 치유하는 능력
3. 인간의 마음을 읽어서 매료하는 능력
4. 인간의 표정을 읽는 능력

問題 3

page 168

1番

スクリプト 8-14

テレビで女の人が観葉植物について話しています。

女:部屋に観葉植物があると癒し効果があると言われています。お部屋に観葉植物一つ置いただけで華やかになったり、何となく落ち着いた感じになったりするので、日頃ストレスなどで落ち込みがちな方には部屋のインテリアに合わせてセンスよく飾るのもいいと思います。また、植物をオフィスに置くと疲労やストレス、頭痛、喉の渇きなどの軽減に効果があり、オフィスワーカーの仕事の能率が上がるそうです。心理的にも植物を置くと「健康面で良い影響を与える」と言われています。楽観的な思考を持つようになり、そばに置いて植物を見つめるだけでも癒しの効果が出るみたいですね。時々、水をやり過ぎたり存在を忘れてしまったりして枯らしてしまうことがありますが、コツさえ分かれば枯らさずに育てられますよ。最近は観葉植物を扱う100円ショップも増えてきていますから、枯らしても諦めずに再挑戦してみてはどうですか。

女の人は主に何について伝えていますか。

1. 観葉植物のインテリア効果
2. 観葉植物の癒し効果
3. 観葉植物を安く仕入れる方法
4. 観葉植物をよく育てるコツ

해석

TV에서 여자가 관엽식물에 대해서 이야기하고 있습니다.

여 : 방에 관엽식물이 있으면 치유 효과가 있다고 일컬어지고 있습니다. 방에 관엽식물 하나 놓기만 해도 화사해지거나 뭔가 진정되는 느낌이 들어서 평소에 스트레스

등으로 마음이 자주 침울해지는 분에게는 방 인테리어에 맞춰서 센스 있게 꾸미는 것도 좋을 것 같습니다. 또한, 식물을 사무실에 두면 피로나 스트레스, 두통, 목마름 등을 경감하는 데 효과가 있어서 직원의 업무 능률이 상승한다고 합니다. 심리적으로도 식물을 두면 '건강 면에서 좋은 영향을 준다'고 알려져 있습니다. 낙관적인 사고를 갖게 되어 곁에 두고 식물을 보는 것만으로도 치유 효과가 생기는 것 같습니다. 가끔 물을 너무 주거나 존재를 잊어서 시들어 버리는 경우가 있습니다만, 요령만 알면 시들지 않게 키울 수 있습니다. 최근에는 관엽식물을 취급하는 100엔 숍도 늘고 있으니 시들어도 포기하지 말고 재도전해 보면 어떨까요?

여자는 주로 무엇에 대해서 전달하고 있습니까?
1. 관엽식물의 인테리어 효과
2. 관엽식물의 치유 효과
3. 관엽식물을 싸게 구입하는 방법
4. 관엽식물을 잘 키우는 요령

2番

스크립트 🎧 8-15

女の人が男の人に映画の感想を聞いています。
女：映画どうだった？　その映画、ずいぶん前から観たがってたんじゃないの？
男：うん。最近流行ってるアニメを実写映画化した作品だから、期待半分不安半分だったんだ。正直原作に勝る映画を未だに観たことがなくてね。ただ監督がSFファンタジーの巨匠だから、未来の戦闘シーンとかは迫力満点ですごかったよ。あちこちに飛びまわる俳優たちのアクションシーンはほとんど代役なしで演じたって言うから、彼らのアクションの演技からしてもこれはただならない映画だってわかると思うよ。ただストーリー面ではね、原作の設定は割りと忠実に再現されてたんだけど、結末をあんな風に締めくくらなかったらもっとよかったんじゃないかな。

男の人は映画についてどう思っていますか。
1. 見どころは多いが、ストーリーが少し物足りない
2. 見どころは少ないけど、ストーリーは期待通りである
3. 俳優の演技が不安だけど、ストーリーがただならない
4. 俳優の演技が不安で、ストーリーの結末も今一つである

해석

여자가 남자에게 영화 감상을 묻고 있습니다.
여 : 영화 어땠어? 그 영화, 꽤 전부터 보고 싶어 했잖아.
남 : 응. 최근에 유행하고 있는 만화영화를 실사 영화화한 작품이라서 기대 반 불안 반이었어. 솔직히 원작을 뛰어넘는 영화를 아직까지 본 적이 없어서 말야. 다만 감독이 SF판타지의 거장이라서 미래의 전투신 같은 건 박력 만점으로 굉장했어. 여기저기 날아다니는 배우들의 액션신은 거의 대역 없이 연기했다니까 그들의 액션 연기를 보더라도 이건 범상치 않은 영화라는 걸 알 수 있다고 생각해. 다만 스토리 면에서는 원작의 설정은 비교적 충실하게 재현되어 있긴 하지만 결말을 그런 식으로 끝맺지 않았으면 더 좋지 않았을까?

남자는 영화에 대해서 어떻게 생각하고 있습니까?
1. 볼거리는 많지만 스토리가 조금 아쉽다.
2. 볼거리는 적지만 스토리는 기대한 만큼이다.
3. 배우의 연기가 불안하지만 스토리가 예사롭지 않다.
4. 배우의 연기가 불안하고 스토리의 결말도 조금 아쉬웠다.

3番

스크립트 🎧 8-16

テレビで心理カウンセラーが話しています。
女：人は誰もが心の傷つまり「トラウマ」を持って暮らしています。私達がよく耳にするトラウマは日々の生活で「傷つく体験」をするケースであり、知らぬ間に解消されたりもしますが、完全に克服するためには専門

家の手助けが必要です。自らの力だけに頼って辛い体験を心の中から掘り出すという作業はそう簡単なことではないからです。自力による克服が難関に逢着した場合、思い出したくない経験をなかったことにしたり気にしないふりをしたりして心の傷を治療せずに、そのまま放置してしまうことがあります。このようにして無意識に追いやった記憶は繰り返し意識にのぼり、日常生活の妨げになってしまいますので専門家による積極的な治療が必要です。

女の人はどのようなテーマで話していますか。

1. トラウマが生じる原因
2. カウンセラーのトラウマ体験談
3. 専門家によるトラウマ治療の必要性
4. トラウマを自ら克服する方法

해석

텔레비전에서 심리 상담원이 이야기하고 있습니다.

여 : 사람은 누구나 마음의 상처, 즉 '트라우마'를 갖고 살고 있습니다. 우리들이 자주 듣는 트라우마는 일상생활에서 '상처받는 체험'을 하는 케이스이고 모르는 사이에 해소되기도 합니다만, 완전히 극복하기 위해서는 전문가의 도움이 필요합니다. 스스로의 힘에만 의지해서 괴로운 체험을 마음속에서 캐낸다는 작업은 그렇게 간단한 일이 아니기 때문입니다. 자력에 의한 극복이 난관에 봉착했을 때 떠올리고 싶지 않은 경험을 없던 일로 하거나 신경 쓰지 않는 척해서 마음의 상처를 치료하지 않고 그 상태로 방치하는 경우가 있습니다. 이렇게 해서 무의식으로 쫓아 버린 기억은 되풀이해서 의식으로 올라와 일상생활의 장애물이 되기 때문에 전문가에 의한 적극적인 치료가 필요합니다.

여자는 어떤 주제로 이야기하고 있습니까?

1. 트라우마가 생기는 원인
2. 상담원의 트라우마 체험담
3. 전문가에 의한 트라우마 치료의 필요성
4. 트라우마를 스스로 극복하는 방법

4番

스크립트 8-17

ラジオで男の人が介護離職について話しています。

男 : 最近、高齢化社会における様々な介護問題が深刻な社会問題になっていますね。中でも身近な人の介護のために仕事を退職する人たち、いわゆる介護離職者問題が浮き彫りになってきています。介護離職を行うと、収入が減ってしまったり、社会との繋がりが途切れてたりして社会から孤立するという問題が生じます。従って、働きながら介護ができるように介護人を配慮するシステムを取り入れる必要があります。幸い、企業によっては在宅勤務を認めるなど、企業独自の支援制度を用意しているとのことですので、介護人の待遇は徐々に改善されていくと思います。介護問題は誰にでも訪れる問題ですので、社会の構成員がみな知恵を出し合って解決策を模索していかなければなりません。

男の人は何について話していますか。

1. 高齢化社会における企業の責任
2. 介護離職者の高齢化
3. 介護問題による経済的損失
4. 介護離職者の待遇改善の必要性

해석

라디오에서 남자가 간호 이직에 대해서 이야기하고 있습니다.

남 : 최근 고령화 사회에서의 다양한 간호 문제가 심각한 사회 문제가 되고 있지요. 그중에서도 가까운 사람의 간호를 위해 일을 퇴직하는 사람들, 소위 간호 이직자 문제가 부각되고 있습니다. 간호 이직을 하면 수입이 줄거나 사회와의 연결이 끊어지거나 해서 사회로부터 고립한다는 문제가 생깁니다. 따라서 일하면서 간호를 할 수 있도록 간호인을 배려하는 시스템을 도입할 필

요가 있습니다. 다행히 기업에 따라서는 재택근무를 인정하는 등, 기업 독자적인 지원 제도를 준비하고 있다고 하니 간호인의 대우는 서서히 개선돼 갈 것이라고 생각합니다. 간호 문제는 누구에게나 생기는 문제이므로 사회의 구성원 모두가 지혜를 모아 해결책을 모색해 나가지 않으면 안 됩니다.

남자는 무엇에 대해서 이야기하고 있습니까?
1. 고령화 사회에서의 기업의 책임
2. 간호 이직자의 고령화
3. 간호 문제에 따른 경제적 손실
4. 간호 이직자의 대우 개선 필요성

5番

スクリプト 8-18

料理研究家が黒豆について話しています。

女：おせち料理によく使われる黒豆はダイエット食品として人気があります。カロリーが低く食欲を抑制する成分が豊富にあるからです。更に黒豆は良質なタンパク質を十分に摂取することができ、長期間ダイエットする際の肌荒れや髪の毛のパサつきを予防できます。さて、今日のダイエットレシピですが、ダイエット中はお肉を控えることになりますので、お肉を豆腐に置き換えた「豆腐ハンバーグ」をお勧めします。ジューシーで柔らかな味わいなのに豆腐が入っているのがほとんどわからないので、豆腐嫌いなお子様もおいしく食べられます。このように、ダイエットに適していると言われている黒豆ですが、過剰摂取すると副作用が生じる場合もございますので、くれぐれもご注意ください。

女の人は主に何について説明していますか。
1. 黒豆摂取による肌荒れの原因
2. 黒豆過剰摂取による副作用の例
3. ダイエットに最適である黒豆
4. ダイエット料理の副作用

해석

요리 연구가가 검은콩에 대해서 이야기하고 있습니다.

여 : 명절 음식에 자주 사용되는 검은콩은 다이어트 식품으로 인기가 있습니다. 칼로리가 낮고 식욕을 억제하는 성분이 풍부하게 있기 때문입니다. 더욱이 검은콩은 양질의 단백질을 충분히 섭취할 수 있어, 장기간의 다이어트 시 피부의 거칠어짐이나 머리카락이 푸석해지는 것을 예방할 수 있습니다. 그래서 오늘의 다이어트 레시피인데요, 다이어트 중에는 고기를 피하게 되기 때문에 고기를 두부로 대체한 '두부햄버그스테이크'를 추천합니다. 즙이 많고 부드러운 맛이지만 두부가 들어 있는 것을 거의 알 수 없기 때문에 두부를 싫어하는 아이들도 맛있게 먹을 수 있습니다. 이와 같이 다이어트에 적합하다고 알려져 있는 검은콩인데요, 과잉 섭취하면 부작용이 생기는 경우도 있으니 부디 조심하세요.

여자는 주로 무엇에 대해서 설명하고 있습니까?
1. 검은콩 섭취에 의한 피부 거칠어짐의 원인
2. 검은콩 과잉 섭취에 의한 부작용의 예
3. 다이어트에 최적인 검은콩
4. 다이어트 요리의 부작용

6番

スクリプト 8-19

会社の会議で社内読書会について男の人が話しています。

男：同じ会社に勤めながらも、仕事の内容や職場が異なるために一言も言葉を交わしたことがない社員がいると思います。そこで、月に一回読書会を開いて、日頃あまり接点がなかった者同士で、一冊の本についてじっくりと語り合うというのはどうでしょうか。読書会で形成された仲間意識が自然と仕事にも繋がるプラス効果があると思うんです。どんな本を読むかは、社長がお気に入りの本を推薦してくだされば、読書会に参加する社員たちの意気込みが違ってくる

と思います。更に年末の発表会でプレゼンテーションをする人にはご褒美を与えるのも、やる気を持たせるのにいいと思います。つきましては、次回の社内報にメンバー募集の広告を出すつもりでおります。

男の人は何について話していますか。
1. 読書会に参加する社員の意気込み
2. 社内報を作るメンバーの募集
3. 社長の読書会参加の盲点
4. 読書会が会社にもたらすプラス効果

해석

회사의 회의에서 사내 독서 모임에 대해서 남자가 이야기하고 있습니다.

남 : 같은 회사에 근무하면서도 업무 내용이나 일터가 다르기 때문에 한마디도 말을 나누어 본 적이 없는 사원이 있을 거라고 생각합니다. 그래서 한 달에 한 번 독서 모임을 열어서 평소에 별로 접점이 없었던 직원끼리 한 권의 책에 대해서 진득하게 이야기를 나누는 것은 어떨까요? 독서 모임에서 형성된 동료의식이 자연스럽게 업무로도 이어지는 긍정적 효과가 있을 거라고 생각합니다. 어떤 책을 읽을지는 사장님이 마음에 드는 책을 추천해 주시면 독서 모임에 참가하는 사원들의 마음가짐이 달라질 거라고 생각합니다. 게다가 연말 발표회에서 발표를 하는 사람에게는 포상을 내리는 것도 의욕을 갖게 하는 데 좋을 것 같습니다. 이에 대해서는 다음 사보에 회원 모집 광고를 낼 생각입니다.

남자는 무엇에 대해서 이야기하고 있습니까?
1. 독서 모임에 참가하는 사원의 마음가짐
2. 사보를 만들 회원 모집
3. 사장이 독서 모임 참가 시의 맹점
4. 독서 모임이 회사에 끼칠 긍정적 효과

問題 4

page 169

1番

스크립트 🎧 8-20

男：最近無断欠勤が多いけど、悩み事でもあるのか。
女：1. ええ、言うには言えない事情があるんです。
　　2. ぶっきらぼうな話し方で申し訳ございません。
　　3. 悩み事はここで解決しましょう。

해석

남 : 요즘 무단결근이 많은데 고민이라도 있어?
여 : 1. 네, 말할 수 없는 사정이 있습니다.
　　2. 퉁명스러운 말투라 죄송합니다.
　　3. 고민거리는 여기서 해결합시다.

2番

스크립트 🎧 8-21

女：午前中にプレゼンの準備と取引先の訪問、両方ともできる？
男：1. 無事契約がまとまってよかったですね。
　　2. ロボットじゃあるまいし、それは無理でしょう。
　　3. ぜひ前向きに考えてみてください。

해석

여 : 오전 중에 발표 준비와 거래처 방문, 둘 다 할 수 있을까?
남 : 1. 무사히 계약이 성립되어서 다행이네요.
　　2. 로봇도 아니고 그건 무리죠.
　　3. 꼭 긍정적으로 생각해 봐 주세요.

3番

スクリプト 8-22

男：こんな悪天候なのにさすがにお出かけなんて無理だね。

女：1. あえて行けない理由も見当たらなかったから。
2. 本当に残念なことをしたわね。
3. もうすぐ、この土砂降りの雨も止むって言ってたわ。

해석

남：이런 악천후인데 역시 외출 같은 건 무리야.

여：1. 굳이 갈 수 없는 이유도 못 찾았으니까.
2. 참으로 유감스러운 일을 했구나.
3. 이제 곧 이 억수 같이 내리는 비도 멈춘다고 했어.

4番

스크립트 8-23

女：そんなひどいことを言うなんて、先生にあるまじき行為よね。

男：1. 直接会ったときはいたって温和な先生だと思ったのに。
2. まったく丁重極まりないね。
3. 期待通りのいい先生だね。

해석

여：그렇게 심한 말을 하다니 선생님답지 않은 행위야.

남：1. 직접 만났을 때는 지극히 온화한 선생님이라고 생각했는데.
2. 정말로 지나치게 정중하네.
3. 기대대로 좋은 선생님이네.

5番

스크립트 8-24

男：さっきからずっと笑ってるね。何かいいことでもあったの？

女：1. 実は、会議で叱られたことを思い出したの。
2. 笑う顔に福来たるなんて言わないでね。
3. 今日は朝からいいことずくめで、笑いが止まらないの。

해석

남：아까부터 내내 웃고 있네. 무슨 좋은 일이라도 있었어?

여：1. 실은 회의에서 혼난 일이 생각났거든.
2. 웃는 얼굴에 복이 온다는 말 따위 하지 마.
3. 오늘은 아침부터 좋은 일만 있어서 웃음이 멈추질 않아.

6番

스크립트 8-25

女：お客様。ご注文の品はお揃いでしょうか。

男：1. 今、食後のデザートを待ってるところです。
2. いいえ。知りませんでした。
3. はい。家族揃って行きます。

해석

여：손님. 주문하신 요리는 다 나왔습니까?

남：1. 지금 식후 디저트를 기다리고 있는 중입니다.
2. 아니요. 몰랐습니다.
3. 네. 가족이 다 같이 갑니다.

7番

스크립트 8-26

男：この書類、今日まで書き直してくるように言ったはずだよね？
女：1. はい。課長にそう申し上げましたけど。
　　2. はい。課長のおっしゃる通りです。
　　3. じゃあ、明日までにおっしゃってください。

해석

남：이 서류, 오늘까지 다시 써 오라고 했던 것 같은데?
여：1. 네. 과장님께 그렇게 말씀드렸습니다만.
　　2. 네. 과장님이 말씀하신 대로입니다.
　　3. 그럼, 내일까지 말씀해 주세요.

8番

스크립트 8-27

女：この豚肉のチャーハン、おいしくてほっぺたが落ちそう。
男：1. そう？実は隠し味があるんだ。
　　2. 僕なりに考えて出した結論なんだ。
　　3. 君がなんて言おうと、料理は続けるぞ。

해석

여：이 돼지고기볶음밥, 맛있어서 입에서 살살 녹아.
남：1. 그래? 실은 조미료를 살짝 넣었거든.
　　2. 내 나름대로 생각해 낸 결론이야.
　　3. 네가 뭐라고 말해도 요리는 계속할 거야.

9番

스크립트 8-28

女：部長。机の上の本を拝読してもよろしいですか。
男：1. いいよ。急いでるわけでもないから。
　　2. うん。後でちゃんと戻してね。
　　3. もっとしっかりしなさい。

해석

여：부장님. 책상 위에 있는 책을 봐도 될까요?
남：1. 괜찮아. 급한 것도 아니니까.
　　2. 그래. 나중에 꼭 돌려줘.
　　3. 좀 더 정신 차려.

10番

스크립트 8-29

男：急に改まって一体どうしたんですか。
女：1. あの。大切なお話があるんです。
　　2. 実を言うと生まれつき恥ずかしがり屋なんです。
　　3. まだ、どうするか決めてないんです。

해석

남：갑자기 정색을 하고 도대체 왜 그러세요?
여：1. 저기. 중요한 이야기가 있는데요.
　　2. 사실을 말하면 선천적으로 숫기가 없어요.
　　3. 아직 어떻게 할지 결정하지 못했어요.

11番

스크립트 8-30

女：夜遅くコンサートがあるんだけど、一緒にどう？
男：1. 昼ならではの活気があるはずなんだ。
　　2. うん。一緒に誘いに行こうか。

3. 夜だろうが、昼だろうが、ただなら行くよ。

해석

여 : 밤늦게 콘서트가 있는데 같이 갈래?

남 : 1. 낮 특유의 활기가 있을 거야.
2. 응. 같이 꼬시러 갈까?
3. 낮이든 밤이든 공짜면 갈게.

12番

스크립트 8-31

男 : お忙しいところ、色々ご親切にありがとうございました。

女 : 1. またのお越しを心からお待ちしております。
2. この度は予てよりお知らせしておりました。
3. また次回おいでになるそうです。

해석

남 : 바쁘신 와중에 여러 모로 친절하게 해 주셔서 감사드립니다.

여 : 1. 또 오시기를 진심으로 기다리고 있겠습니다.
2. 이번에는 진작에 알려 드렸습니다.
3. 다음에 또 오신다고 합니다.

13番

스크립트 8-32

女 : 取引先の林田さんって、話し上手ですよね。

男 : 1. そうかな。口だけの人なんじゃない?
2. いかにももっともらしい話だよね。
3. 変な言い逃れはお断りだよ。

해석

여 : 거래처의 하야시다 씨는 말씀을 참 잘하시네요.

남 : 1. 그런가? 말뿐인 사람 아냐?
2. 정말로 그럴싸한 이야기네.
3. 이상한 변명은 사절이야.

14番

스크립트 8-33

男 : この部屋にソファーを置くなら、テーブルも買わないとな。

女 : 1. 見なかったことにするね。
2. だめでもともとだからね。
3. 全部揃えていたらきりがないわ。

해석

남 : 이 방에 소파를 둔다면 테이블도 사야겠네.

여 : 1. 못 본 걸로 할게.
2. 밑져야 본전이니까.
3. 전부 갖추려면 끝이 없어.

問題 5
page 170

1番

스크립트 8-34

会社で課長と社員二人が話しています。

男1 : プレゼンテーションの時に出す飲み物の準備、しっかり整ってるよね。取引先を集めて新商品をお披露目する大事なプレゼンだから、準備に抜かりのないようにお願いするぞ。

男2 : 色々な意見があってなかなか決められないんです。あの一つ意見があるんですが、ドーナッツやサンドイッチの軽いラ

ンチも提供されますから、カフェ気分を出せるコーヒーマシーンを置いて接待をするっていうのはどうでしょうか。

女　：エスプレッソだけじゃなくてミルクパウダーでクリーミーなコーヒーも作れるから好みに合わせてお出しできると思うんです。

男1：そうだね。入れたての温かいコーヒーは魅力的だけど、会社の幹部が出席する重要なプレゼンなのにコーヒーマシーンの騒音が商品説明の邪魔にならないかな。

男2：あ、そこまで考えていませんでした。じゃあ、無難に缶コーヒーを準備するのはどうですか。ブラックから、甘め、カロリー控えめなど色々準備できますから。

男1：そうか。色々あるんだね。個人的にはカロリー控えめのコーヒーがいいかな。

女　：課長。喉の渇きを癒す冷たい飲み物を用意するのはどうでしょうか。質問のやりとりでプレゼンが長引くでしょうから、ちょうどいいと思いますが。

男1：冷たい飲み物ってどんなのがあるの？

男2：最近、ビタミンCたっぷりの甘ずっぱい栄養ドリンクが人気なんです。その他に、癒し効果がある保存料無添加のドリンクもいいと思います。ペパーミントの香りで心が落ち着くから会議室の雰囲気がなごやかになると思うんです。

男1：そうか。あ、言い忘れてたけど、取引先の人で甘党はいないからね。

男2：そうですか。以上が私達の意見です。課長がお決めになってください。

男1：そうだね。まず、飲み物は事前に机の上にセッティングしておいた方が慌ただしくなくていいと思うよ。カフェインは何杯もおかわりしちゃったら、すぐトイレに行きたくなるから、かえって気が散って話し合い

に集中できなさそうだし。リラックスできる体に優しい飲み物にしよう。

プレゼンテーションの時に出す飲み物は何に決まりましたか。

1. 入れたてのコーヒー
2. カロリー控えめの缶コーヒー
3. 冷やした栄養ドリンク
4. 香りのいい無添加ドリンク

해석

회사에서 과장과 사원 두 명이 이야기하고 있습니다.

남1：프레젠테이션 때 낼 음료 준비는 제대로 하고 있는 거지? 거래처를 모아서 신상품을 공개하는 중요한 발표니까 준비에 차질 없도록 부탁해.

남2：여러 가지 의견이 있어서 좀처럼 결정을 내릴 수가 없어요. 저, 의견이 하나 있는데요, 도넛이랑 샌드위치 같은 가벼운 점심식사도 제공되니까 카페 기분을 낼 수 있는 커피머신을 두고 접대를 하는 건 어떨까요?

여　：에스프레소뿐만 아니라 밀크파우더로 크림이 많은 커피도 만들 수 있으니까 취향에 맞춰서 낼 수 있을 것 같아요.

남1：글쎄. 갓 내린 따뜻한 커피는 매력적이지만, 회사의 간부가 참석하는 중요한 발표인데 커피머신의 소음이 상품 설명에 방해가 되지 않을까?

남2：아, 거기까지 생각 못했네요. 그럼, 무난하게 캔커피를 준비하는 건 어때요? 블랙부터 단맛, 저칼로리 등 여러 가지로 준비할 수 있으니까요.

남1：그렇군. 여러 가지가 있네. 개인적으로는 저칼로리 커피가 좋은데.

여　：과장님. 갈증을 풀어주는 시원한 음료를 준비하는 건 어떨까요? 질문을 주고받느라 발표가 길어질 테니까 딱 좋을 것 같은데요.

남1：시원한 음료수란 게 어떤 게 있지?

남2：요즘 비타민C가 풍부한 새콤달콤한 영양 드링크가 인기예요. 그 밖에 힐링 효과가 있는 보존료 무첨가인 음료도 좋을 것 같습니다. 페퍼민트 향기로 마음이 진정되니까 회의실 분위기가 부드러워질 것이라고 생각합니다.

남1：그렇군. 아, 말하는 걸 잊고 있었는데, 거래처 사람 중에 단것 좋아하는 사람은 없으니까.

남2：그래요? 이상이 저희들 의견입니다. 과장님이 결정해 주세요.

남1 : 그렇군. 우선, 음료는 사전에 책상 위에 세팅해 놓는 게 어수선하지 않아서 좋을 것 같은데. 카페인은 몇 잔이나 리필하면 금방 화장실에 가고 싶어지니까 오히려 정신이 산만해져서 대화에 집중할 수 없을 것 같고. 긴장을 풀 수 있는 몸에 좋은 음료로 하지.

프레젠테이션 때 내놓을 음료는 무엇으로 정해졌습니까?

1. 갓 내린 커피
2. 저칼로리의 캔커피
3. 차게 한 영양 드링크
4. 향이 좋은 무첨가 드링크

2番

スクリプト 8-35

大学の相談室で男の学生と留学カウンセラーが書類を見ながら話しています。

男 : うちの大学に国際交換留学生奨学金制度があるって聞いたんですけど、何を準備すればいいですか。

女 : まず、志願するなら英語関連科目を15単位以上取っていないといけません。青井さんは単位数が足りないですから、今年一年がんばって英文学やイギリスの歴史などの科目の単位を必ず取ってください。

男 : それくらいの単位なら一学期で十分取れると思います。出来れば今年の9月からの留学開始を目標にして準備したいんですけど。

女 : でも必須科目の英文学の単位は2学期にしか取れませんよ。あまり焦らず丁寧に計画を立てて準備するようにしてください。英語のエッセイや面接の準備もしないといけないですからね。準備するのに最低一年はかかると思った方がいいですよ。

男 : そうですか。できたら一年以上滞在出来たらなって思ってるんですけど。

女 : 残念ながら留学期間は5ヶ月コースと11ヶ月コースしかありません。それから基本的に学校の交換留学生制度を利用して留学した場合、勉強が終わったら日本の学校に戻ることが義務付けられています。勉強が終わって留学先の大学に編入する場合、日本の大学は退学ってことになりますよ。それに12ヶ月以上滞在する場合は授業料や生活費を全部自分が負担する留学になるし、ビザや宿泊の問題など厄介な点も多いですよ。

男 : そうでしょうね。長期留学は大学卒業後に大学院で留学した方が楽かもしれませんね。

女 : その方がいいですよ。それと、国際留学生交流連盟が運営する短期留学生のための交換留学生支援制度というのがあります。けっこう高額の奨学金をもらえるんです。そちらに申込書を出してみるのもいいと思いますよ。

男 : わかりました。申し込む時に何か特に気をつけないといけない点とかってあるんですか。

女 : えーと。書類審査でボランティア活動の有無を重要視するそうですよ。それと留学中に毎月一回、連盟の方に留学生活の報告書を提出しないといけないんです。

男 : それくらいやれないこともないですが、留学期間が短いのはちょっと……。

女 : そうですか。じゃあ、どうしますか。

男 : 僕は時間をかけて勉強するタイプだからこれに決めました。

男の学生が行きたがっている留学のタイプはどれですか。

1. 大学の奨学金で5ヶ月コース
2. 自費負担で12ヶ月コース
3. 大学の奨学金で11ヶ月コース
4. 連盟の奨学金で5ヶ月コース

해석

대학교 상담실에서 남학생과 유학 상담원이 서류를 보면서 이야기하고 있습니다.

남 : 우리 대학에 국제 교환유학생 장학금 제도가 있다고 들었는데요, 무엇을 준비하면 됩니까?

여 : 우선, 지원한다면 영어 관련 과목을 15학점 이상 따지 않으면 안 됩니다. 아오이 씨는 학점 수가 부족하니까 올 1년 열심히 해서 영문학이나 영국 역사 같은 과목의 학점을 꼭 따세요.

남 : 그 정도 학점이라면 1학기 안에 충분히 딸 수 있을 거라고 생각합니다. 가능하면 올해 9월부터의 유학 개시를 목표로 해서 준비하고 싶은데요.

여 : 하지만 필수 과목인 영문학 학점은 2학기에밖에 딸 수 없어요. 너무 초조해하지 말고 신중하게 계획을 세워서 준비하도록 하세요. 영어 에세이나 면접 준비도 하지 않으면 안 되니까요. 준비하는 데만 최저 1년은 걸린다고 생각하는 게 좋아요.

남 : 그래요? 가능하면 1년 이상 체재할 수 있으면 좋겠는데요.

여 : 안타깝지만 유학 기간은 5개월 과정과 11개월 과정밖에 없습니다. 그리고 기본적으로 학교의 교환유학생 제도를 이용해서 유학한 경우, 공부가 끝나면 일본 학교로 돌아오는 것이 의무화되어 있습니다. 공부가 끝나고 유학지 대학에 편입할 경우, 일본 대학은 퇴학 처리가 됩니다. 게다가 12개월 이상 체재할 경우는 수업료나 생활비를 전부 자신이 부담하는 유학이 되고, 비자나 숙박 문제 등 골치 아픈 점도 많아요.

남 : 그렇겠죠. 장기 유학은 대학 졸업 후에 대학원에서 유학하는 게 편할지도 모르겠네요.

여 : 그러는 편이 좋아요. 그리고 국제 유학생 교류연맹이 운영하는 단기 유학생을 위한 교환유학생 지원 제도라는 게 있어요. 꽤 고액의 장학금을 받을 수 있어요. 그 쪽에 신청서를 내 보는 것도 좋을 거예요.

남 : 알겠습니다. 신청할 때 뭔가 특별히 신경 써야 하는 점 같은 게 있나요?

여 : 음. 서류 심사에서 자원봉사 활동의 유무를 중요시한대요. 그리고 유학 중에 매달 한 번, 연맹 쪽에 유학 생활 보고서를 제출하지 않으면 안 돼요.

남 : 그 정도면 못할 것도 없지만, 유학 기간이 짧은 건 좀….

여 : 그래요? 그럼, 어떻게 하시겠어요?

남 : 저는 시간을 투자해서 공부하는 타입이니까, 이걸로 정했습니다.

남학생이 가고 싶어하는 유학 타입은 어느 것입니까?

1. 대학 장학금으로 5개월 과정
2. 자비 부담으로 12개월 과정
3. 대학 장학금으로 11개월 과정
4. 연맹 장학금으로 5개월 과정

3番

スクリプト 8-36

住宅フェアで男の人が話しています。

男1：自然と共存する生活を夢見る人たちが増えています。そこで今日は「自然と共存する」というテーマで建築家が建てた4つの住宅をご紹介したいと思います。まず、一番目は「緑に覆われた住宅」です。これは環境に配慮した強化素材でできている外壁に植物を植えて完成するという仕組みになっています。地震や気象変化への耐久性も高いのが大きな特徴です。二番目は「ナチュラルな住宅」です。加工されてないナチュラルな木の質感をそのまま生かした住宅です。内部もほとんど木材で仕上げられており、温かみがあります。三番目は温室、子供プレイルーム、屋上庭園などの施設が充実しているだけでなく、外壁が画家の描いた植物の絵に囲まれているのでまるで森の中にいるように感じられる「夢のある緑の共同住宅」です。最後は、ゆったりした庭がある「和風住宅」です。空から落ちてくる雨の雫などの風情を鑑賞できる昔ながらの住宅にモダンなライフスタイルが広げられます。以上4つの住宅の中でお気に召されたタイプがございましたら担当者の方へご連絡お願いします。

女 ：どれも外観が素敵で一度は住んでみたいわね。

男2：僕は自然災害に強い住宅がいいよ。この前の台風が来た時、ひどい雨漏りで大変だったの憶えてるだろう？

女　：もちろん憶えてるわよ。地震の時も、ガス漏れして火事になりそうだったもんね。木造住宅だったから、本当に冷や汗かいたわよ。それと、壁や屋根が崩れ落ちて大変だったわよね。だから、庭があると何かあった時、逃げられる広いスペースがあっていいかも。あ、でも、庭の管理に手間掛かりそう。

男2：共同住宅だったら、庭の管理は管理人がやってくれるよ。

女　：そうか。それだったら、庭や温室があっても住みやすくてよさそうだわ。子どもたちにも喜ばれそうだし。

男2：それはそうだね。

質問1　男の人はどの住宅が気に入っていますか。
1. 緑に覆われた住宅
2. ナチュラルな住宅
3. 夢のある緑の共同住宅
4. 和風住宅

質問2　女の人はどの住宅が気に入っていますか。
1. 緑に覆われた住宅
2. ナチュラルな住宅
3. 夢のある緑の共同住宅
4. 和風住宅

해석

주택 전시회에서 남자가 이야기하고 있습니다.

남1 : 자연과 공존하는 생활을 꿈꾸는 사람들이 늘고 있습니다. 그래서 오늘은 '자연과 공존한다'라는 주제로 건축가가 지은 4개의 주택을 소개하고자 합니다. 우선, 첫 번째는 '녹색에 뒤덮인 주택'입니다. 이것은 환경을 배려한 강화 소재로 되어 있는 외벽에 식물을 심어서 완성하는 구조로 되어 있습니다. 지진이나 기상 변화에의 내구성도 높은 것이 큰 특징입니다. 두 번째는 '자연 그대로의 주택'입니다. 가공되지 않은 자연 그대로의 나무 질감을 그대로 살린 주택입니다. 내부도 거의 목재로 완성되어 있어서 따뜻한 느낌이 있습니다. 세 번째는 온실, 아이들 놀이방, 옥상 정원 등의 시설이 충실할 뿐만 아니라, 외벽이 화가가 그린 식물 그림에 둘러싸여 있어서 마치 숲 속에 있는 것처럼 느껴지는 '꿈이 있는 녹색의 공동주택'입니다. 마지막은 느긋한 정원이 있는 '일본식 주택'입니다. 하늘에서 떨어지는 빗방울 등의 운치를 감상할 수 있는 옛날 그대로의 주택에 모던한 라이프스타일이 펼쳐집니다. 이상 4개의 주택 중에서 마음에 드신 타입이 있으시면 담당자 쪽으로 연락 부탁드립니다.

여　: 모두 외관이 멋져서 한 번쯤은 살아보고 싶네.

남2 : 나는 자연재해에 강한 주택이 좋아. 요전에 태풍이 왔을 때, 심하게 비가 새서 힘들었던 것 기억하지?

여　: 물론 기억하지. 지진 때도 가스가 새서 화재로 이어질 뻔했잖아. 목조주택이었으니까 정말 식은땀이 났지. 그리고 벽이랑 지붕이 무너져 내려서 힘들었잖아. 그래서 정원이 있으면 무슨 일이 있을 때 도망갈 수 있는 넓은 공간이 있어서 좋을지도 몰라. 아, 하지만 정원 관리에 손이 많이 가겠다.

남2 : 공동주택이라면 정원 관리는 관리인이 해줄 거야.

여　: 그렇구나. 그렇다면 정원이나 온실이 있어도 살기 편해서 좋겠다. 아이들도 기뻐할 것 같고.

남2 : 그건 그러네.

질문1　남자는 어느 주택을 마음에 들어합니까?
1. 녹색에 뒤덮인 주택
2. 자연 그대로의 주택
3. 꿈이 있는 녹색의 공동주택
4. 일본식 주택

질문2　여자는 어느 주택을 마음에 들어합니까?
1. 녹색에 뒤덮인 주택
2. 자연 그대로의 주택
3. 꿈이 있는 녹색의 공동주택
4. 일본식 주택

일본어 능력시험 청해 N1 파이널 테스트 정답

파이널 테스트 ❶

問題 1

1	2	3	4	5	6
3	3	1	2	2	3

問題 2

1	2	3	4	5	6	7
2	2	3	1	2	1	3

問題 3

1	2	3	4	5	6
3	3	3	2	4	3

問題 4

1	2	3	4	5	6	7	8	9	10	11	12	13	14
2	1	2	3	2	1	3	2	2	1	3	1	2	3

問題 5

1	2	3(1)	3(2)
2	1	4	2

파이널 테스트 ❷

問題 1

1	2	3	4	5	6
3	1	2	3	4	2

問題 2

1	2	3	4	5	6	7
4	1	3	4	3	3	2

問題 3

1	2	3	4	5	6
4	2	3	2	2	3

問題 4

1	2	3	4	5	6	7	8	9	10	11	12	13	14
2	3	1	2	3	1	2	3	1	3	2	3	2	3

問題 5

1	2	3(1)	3(2)
2	2	2	4

파이널 테스트 ❸

問題 1

1	2	3	4	5	6
2	4	2	4	3	1

問題 2

1	2	3	4	5	6	7
3	1	3	2	4	4	3

問題 3

1	2	3	4	5	6
2	1	3	4	3	4

問題 4

1	2	3	4	5	6	7	8	9	10	11	12	13	14
1	2	3	1	3	1	2	1	2	1	3	1	1	3

問題 5

1	2	3(1)	3(2)
4	3	1	3

N1 聴解 解答用紙

受験番号 Examinee Registration Number

名前 Name

〈 ちゅうい Notes 〉

1. くろいえんぴつ (HB、No.2) で かいてください。
   Use a black medium soft (HB or No.2) pencil.
2. かきなおすときは、けしゴムで きれいにけしてください。
   Erase any unintended marks completely.
3. きたなくしたり、おったりしないで ください。
   Do not soil or bend this sheet.
4. マークれい Marking examples

よい Correct	わるい Incorrect
●	⊘ ○ ◐ ◑ ⦶ ◍

問題 1

1	①	②	③	④
2	①	②	③	④
3	①	②	③	④
4	①	②	③	④
5	①	②	③	④
6	①	②	③	④

問題 2

1	①	②	③	④
2	①	②	③	④
3	①	②	③	④
4	①	②	③	④
5	①	②	③	④
6	①	②	③	④
7	①	②	③	④

問題 3

1	①	②	③	④
2	①	②	③	④
3	①	②	③	④
4	①	②	③	④
5	①	②	③	④
6	①	②	③	④

問題 4

1	①	②	③
2	①	②	③
3	①	②	③
4	①	②	③
5	①	②	③
6	①	②	③
7	①	②	③
8	①	②	③
9	①	②	③
10	①	②	③
11	①	②	③
12	①	②	③
13	①	②	③
14	①	②	③

問題 5

1		①	②	③	④
2		①	②	③	④
3	(1)	①	②	③	④
	(2)	①	②	③	④

N1 聴解 解答用紙

受験番号 Examinee Registration Number

名前 Name

< ちゅうい Notes >

1. くろいえんぴつ (HB、No.2) で かいてください。
   Use a black medium soft (HB or No.2) pencil.
2. かきなおすときは、けしゴムで きれいにけしてください。
   Erase any unintended marks completely.
3. きたなくしたり、おったりしないで ください。
   Do not soil or bend this sheet.
4. マークれい Marking examples

よい Correct	わるい Incorrect
●	⊘ ◯ ◐ ◍ ①

問題 1

1	①	②	③	④
2	①	②	③	④
3	①	②	③	④
4	①	②	③	④
5	①	②	③	④
6	①	②	③	④

問題 2

1	①	②	③	④
2	①	②	③	④
3	①	②	③	④
4	①	②	③	④
5	①	②	③	④
6	①	②	③	④
7	①	②	③	④

問題 3

1	①	②	③	④
2	①	②	③	④
3	①	②	③	④
4	①	②	③	④
5	①	②	③	④
6	①	②	③	④

問題 4

1	①	②	③	
2	①	②	③	
3	①	②	③	
4	①	②	③	
5	①	②	③	
6	①	②	③	
7	①	②	③	
8	①	②	③	
9	①	②	③	
10	①	②	③	
11	①	②	③	
12	①	②	③	
13	①	②	③	
14	①	②	③	

問題 5

1		①	②	③	④
2		①	②	③	④
3	(1)	①	②	③	④
	(2)	①	②	③	④

N1 聴解 解答用紙

受験番号
Examinee Registration Number

名前
Name

〈 ちゅうい Notes 〉

1. くろいえんぴつ (HB、No.2) でかいてください。
   Use a black medium soft (HB or No.2) pencil.
2. かきなおすときは、けしゴムできれいにけしてください。
   Erase any unintended marks completely.
3. きたなくしたり、おったりしないでください。
   Do not soil or bend this sheet.
4. マークれい Marking examples

よい Correct	わるい Incorrect
●	⊘ ◯ ◐ ◑ ●

問題 1

1	①	②	③	④
2	①	②	③	④
3	①	②	③	④
4	①	②	③	④
5	①	②	③	④
6	①	②	③	④

問題 2

1	①	②	③	④
2	①	②	③	④
3	①	②	③	④
4	①	②	③	④
5	①	②	③	④
6	①	②	③	④
7	①	②	③	④

問題 3

1	①	②	③	④
2	①	②	③	④
3	①	②	③	④
4	①	②	③	④
5	①	②	③	④
6	①	②	③	④

問題 4

1	①	②	③
2	①	②	③
3	①	②	③
4	①	②	③
5	①	②	③
6	①	②	③
7	①	②	③
8	①	②	③
9	①	②	③
10	①	②	③
11	①	②	③
12	①	②	③
13	①	②	③
14	①	②	③

問題 5

1		①	②	③	④
2		①	②	③	④
3	(1)	①	②	③	④
	(2)	①	②	③	④